사건으로 읽는
대한민국

## 사건으로 읽는 대한민국 – 한국현대사의 그때 오늘

**초판 5쇄 발행** 2025년 9월 25일
**초판 1쇄 발행** 2013년 5월 15일

**지은이** 박태균
**펴낸이** 정순구
**책임편집** 조수정
**기획편집** 조원식, 정윤경
**마케팅** 황주영

**출력** 블루엔
**용지** 한서지업사
**인쇄** 한영문화사
**제본** 한영제책사

**펴낸곳** (주) 역사비평사
**등록** 제300-2007-139호 (2007.9.20)
**주소** 10497 경기도 고양시 덕양구 화중로 100(비젼타워 21) 506호
**전화** 02-741-6123~5
**팩스** 02-741-6126
**홈페이지** www.yukbi.com
**이메일** yukbi88@naver.com

ⓒ 박태균, 2013

ISBN 978-89-7696-541-7 03910

책값은 표지 뒷면에 표시되어 있습니다.
잘못 만들어진 책은 구입하신 서점에서 바꾸어 드립니다.

# 사건으로 읽는 대한민국

박태균 지음

역사비평사

차례
# 사건으로 읽는 대한민국

**책머리에** _ 역사로 보는 오늘, 오늘로 바라보는 역사  007

## 1월 _ 희망의 1월  014

조선공산당의 3상협정 지지  017  |  반민특위 활동 개시  024  |  주한 미군에 배치된 핵무기  028
제1차 경제개발 5개년 계획 발표  032  |  푸에블로호 납치 사건  036
1월을 보내며 : 모든 것에는 때가 있다  046

### Special Record
『조선일보』에 보도된 4당 캄파  021  |  한국을 방문하고 돌아온 밴스 특사의 보고  040

## 2월 _ 봄을 맞기가 이렇게 힘든가  052

전후 처리를 위해 열린 얄타회담  056  |  타이완 현대사의 불행, 2·28사건  060
경제성장의 상징, 경부고속도로  064  |  닉슨과 마오쩌둥의 만남  068
임시 행정수도 구상 발표  073
2월을 보내며 : 한 사건이 지닌 상반된 속성  076

## 3월 _ 춘래불사춘(春來不似春)  082

미소공동위원회 개막  085  |  김구의 남북협상 제안에 관한 보도  092
온갖 부정으로 얼룩진 3·15선거  096  |  정인숙 피살 사건  100  |  요도호 납치 사건  103
3월을 보내며 : 역사는 결과로 보는 것이 아니다  107

### Special Record
미소공동위원회 제5호 성명  090

## 4월 _ 봄에서 찾는 희망  114

단정 수립에 반대해 일어난 4·3사건  118  |  전쟁을 끝내려는 협상, 제네바 회담  123
와르르 무너진 와우아파트  129  |  유혈 사태로 번진 사북 사건  133
4월을 보내며 : '이야말로' 역사관으로부터 탈출  136

### Special Record
정전협정 서문과 정치 회의 관련 제60항  127

## 5월_잔인한 5월 142

이승만의 권력욕이 부른 부산정치파동 145 | 자유당을 위협한 제3대 정부통령 선거 149
팔레스타인해방기구 조직 153 | 10년간 지속된 문화대혁명 157
처벌 조항이 추가된 가정의례준칙 162
5월을 보내며: 다시 인간으로 돌아가자 165

## 6월_무언가 불안한 6월 172

오키나와 전투 175 | 중앙은행으로서의 한국은행 출범 179
남한 침략에 합의한 김일성과 스탈린 183 | 한일협정 반대 격화, 6·3사태 192
파격적 제안, 6·23선언 200
6월을 보내며: 오판과 오산이 부른 비극 204

Special Record
스탈린이 고트발트에게 보낸 편지 187 | 김종필과 미국의 악연 196

## 7월_휴식이 필요해 212

세계 최초의 핵실험 216 | 2년간 계속된 정전협상 220 | NPT 서명 224
〈로보트 태권V〉 개봉 227 | 베트남사회주의공화국 수립 230
7월을 보내며: 군자대로행(君子大路行) 240

Special Record
1975년 김일성의 중국 방문 234

## 8월_여름의 마지막 고비 246

수풍댐의 송전 시작 249 | 소련의 핵실험 성공 252 | 재일 조선인 북송 사업 256
의문의 통킹만 사건 259 | 분단 이후 첫 남북적십자회담 263
8월을 보내며: 역사적 사실보다 더 무서운 것은 기억 267

## 9월_ 예측 불가능한 일 274

한국민주당 창당 278 | 카다피의 쿠데타 성공과 몰락 282 | 주택복권이 발행되던 날 287
박정희의 꿈, 미사일과 핵 개발 292 | 북한의 NLL 무효 선언 296
**9월을 보내며** : 보수 이데올로기의 착종 301

## 10월_ 징후를 알아차리는 것 308

이승만의 귀국 313 | 국제연합 출범 321 | 한국군의 38선 돌파 325
로스토우의 한국 방문 329 | 국제적 망신살 코리아게이트 333 | 부마민주항쟁 촉발 337
**10월을 보내며** : 정명(正名) 340

### Special Record
독립촉성중앙협의회 결성 직후 가진 이승만의 기자회견 317

## 11월_ 벌써 한 해가 다 갔네 346

네 번이나 바뀐 한글날 350 | 김종필－오히라 메모의 진실 354
쿠바 미사일 위기 358 | 닉슨, 대통령 당선 362 | 4전 5기의 홍수환 366
**11월을 보내며** : 적대적 공존 369

## 12월_ 관계를 다시 생각하며 376

비운의 생애를 마친 김규식 380 | 포로 송환 협상 383
간첩 혐의로 사형된 박헌영 390 | 성탄절의 비극, 대연각 호텔 화재 393
**12월을 보내며** : 한미 관계, 그 불편한 진실 396

### Special Record
이승만의 반공 포로 석방과 한미 관계 386

### 부록
주요 사건 연표 402
한미 관계 연표 405
정전 체제 연표 406

**책머리에**

# 역사로 보는 오늘, 오늘로 바라보는 역사

'역사는 재미없다.' 열이면 아홉이 하는 말이다. 외울 것만 많고, 도움이 되는 것은 정작 하나도 없다는 말이다. 중·고등학생들도 가능하면 역사를 공부하지 않으려고 한다. 대학 입시에 도움이 안 되는 과목이라고 생각하기 때문이다. 역사 수업 시간이 배정되어 있고, 심지어 내신 성적에 반영되는데도 말이다.

반면, 역사에 대한 관심을 넘어서 역사 전문가라 해도 손색이 없을 정도의 지식을 갖춘 이들도 있다. 역사 관련 대중 강연을 할 때마다 질문하는 청중은 저마다 전문가 뺨치는 실력을 뽐낸다. 비록 그 정보들 중 역사적으로 정확한 것이 많지는 않지만.

왜 이런 현상이 나타날까? 제대로 된 역사를 배우지 못한 사람들은 궁금증을 풀기 위해 다양한 책을 찾아볼 수밖에 없다. 그러나 그 책들이 모두 객관적인 내용을 담고 있다고는 할 수 없다. 때로는 역사가 아닌 소설로 분류할 만한 책들이 역사 관련 정보의 원천이 되기도 한다.

무엇이 문제인가? 중·고등학교의 교과 제도에도 문제가 있고, 대학 입시

제도에도 문제가 있다. 그러나 가장 큰 문제는 학생뿐만 아니라 일반 독자들이 정확하게 정보를 접할 수 있도록 서술된 역사서가 부족하다는 점이다. 읽기 쉬운 책이 없는 것은 아니지만, 읽기 쉬우면서도 객관적인 내용을 담보하고 있는 역사책은 많지 않다.

필자는 이 책을 내면서 두 가지 원칙을 지키려고 했다.

첫째, 다양한 계층의 독자들에게 다가갈 수 있는 책을 쓰는 것이었다. 좀 더 쉽게 쓰기 위해서 독자들이 이해하기 쉬운 사례를 찾고, 바로 깨달을 수 있는 제목을 쓰려고 노력했다. 아무리 좋은 자료가 있더라도 독자들을 이해시키지 못한다면 소용없을 것이다. 구슬이 서 말이라도 꿰어야 보배라고 하지 않던가?

둘째, 전문성과 객관성을 지키려고 했다. 쉽게 쓴다는 것이 곧 소설이나 수필을 쓴다는 것을 의미하지는 않는다. 독자들에게 전문적인 지식을 객관적으로 전달하는 것이 곧 역사가의 의무가 아닐까? 재미있되 사실에 기초한 서술. 필자는 2005년 이후 출판한 모든 책과 논문에서 이 두 가지 원칙을 견지하려고 노력해왔다.

이러한 두 가지 원칙을 가지고 이 책에서는 한국현대사에서 나타난 중요한 사건들을 설명함으로써 한국현대사의 모습을 복원하고자 했다. 특히 결정적인 사건이면서도 크게 주목받지 못했거나, 잘못 알려진 사건들에 주목했다. 또한 이 책에서 주목한 사건들은 한국현대사에서 역사적 전환의 계기가 된 사건들이었다.

아울러 가능하면 많은 증거를 제시해 객관적이면서도 전문적인 내용을 담아내고자 했다. 각각의 사건들을 객관적으로 보는 데 필요한 자료들의 경우에는 그 근거를 제시했다. 그리고 그 중요성에도 불구하고 제대로 주목받지 못했던 자료들과 함께 최근 공개된 자료들 중 한국현대사의 이해에 필요한 자료들도 수록했다. 당시의 역사적 상황에 대한 이해를 돕기 위해서다. 다른 전문 역사서에서도 접할 수 없는, 새로 발굴된 자료도 해설과 함께 실어 놓았다. 스탈린이 유도한 한국전쟁, 아이젠하워 대통령이 이승만 대통령에게 보낸 편지, 1975년 제2의 한국전쟁 발발 위기 등과 관련된 자료는 이 책에서 처음 공개했다.

또 하나, 이 책에서 보여주고자 한 것은 필자의 역사관이다. 역사를 연구하면서 그동안 느꼈던 문제의식을 담고자 했다. 특히 역사와 사회를 분석하고 인식하는 데 빼놓을 수 없는 인문학의 중요성을 강조했다. 이 책에서 제시하는 역사관은 단지 역사적 사실에 대한 해석에만 한정되지 않는다. 역사가 현재를 설명해주고 있으며, 그것을 통해 미래를 전망할 수 있다는 점에 초점을 맞췄다. 물론 역사가가 미래를 예측할 수는 없다. 그랬다면 세상일이 모두 역사가에 의해 좌지우지되지 않았을까?

중요한 점은 역사를 통해 과거를 성찰하고, 이를 통해 미래에 실패하지 않는 방안을 찾는 데 있다고 생각한다. 과거는 과거로 끝나는 것이 아니라 오늘을 구성하는 가장 중요한 요소이며, 과거를 성찰함으로써 미래에 쓸데없는 비용을 지불하지 않도록 하는 것이다.

이 책은 필자가 『중앙일보』에 연재했던 '그때 오늘'의 글을 바탕으로 쓴 것이다. 신문 연재는 애초 필자의 개인 의지로 시작되지 않았다. 허남진 전 중앙일보 논설위원의 권유로 시작하게 되었다. 1년간 신문에 연재를 하면서 노재현 논설위원에게 가장 고마웠다. 한정된 지면에 '역사'를 쓰는 것은 결코 쉬운 일이 아니었다. 이 과정에서 실수도 있었지만, 노재현 논설위원 덕분에 1년 동안의 연재를 무사히 마칠 수 있었다이 책은 『중앙일보』의 '그때 오늘'에 썼던 글들을 모두 모았지만, 신문에 연재한 글을 그대로 옮긴 것은 아니다. 신문 연재가 9월 말에 시작해서 이듬해 8월 말에 끝났기 때문에 9월의 사건들은 신문에 게재되지 않았고, 이 책을 집필하는 과정에서 새롭게 추가되었다. 또한 사건의 내용을 보강하고 자료를 보충함으로써 개개 사건에 대해 좀 더 충실하게 분석하고자 했다. 그뿐만 아니라 매월마다 도입 글과 나가는 글을 두어 계절과 사회에 대한 단상에서부터 해당 월에 일어난 사건에 대해 역사학적 성찰까지 도모하고자 했다. 인문학이라는 것이 책상에 앉아서 과거를 이야기하는 것이 아니라 인간이 살고, 생활하고, 생각하는 것을 분석함으로써 현재와 미래에 공헌을 해야 한다는 것을 보여주고 싶었다.

필자가 책으로 출간하겠다고 했을 때 흔쾌하게 허락해주신 역사비평사의 김백일 전 사장님과 정순구 현 대표님께 감사의 말씀을 전한다. 계간 『역사비평』의 편집위원을 10년 넘게 하면서 한 번은 좋은 책을 역사비평사에서 내야겠다고 생각했는데, 이 책이 '좋은 책'이 될지는 잘 모르겠다. 이제야 빚을 갚는 것 같지만, 빚을 갚는 건지 아니면 빚을 지는 건지는 독자들께서 판단해주실 것이다. 책의 내용과 편집을 맡아준 조수정 씨에게도 감사의 말을 전한다.

늘 고마운 아내지만, 이 자리를 빌려 다시 한 번 감사한 마음을 전한다. 신문사에 원고를 보내기 전에 항상 읽어주고 지적해준 아내가 없었다면 '그때 오늘'의 글이 제대로 나오지 않았을 것이다. 이 책의 쏠쏠한 재미가 아내의 완쾌에 도움이 되었으면 한다. 그리고 '재미없는' 아빠를 재미있는 척해주는 두 딸, 큰아들과 사위로서 불성실한 필자에게 무한 신뢰를 보내주시는 어머니와 빙부모님, 그리고 동생 박태완 사장에게도 항상 감사한다. 신문에 연재하는 동안 응원해주신 서울대 공과대학 체련장의 교수님들께도 감사의 말씀을 전한다.

2013년 4월
박태균

# 1월
## 희망의 1월

조선공산당의 3상협정 지지

반민특위 활동 개시

주한 미군에 배치된 핵무기

제1차 경제개발 5개년 계획 발표

푸에블로호 납치 사건

**1월을 보내며** : 모든 것에는 때가 있다

1월은 한 해의 시작이다. 그래서 1월에는 신년 계획을 세우고, 새로운 한 해 동안 어떤 일이 일어날까에 대해서 생각해 본다. 언론도 다르지 않다. 12월 말의 한 주일 동안에 '한 해를 돌아보며'와 같은 특집 코너를 마련했다면, 1월 초의 한 주일 동안은 '올해 무슨 일이 일어날까'와 같은 기획 기사를 마련하곤 한다.

1월에는 개인이든 국가든 무언가 큰 계획을 세운다. 개인적으로 올 한 해는 무엇을 이루겠다는 결심도 1월에 한다. 국가도 마찬가지다. 한국 역사에서 제1차 경제개발 5개년 계획이라는 거대한 플랜도 1월에 시작되었다.

그래서일까? 1월에는 상대적으로 그다지 큰 사건이 일어나지 않는다. 한 해의 희망을 생각하고, 올해는 무언가를 해야겠다는 결심이 서는 달이기에 조심스럽게 보내기 때문이 아닐

# 1월
## 희망의 1월

까? '작심 3일'이라고는 하지만, 아무래도 1월은 '처음'과 '시작'이라는 느낌이 커서인지 절망보다는 희망이 더 크게 작동하는 것 같다.

하지만 1월이라 해서 항상 고요했던 것은 아니다. 특히 1968년 1월에는 정전 체제하에서 가장 심각한 위기가 발생했다. 전쟁이 완전히 끝난 것은 아니지만, 상호 간의 적대 행위를 중지하겠다고 약속한 정전협정 체제하에서 다시 전면전이 촉발될 수도 있는 매우 심각한 상황이었다.

1월에 발생한 대형 사건들 속에는 일련의 특징이 보인다. 대체로 내부보다는 외부로부터 촉발된 경우가 적지 않다는 점이다. 1968년의 안보 위기만 하더라도 근본적으로는 정전 체제가 남북 간의 갈등을 완전히 막을 수 없다는 정전협정의 한계 위에서 발생했지만, 직접적인 원인은 한국의 베트남 파병 이후 1966년 말부터 고조된 남북 간의 갈등이었다. 외부에서 발생한 베트남전쟁이 한반도에 안보 위기를 초래했던 것이다.

1968년의 사건보다 더 결정적으로 한반도를 뒤흔든 1월의 사건은 1946년에 일어난 반탁운동이었다. 반탁운동은 1945년 12월 모스크바에서 열린 미국, 영국, 소련의 3국 외상회의에서 나온 한반도에 대한 결정서 때문에 일어났다. 즉, 한반도 문제를 한국인이 스스로 해결하지 못하는 상황에서 나온 결정에 대한 반발이었다. 게다가 3국 외상회의의 결정이 외부에서 이루어졌기 때문에 그 내용이 왜곡되어 보도되는 사태도 발생했다. 이에 더해 미국과 소련은 각각 자신들에게 유리한 상황이 전개되도록 한반도 내부의 정치 세력을 선동하고 있었다.

1962년 1월에 발표된 군사정부의 경제개발계획도 한국에 대한 미국의 원조 정책 변화로부터 촉발된 일이었다. 1950년대부터 한국 사회 내부에는 장기적인 경제계획을 세워 경제성장을 이룩해야 한다는 사회적 공감대가 형성되어 있었지만, 군사적 지원의 측면이 강했던 당시 미국의 1년 단위 원조를 통해서는 장기 계획을 세우는 일이 불가능했다. 1961년에 들어선 케네디 행정부에 가서야 개발도상국에 대한 계획 원조가 비로소 시작되었고, 이에 따라 한국에서도 장기간의 경제개발계획 시행이 가능해졌다.

그렇다면 1949년 1월의 반민특위 문제는 어떤가? 이것은 다른 사건과 달리 한국 내부의 문제였다. 반민특위는 일본 제국주의와 그들의 전쟁에 협력했던 사람들을 처벌함으로써 그 유산과 잔재를 털어내기 위해 설립되었다. 하지만 너무나 당연히 해결했어야 하는 일이 제대로 처리되지 않았다. 여기에는 35년간의 일제 강점으로 인해 '식민지화 정책 협력자'와 '전쟁 협력자'가 양산되었다는 근본적인 원인과 함께, 이들 친일파가 권력과 부를 유지할 수 있도록 1945년부터 1948년까지 미군정이 뒤를 봐주었기 때문이다.

1958년 주한 미군에 핵무기가 배치된 것은 1월에 발생한 또 다른 중요한 사건이었다. 같은 시기에 일어난 진보당 사건이 동년의 총선거를 대비하려 했던 국내 정치적 사건이라면, 주한 미군 기지에 핵무기가 배치된 사건은 한국전쟁 이후 미국의 대외 정책과 대한對韓 정책 변화 속에서 일어났다. 1991년 12월 말 한반도비핵화공동선언이 채택되고 이듬해 발효되기 전까지 계속된 한반도 내 핵무기의 배치는 북한 핵 개발의 근원적 빌미를 제공했다.

# 조선공산당의 3상협정 지지
## 오보로 인한 좌우 대립의 격화

- 1946 조선공산당 3상협정 지지
- 1949 반민특위 활동
- 1958 주한 미군에 핵무기 배치
- 1962 제1차 경제개발 5개년 계획
- 1968 푸에블로호 사건

1946년 1월 3일, 지금은 철거된 서울운동장(구 동대문운동장)에서 서울시인민위원회가 '민족통일자주독립시민대회'를 개최했다. 이 대회는 1945년 12월 모스크바 3국(미국, 영국, 소련) 외상회의에서 한반도에 대한 결정문이 발표된 직후 신탁통치 반대운동(반탁운동)이 광범위하게 일어나고 있던 시기에 조선공산당을 비롯하여 좌파 정당과 사회단체들이 주도하여 개최되었다.

반탁운동이 지지를 받고 있는 상황이었으므로 이 대회 역시 좌파들에 의한 신탁통치 반대 집회가 될 것으로 예측했지만, 결과는 이와 정반대였다. 이미 조선공산당은 1월 2일 성명을 통해 '신중히 검토한 결과' 3상회담의 결정이 '조선을 위하여 가장 정당한' 결정이며, 신탁통치는 '제국주의적 위임통치'가 아니라 '우호적 원조와 협력 신탁'이라고 주장했다(『조선일보』 1946. 1. 4). 그러나 대중매체가 발달하지 못했던 당시 상황에서 좌파의 노선은 정확히 전해지지 않은 채, 신탁통치를 찬성한다는 의미의 '찬탁'으로 알려지고 말았다. 결국 반탁 구호를 예상하고 이 대회에 참여한 서울 시민들은 놀랄 수밖에 없었다.

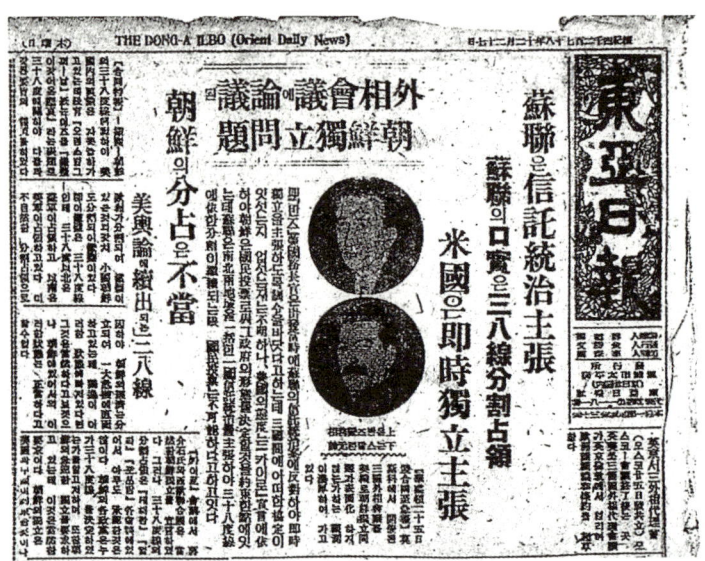

위: 모스크바 3상회의의 내용을 왜곡 보도한 『동아일보』 기사
아래: 1946년 1월 3일 조선공산당이 주도한 모스크바 3상회의 결정서 지지 대회가 끝난 뒤 시가 행진을 하고 있는 시민들

이 대회는 조선공산당에 대한 대중적 인기가 급락하는 중요한 계기가 되었다. 당시 미군정도 인정했듯이, 조선공산당은 그 시기 여러 정당 가운데 가장 대중적 인기가 높았다. 그러나 조선공산당은 '찬탁'이라는 용어를 사용한 적이 없었음에도 불구하고 3상협정에 대한 '선택적' 지지가 아닌 '전면적' 지지를 표명함으로써 '신탁통치에 대한 찬성'이라는 노선을 견지하고 있다고 해석되었으며, 이는 결국 친소련·매국노라는 비판을 받는 결과를 가져왔다. 여기에 더해 1월 말 조선공산당 책임비서 박헌영이 〈LA 타임스〉의 존스톤 기자와 가진 기자회견에서 조선이 소련의 속국이 되기를 바란다고 말했다는 왜곡 보도가 나오면서 조선공산당은 더 큰 타격을 입었다. 박헌영은 이 보도가 왜곡되었다며 존스톤 기자의 추방을 요청했지만, 군정청은 이 보도가 사실에 입각한 것이라고 발표하여 사람들에게 심한 충격을 주었다(『조선일보』 1946. 2. 19). 결국 3상회의의 결정은 반탁운동 진영과 3상회의 결정을 지지하는 진영 간에 대립을 격화시켜 분단의 직접적인 원인을 제공했다.

여기에서 한 가지 주목해야 하는 사실은 3상회의의 결정이 이렇게 상호 간에 분열의 계기만 되지는 않았다는 점이다. 좌파의 '3상협정 지지' 대회 이후 나흘이 지난 1월 8일 좌우의 대표적 정당인 한국민주당, 국민당, 조선공산당, 조선인민당은 오히려 3상회의 결정의 정신을 지지하며, 신탁 문제에 대해서는 장래 수립될 우리 정부가 결정하도록 한다는 합의에 이르렀다(이른바 '4당 캄파'. 『조선일보』 1946. 1. 9). 각 정당의 주류 세력이 모두 참여한 회합은 아니었지만, 정당의 이름을 걸고 합의를 이루어냈다는 점에서 의미 있는 합의였다. 우리의 미래를 외국의 제국들이 결정하게 된 위기 상황에서, 이데올로기를 떠나 정치 세력 간의 통합을 위한 노력이 이루어졌던 것이다.

아쉽게도 이 합의는 극우와 극좌 세력의 반대로 곧 번복되었다. 특히 박헌영과 김구 등 좌우익의 실세들은 이러한 합의에 반대했다. 좌익과 우익 간의 합의는 각각이 단독으로 정권의 주도권을 장악하는 데 그다지 도움이 되지 않기 때문이었다. 무슨 말이든지 자극적으로 해야 하고, 합의보다는 상대방에 대한 공격이 자신을 선명하게 보일 것이라고 생각하는 지금의 정치인들 특징이 해방 정국에서부터 시작되었을까? 풍전등화의 위기에서 이루어진 소중한 노력은 끝내 실패했고, 이제 우리의 기억 속에서 사라졌다.

한반도의 분단과 전쟁이 60년 이상 지났지만, 모스크바 3상회의의 결정으로 촉발된 정치 세력 간의 대립은 여전히 계속되고 있다. 3상회의의 결정이 신탁통치안으로 왜곡 보도되었다는 사실이 알려지고 역사 교과서에도 그 내용의 일부가 반영되기는 했지만, 아직도 왜곡된 인식은 완전히 사라지지 않았다. 그리고 남북 갈등만큼 심각한 남남 갈등은 오늘도 계속되고 있다.

Special Record

# 『조선일보』에 보도된 4당 캄파(1946. 1. 9)

임시정부를 중심으로 신탁통치를 반대하는 우익 진영과 삼상회의를 지지하는 좌익 측 각 정당은 기간其間 미묘한 움직임으로 개별적 회합이 누차 속행되고 있던 바, 7일 시내 모처에서 인민당 대표 이여성李如星·김세용金世鎔·김오성金午星, 한국민주당 대표 원세훈元世勳·김병로金炳魯, 국민당 대표 안재홍安在鴻·백홍균白泓均·이승복李承馥, 공산당 대표 이주하李舟河·홍남표洪南杓 제인諸人이 회집하여 간담회를 열고 현하의 긴급 제 문제를 신중 토의한 결과, 의견의 일치를 보아 별항과 같은 인민당, 한국민주당, 국민당, 공산당의 4당 공동 성명서를 발표하는 단계에까지 이르러 혼돈하던 정국은 통일 일로의 노선을 걷게 되어, 이 서광은 박두하는 미소공동위원회를 앞두고 자못 관심을 끌고 있다.

즉, 공동 성명서의 내용 중 탁치 문제를 단적으로 해명하면 신탁통치라는 제도는 배격하되 연합국의 우의의 협조는 거절하지 않는다는 것이라고 한다. 이같이 4당 회의 관계로 7일 밤 임시정부에서 개최할 예정이던 5대 정당 대표회의는 하루나 이틀 연기될 것으로 보이며, 이상 4당에서는 8일 신한민족당을 참가시켜 5대 정당이 계속하여 시내 모처에서 민족 통일 촉성에 관한 토의를 계속 중이다.

■ 4당 공동 코뮤니케

(1) 모스크바 3상회의의 조선 문제 결정에 대하여

조선 문제에 관한 모스크바 3국 외상회의의 결정에 대하여 조선의 자주독립을 보장하고 민주주의적 발전을 원조한다는 정신과 의도는 전면적으로 지지한다.

신탁(국제헌장에 의하여 의구되는 신탁제도)은 장래 수립될 우리 정부로 하여금 자주독립의 정신에 기하여 해결케 함.

(2) 테러 행동에 대하여

정쟁의 수단으로 암살과 테러 행동을 감행함은 민족 단결을 파훼하며 국가 독립을 방해하는 자멸 행동이다. 건국의 통일을 위해서 싸우는 애국지사는 모든 이러한 반민족적 테러 행위를 절대 반대하는 동시에, 모든 각종 비밀적 테러 단체와 결사의 반성을 바라며, 그들이 자발적으로 해산하고 각자 진정한 애국운동에 성심으로 참가하기를 바라는 바이다.

1946년 1월 8일
조선인민당, 국민당, 한국민주당, 조선공산당

## 해설 날아가버린 통합의 기회

위의 4당 간 합의문은 다음과 같은 점에서 중요한 의미가 있다.

첫째, 좌익과 우익을 대표하는 주요 정당들이 모두 참여했다. 당시 많은 정당이 난립해 있었지만, 그중 대표적인 정당은 우익의 한국민주당과 국민당, 좌익의 조선공산당과 조선인민당이었다. 이들이 참여해서 합의문을 작성했다는 사실은 이데올로기를 떠나 합작할 수 있는 가능성이 있었음을 의미한다.

둘째, 합의 내용을 보면 4당이 신탁통치 문제에 유연하게 대처하고 있음을 알 수 있다. 먼저, 모스크바 3상협정에 대해 모두 찬성의 입장을 보이고 있다. 이는 3상협정문 자체를 신탁통치안으로 규정하고 무조건 반대를 선언했던 반탁운동과는 다른 입장이었다. 더불어 좌익 측은 3상협정의 '총체적' 지지가 아닌, '신탁' 문제에 대해서 신중하게 접근해야 한다는 점에 동의하고 있다.

이러한 점들을 고려한다면, 4당 대표의 합의문은 모스크바 3상협정에 대해서 당시 정치인들과 정당이 취해야 할 가장 모범적인 답안을 보여주었다고 할 수 있다. 그러나 이 합의에도 문제는 있었다. 좌우에서 각각 가장 큰 힘을 갖고 있던 조선공산당과 한국민주당의 대표로 참여한 사람들이 각 당의 핵심 인사가 아니라 중도적 인사였기 때문에, 만약 주류 인사들이 반대한다면 이 합의는 더 이상 효력을 가질 수 없었다.

실제로 합의가 나온 다음 날 임시정부의 일부 정치인이 이 회합에 참여하여 합의문에 반대 의사를 표명했고, 그 직후 한국민주당은 '반탁'의 입장을 견지할 것을 발표했다. 이로 인해 4당 간의 합의문은 휴지 조각이 되고 말았다. 좌우 세력 간의 대립을 막고, 좌우 통합을 통해 통일된 민주국가를 수립할 수 있는 가장 중요한 기회를 놓치고 만 것이다.

# 반민특위 활동 개시
## 제때 해결했어야 하는 과거사 청산

1946 조선공산당 3상협정 지지
1949 반민특위 활동
1958 주한 미군에 핵무기 배치
1962 제1차 경제개발 5개년 계획
1968 푸에블로호 사건

1949년 1월 8일 반민특위(반민족행위특별조사위원회)가 본격적으로 활동을 시작했다. 반민특위는 식민지 조선의 최고 갑부 박흥식의 체포를 시작으로 일본 괴뢰국 만주의 관동군에 적극 협조한 이종형, '3·1독립선언문'의 대표 중 한 사람이지만 이후 변절하여 총독부의 어용 자문기관인 중추원 참의를 지낸 최린, 독립운동가들을 체포·고문한 악질 경찰 노덕술, 그리고 근대문학의 거장이지만 총독부와 일본 정부에 적극 협조하고 조선인들을 전쟁터로 내몬 이광수, 일본 괴뢰국 만주 건국대학 교수 최남선 등을 검거했다. 1월 말에는 박중양 등 지방의 거물급 인사들도 체포했다(괴뢰 만주국에 대해서는 영화 〈마지막 황제〉의 후반부에 그 실체가 잘 묘사되어 있다).

이른바 '친일파'의 반민족행위를 처벌하기 위해 제정된 반민법(반민족행위처벌법)은 1948년 9월 7일 제헌국회에서 103 대 6의 압도적인 표 차로 통과되었고, 동년 9월 22일 국무회의에서 인준되어 법령 제3호로 공포되었다. 반민법은 제헌헌법 제101조("국회는 1945년 8월 15일 이전의 악질적인 반민족행위를 처벌하는 특별법을 제정할 수 있다.")에 근거하여 제정되었다. 35년간의 식민 통치에

반민특위에 체포되어 끌려가는 경성방직의 사장 김연수와 3·1독립선언서에 서명한 민족 대표 33인 중 한 사람이었던 최린

서 해방된 상황에서, 민족을 배반하고 일본 제국주의에 협조한 사람들에 대한 처벌은 누구도 반대할 수 없는 시대의 대세였다. 또한 이 문제는 단지 민족적인 문제를 넘어서서 일본의 전쟁범죄 협조에 관한 또 다른 전쟁범죄를 단죄하는 일이기도 했다.

그러나 잘 알려져 있듯이 반민특위의 활동은 제대로 이루어지지 않았다. 대한민국 정부의 핵심 참여자 가운데 반민족행위자들이 체포되면서 이승만 대통령과 정부는 반민특위의 활동에 제동을 걸기 시작했다. 특히 독립운동가들을 탄압했던 경찰에 대한 체포 및 조사가 시작되자, 경찰은 이에 강하게 반발하고 심지어 반민특위를 습격하는 이른바 6·6사건을 일으키기까지 했다(『동아일보』 1949. 6. 8). 한 국가기관이 다른 국가기관을 공격한 것이다. 제대로 된 국가에서는 도저히 일어날 수 없는 사건이었다.

사회적 공감대를 반영하여 만들어진 기관의 활동을 사회적으로 비난받고 있는 기관이 방해했다는 것은 독재국가가 아니고서는 있을 수 없는 일이었다. 과거 일제 강점기에 활동했던 경찰들이 '경력'이 있다는 이유만으로 해방 뒤 다시 경찰에 채용되고, 이들이 미군정하에서 미곡 수집에 나서자 사회적으로 경찰에 대한 여론이 나쁠 수밖에 없는 상황이었다. 1946년 10월에 대구와 경상북도에서 발생한 '10월 추수 폭동' 사건의 근본 원인에는 바로 '친일' 경찰의 문제가 있었다. 당시 경찰 책임자 조병옥은 '추수 폭동' 이전에 이미 친일 경찰 처리 문제에 대해 언명한 바 있다(『조선일보』 1946. 9. 20). 미군정이 경찰에 대한 자체 조사에 나서야 할 정도로 심각한 문제였다(『동아일보』 1946. 10. 27).

그러나 경찰의 강력한 지지를 등에 업고 집권한 이승만 대통령은 '친일' 경찰 문제를 해결할 의지가 없었다. 한국의 군대가 미군정에 의해서 창설되고, 1949년 주한 미군이 철수한 뒤에도 여전히 미 군사고문단이 남아 한국군의 훈련을 담당했기 때문에, 한국군에 대해서는 미국의 영향력이 매우 컸다. 따라서 이승만 대통령이 믿을 만한 물리력은 경찰뿐이었고, 이는 경찰의 핵심 인물을 친일 혐의로 체포한 반민특위에 반대하는 중요한 이유가 되었다. 결국 이승만 정부의 반대와 비협조 속에 반민특위의 활동은 내리막길을 걸었고, 전쟁 중이던 1951년 2월 14일 반민법이 폐지되면서 그간 체포했던 친일 인사도 모두 석방되었다(미국 중앙정보국 정보보고서 *Intelligence Report of the Central Intelligence Agency: Daily Report I* : 『한국전쟁 자료 총서』 16, 495~496쪽).

일제 강점기 반민족행위자들에 대한 처벌이 제대로 이루어지지 못한 것은 해방 이후 냉전과 분단, 그리고 전쟁이 계속 이어졌기 때문이다. 반민특위에 대한 경찰의 습격은 '경찰을 다 잡아가면 공산당을 누가 잡느냐'는 논리에 기반하여 자행되었다. 냉전적 세계 체제는 한국에서뿐만 아니라 독일의 뉘른베르그 재판과 일본의 도쿄 재판마저 제대로 진행될 수 없도록 만들었다. 일본의 경우, 만주국의 고위 관료를 지냈고 1급 전범의 한 사람이던 기시 노부스케岸信介가 일본 패망 뒤 12년이 지난 1957년 수상에 취임했다. 그리고 지금도 일본에서는 일부 역사 교과서의 왜곡 문제가 계속되고 있다. 냉전적 세계 질서는 적敵을 파시스트에서 공산주의로 바꾸어 놓았다.

반민족행위자들에 대한 처벌 문제는 이후 계속해서 한국현대사의 발목을 잡아왔다. 심지어 이 문제는 국가 정통성 논란까지 불러일으켰다. 민주화가 이루어지고 냉전적 세계 체제가 해체되면서 친일 진상 규명 및 반민족행위자의 재산 환수를 위한 노력이 시작되었지만, 끊임없이 정치적 논란에 휘말렸다. 이 때문에 반민족행위자에 대한 조사 및 이들이 반민족적인 행위를 통해 축적한 재산을 환수하는 움직임이 해방으로부터 반세기가 훌쩍 지난 2000년대에 와서야 마침내 시작되었던 것이다.

정말 많이 늦긴 했지만, 식민지의 잔재를 극복하기 위한 노력을 시작할 수 있었던 것은 그나마 민주화가 이루어지고 민주적인 정부가 들어섰기 때문이다. 또한 한국 사회에서 이른바 친일 문제로부터 자유로운 비주류가 정권을 잡았기 때문에 가능했다.

그러나 한국의 과거사 문제 처리는 말끔히 매듭짓지 못했다. 2010년 대부분의 과거사위원회들이 활동을 제대로 마무리하지도 못한 채 문을 닫았다. 한국의 과거사 문제는 민족적·국가적 문제임에도 불구하고 해결했어야 하는 시기에 하지 못했기 때문에 정치적 논란에 휘말리면서 결국 제대로 끝맺지 못했다. 제대로 해결하지 못한 과거사 문제는 한국 사회의 앞길에 지속적으로 논란이 될 것이다.

# 주한 미군에 배치된 핵무기
## 34년 동안 핵무기를 안고 살다

1946
조선공산당
3상협정 지지

1949
반민특위 활동

1958
주한 미군에
핵무기 배치

1962
제1차 경제개발
5개년 계획

1968
푸에블로호 사건

1958년 1월 한반도에 처음으로 핵무기가 배치되었다. 같은 해 1월 29일 미국 정부와 한국 정부는 주한 미군에 핵무기가 배치되었음을 공식적으로 확인하고, 이를 언론에 공개적으로 발표했다(『조선일보』 1958. 1. 30). 이 언론 발표는 매우 이례적인 일이었다. 미국은 30년이 지난 정부 문서들에 대해서 공개하는 것을 원칙으로 두고 있지만, 핵 전략과 관련된 부분은 대부분 삭제해버려 열람을 할 수 없게 하거나 일부 핵 전략 문서는 아예 공개 자체를 하지 않고 있다. 그만큼 핵무기 문제는 미국 정부에게도 민감한 문제이기 때문이다. 그런데 왜 미국은 1958년 주한 미군에 핵무기를 배치할 때 이례적으로 이 사실을 바로 공개했을까?

간단히 말하자면, 이는 미국이 남한에 핵무기를 배치했음을 북한 정부와 중국 정부에 공개적으로 알리기 위해서였다. 당시 북한에 중국군이 주둔하고 있는 상황에서 미국은 주한 미군 감축을 추진했기 때문에 매우 이례적이게도 핵 배치를 공개했던 것이다. 1953년에 취임한 아이젠하워 대통령은 한국전쟁으로 늘어난 군사비를 감축하기 위한 정책을 추진했다. 이에 따라 그는 공산군이 정전협정에 동의하지 않을 경우 핵을 사용하겠다고 선언했으며, 심지어 정전협정에 반대하는 이승만 대통령을 제거하려는 계획을 추진하기도 했다.

정전협정이 조인된 이후 미국은 주한 미군을 감축하려고 했다. 군사비에서 가장 큰 비중을 차지하는 것이 군인들의 월급이기 때문이다. 그리고 미군의 감축으로 발생하는 군사력의 공백은 핵무기로 대체하고자 했다. 미국의 이 전략은 한국에서뿐만 아니라 전 세계적으로 추진된 전략이었다. 최근 미국의 부시 행정부와 오바마 행정부에서 해외 주둔 미군의 재배치를 추진하는 것 역시 군사비 감축을 통해 미 행정부의 예산을 감축하려는 목적이 깔려 있다.

결국 주한 미군 기지에 핵무기를 배치했다는 사실을 공개적으로 발표한 것은 주한 미군 감축에도 불구하고 전력 공백이 없다는 신호를 중국과 북한에게 '공개적으로' 알리기 위해서였다. 아니나 다를까 『조선일보』 1958년 1월 31일자에는 북한이 주한 미군의 핵무기 배치를 비난했다는 기사가 게재되었다.

그러나 원래 정전협정문을 그대로 따른다면 한반도에 핵무기는 배치할 수 없었다. 정전협정의 13조 D항에는 외부로부터 발전된 무기를 반입하는 것을 금지하고 있기 때문이다. 즉, 정전협정이 체결되는 시점에서 보유하고 있는 무기가 노후하여 이를 교체할 필요가 있을 경우에는 같은 성능의 무기로 교체하는 것이 가능하지만, 그보다 더 발전된 무기를 반입하는 것은 불가능했다. 이를 보장하기 위해 중립국감독위원단(스위스, 스웨덴, 폴란드, 체코슬로바키아 4개국 대표) 아래 중립국감시사찰단을 배치하고, 이 사찰단으로 하여금 남한과 북한의 각각 주요 항구 5곳에서 외부로부터 들어오는 무기를 감시하게 하며, 그 위반 사항이 발견될 경우에 중립국감독위원단을 통해 군사정전위원회에 보고하도록 규정했다. 따라서 이 조항에 따른다면 정전협정이 체결될 당시 한반도에 없던 핵무기를 반입하는 것은 불가능했다.

이에 유엔군 사령관을 겸임하고 있던 주한 미군 사령관은 1957년 정전협정 13조 D항이 더 이상 유효하지 않다고 선언했다(『조선일보』 1957. 6. 22). 주한 미군 사령관은 북한이 감시를 받지 않는 공항을 통해 성능이 더 우수한 무기를 반입하고 있다면서, 북한의 위반으로 인해 더 이상 13조 D항은 유효하지 않다고 주장했다. 그 사실은 북에서 남으로 '귀순'한 북한 조종사의 자백을 통해 알려진 내용이었지만, 인공위성이 없던 당시의 상황에서 이를 증명할 수는 없었다. 하지만 한국전쟁 중의 정전 협상 과정에서 공산군 측이 공항에 대한 중립국감시사찰단 배치를 반대했기 때문에, 귀순한 북한 조종사의 자백이 사실일 가능성도 배제할 수는 없었다. 최근 공개된 체코의 문서들을 보면 북한은 체코와 폴란드의 중립국감시위원단에게 군사정전위원회에서 북한에 유리한 보고를 하도록 종용한 사실이 드러났는데, 이를 고려한다면 미국의 주장이 전적으로 자신들의 정책을 합리화하기 위한 것이었다고만 말할 수는 없다. 그럼에도 불구하고 그러한 조치가 핵무기 배치를 위한 미국의 정책 수순이었다는 것 또한 부인할 수 없는 사실이었다.

아울러 미국은 남북한의 각 항구에 배치된 중립국감시사찰단의 활동을 무력화하기 위한 조치도 취했다. 남한에서는 이미 1954년부터 이른바 '적성국'인 폴란드와 체코슬로바키아의 요원들을 철수하라는 '관제' 데모가 계속되었고, 미국은 미국 주재 스위스 대사와 스웨덴 대사를 국무부로 불러 중립국감시사찰단의 활동을 무력화하려고 했다.

결국 남북한의 항구에 배치된 중립국감시사찰단은 남과 북에서 철수했다. 그 결과 미국은 1958년 정전 체제와 관계없이, 또한 군사정전위원회로부터 아무런 제재도 받지 않으면서 주한 미군에 핵무기를 배치할 수 있었다.

1958년 처음 배치된 핵무기는 1992년 한반도비핵화공동선언이 발효된 뒤 남한에서 모두 철수되었다. 한국 사람들은 장장 34년간 핵무기를 안고 살았던 것이다. 북한이 1950년대 후반부터 소련에 과학자들을 유학시킨 배경에는 주한 미군에 핵무기가 배치된 사실도 고려되었을 것이다.

# 제1차 경제개발 5개년 계획 발표
'한강의 기적'이라 불리는 경제성장

1946
조선공산당
3상협정 지지

1949
반민특위 활동

1958
주한 미군에
핵무기 배치

1962
제1차 경제개발
5개년 계획

1968
푸에블로호 사건

1962년 1월 13일 경제기획원에서 제1차 경제개발 5개년 계획이 발표되었다. 1차 계획은 계획 기간 연평균 성장률 7.1%라는 야심 찬 목표로 시작되었고, 실제로 1962~1966년 동안 7.8%의 높은 경제성장률을 달성했다. 1950년대 4% 내외에 머물러 있던 경제성장률을 감안하면 큰 변화이다. 이후 4차 계획 기간(1977~1981, 5.8%)을 제외하고 1991년까지 6차에 걸친 계획 기간 중 한국 경제는 연평균 9%대의 높은 성장률을 기록하며, 한강의 기적을 달성했다. 이에 따라 1961년 설립된 '경제기획원'과 1962년 시작된 '경제개발계획'은 한국 경제성장의 상징이 되었다.

그러나 한국의 경제개발계획 시작이 순탄했던 것만은 아니다. 1962년에 발표된 계획은 이미 1961년 5·16쿠데타 직후 건설부와 최고회의에서 발표한 두 차례 계획의 연장선상에 있는데, 이는 실상 이전 민주당 내각의 건설부가 발표하려고 했던 계획의 내용과 크게 다르지 않았다.

물론 최근 국가기록원에서 공개한 자료를 보면, 계획안이 발표되기 직전 박정희 국가재건최고회의 의장이 직접 개입하여 계획 내용에 일정한 수

1962년 어느 날 국가재건최고회의 회의실에서 군사정부의 경제정책에 대한 보고를 받고 있는 주한 미국대사관 관계자들. 왼쪽 맨 앞이 사뮤엘 버거 주한 미국 대사.

정을 가했다는 사실을 알 수 있다. 당시 박정희 의장은 시장에 대한 정부의 개입을 강화하고, 외자外資보다는 내자內資를 이용하며, 소비재 산업과 함께 기간산업 건설을 강조하는 것으로 수정을 지시했다. 그럼에도 불구하고 그 내용은 큰 틀에서 민주당의 정책과 별반 다르지 않았다. 이에 한 연구자는 군사정부의 경제개발계획안 발표를 두고 '군사정부가 민주당의 서류 가방을 훔쳤다'고 표현하기도 했다(David Satterwhite의 박사논문, 현재 일본에서 ASIA Foundation 책임자로 있다).

제1차 경제개발 5개년 계획이 1966년까지 많은 성과를 낸 것은 사실이지만, 원래의 계획이 그대로 진행된 결과는 아니었다. 미국은 그 계획의 내용이 너무 '민족주의적'이고 '사회주의적'이라고 해서 반대했다. 박정희 의장이 지시한 내용이 반영된 첫 번째 계획은 자유로운 기업 활동을 보장하기 어려울 뿐만 아니라, 개발도상국으로 하여금 외자를 많이 이용하도록 해서 미국과의 경제적 관계를 긴밀하게 묶어 놓으려 했던 당시 케네디 행정부의 정책과도 배치되었다(로스토우, 『하나의 제안』, 90~91쪽). 그렇다고 당시 미국 정부가 한국의 기간산업 건설을 지원할 수 있을 정도로 많은 원조 자금을 갖고 있지도 않았지만, 내자를 이용한 계획이 실행될 경우 한국 정부를 통제하기 어렵다고 판단했던 것이다.

계획이 발표되고 5개월이 지난 1962년 6월 군사정부가 통화개혁을 단행하여 은행예금을 봉쇄하자, 미국은 군사정부의 경제정책을 비판하면서 적극적으로 개입하기 시작했다. 통화개혁의 기본 내용은 화폐단위인 '환'을 '원'으로 바꾸고, '원'의 가치를 10배 높이는 것이었다. 하지만 더 중요한 점은 예금 봉쇄를 통해 내자를 확보하고, 그 내자를 통해 정부가 기업 대신 직접 투자의 주체가 되겠다는 데 있었다. 그러자 미국은 원조 중단을 무기로 군사정부를 압박했다(『경향신문』 1962. 6. 11).

결국 군사정부는 한 달 만에 예금 봉쇄를 해제했고, 초기 경제정책을 주도한 유원식과 박희범은 군사정부에서 떠나야 했다. 대신 1950년대 한국은행과 재무부에서 활동한, 그리고 주한 미국대사관과 가까운 관계를 유지하고 있는 젊은 관료들이 그 자리를 차지했다. 또한 미국의 수정 요구에 따라 군사정부는 1963년부터 경제개발계획에 대한 수정에 들어가 민정 이양 직후인 1964년 보완 계획을 발표했다(『동아일보』 1964. 3. 13).

보완 계획에서는 제1차 경제개발 5개년 계획에서 야심차게 계획한 기간산업 건설 계획이 모두 백지화되었다. 이는 미국이 기간산업 건설을 위한 자금 지원을 거절했기 때문이다. 박정희 의장은 일본과 협정을 서두르고 독일로부터 자금 지원을 받고자 시도했지만, 이 역시 쉽지 않았다. 결국 군사정부는 보완 계획을 통해 기간산업 건설 계획을 백지화하고, 대신 미국 정부에서 제안한 노동 집약적 경공업 중심의 산업화 계획을 수립해야만 했다(『동아일보』 1964. 2. 24). 당시 한국이 기간산업을 건설하자면 미국으로부터 많은 원조를 요청할 것이 뻔하므로 미국은 값싼 노동력을 이용한 경공업 제품의 생산에 치중할 것을 군사정부에 권고했다. 한국이 경공업 제품을 수출함으로써 무역수지 적자를 줄이면, 이를 통해 미국은 한국에 대한 원조를 감축하고자 했던 것이다.

기간산업 건설이라는 박정희 정부의 꿈은 1960년대 후반에 가서야 가능해졌다. 미국의 직접적인 경제원조 대신, 한일협정과 베트남전쟁을 통해 들어온 돈이 기간산업 건설에 필요한 자본이 되었기 때문이다. 경부고속도로나 POSCO가 1970년대 초에서야 건설된 것도 이 때문이다. 이후 군수산업과 중화학공업을 중심으로 한 기간산업 건설은 한국 경제의 체질을 바꾸어 놓았다. 그러나 너무 큰 의욕은 정부의 지나친 보조금 지급 정책으로 인한 기업 경쟁력의 약화와 중복 투자를 통한 비효율성 등의 문제를 야기함으로써 이후 한국 경제의 발목을 잡았고, 그 후유증 역시 적지 않았다.

한국의 경제개발은 우여곡절 없이 목표한 방향으로만 순탄하게 흘러가지 않았다. 성공적인 결과에도 불구하고 많은 시행착오와 비용을 치러야만 했다. 경제개발의 시대에 대한 향수에만 빠져 있을 것이 아니라, 그 시대의 교훈을 오늘 어떻게 건설적이고 미래 지향적으로 발전시킬 것일까를 고민해야 한다.

# 푸에블로호 납치 사건
## 한미 관계에 균열을 가져오다

1946
조선공산당
3상협정 지지

1949
반민특위 활동

1958
주한 미군에
핵무기 배치

1962
제1차 경제개발
5개년 계획

**1968
푸에블로호 사건**

　1968년 1월 23일 동해 상에서 정보 수집 활동 중이던 미국의 푸에블로호가 북한에 억류되었다. 북한은 푸에블로호가 자기네 영해를 침범했다고 주장했다. 나중에 존슨 미국 대통령이 1968년 한 해 동안 가장 혼란스러웠던 날을 푸에블로호가 억류된 1월 23일 아침으로 기억했을 정도로, 이 사건은 국내외적으로 엄청난 파장을 불러일으켰다.

　당시 미국에게 가장 큰 골칫거리는 푸에블로호가 북한에 납치되는 과정에서 함장을 비롯하여 총 82명(장교 6명, 사병 75명, 민간인 2명. 1명은 사망)의 미군이 함께 억류된 것이었다. 대외적으로 자국민의 안전에 민감하게 대응했던 미국 정부로서는 82명의 미군이 안전하게 귀환할 수 있도록 하는 일이 무엇보다 큰 문제였다. 사건 발생 직후 존슨 행정부는 소련을 통해 이 문제를 해결하려고 했지만, 북한에 대한 소련의 영향력이 그다지 크지 못하자 북한과 직접 대화에 나섰다. 결국 미국은 푸에블로호가 북한의 영해를 침범했다는 사실을 인정하고, 1년이 거의 다 된 1968년 12월 23일에야 선원들의 송환이 이루어지는 수모를 당했다(『동아일보』 1968. 12. 23).

그런데 이 사건은 한미 관계에도 큰 파장을 몰고 왔다. 미국이 북한에 직접 대화를 시도함으로써 존슨 행정부와 박정희 정부 사이에 불화가 발생한 것이다. 푸에블로호 피랍 사건 이틀 전인 1월 21일에 북한 특수부대의 청와대 습격 사건이 있었음에도 불구하고, 미국은 북한의 청와대 습격 사건에 대해서는 전혀 관심을 기울이지 않고 푸에블로호 사건의 해결을 위해 북한과의 직접 대화에만 집중했다. 게다가 존슨 행정부는 북한과 협상하는 과정에서 한국 정부의 참여를 배제했다. 미국을 돕는다는 명분으로 베트남에 전투 부대를 파견했던 한국 정부로서는 미국 정부의 태도에 배신감을 느낄 수밖에 없었다.

이에 화가 난 박정희 대통령이 북한에 대한 보복 공격을 포함하여 모종의 비밀 정책을 수립하고 있다는 소문이 광범위하게 유포되었다. 존슨 행정부는 박정희 정부의 보복 공격을 막기 위해서 부랴부랴 사이러스 밴스를 대통령 특사로 파견했고, 박정희 대통령과 직접 협상을 벌였다. 존슨 행정부는 베트남전쟁이 진행 중인 상황에서 한반도에 제2의 전선을 만들고 싶지 않았을 것이다. 만약 한반도에 제2의 전선이 형성된다면, 미국으로서는 한국 정부에 베트남 추가 파병을 요청할 수 없기 때문이다.

한국에 온 밴스 특사는 '한국이 피해자가 될 때만 미국이 한국을 도울 수 있다'고 하면서 박정희 대통령을 압박했고, 박정희 대통령은 '베트남에 있는 한국군을 철수시키겠다'고 맞섰다. 그러자 밴스는 넘어서는 안 될 선을 넘지 말라고 경고했고, 한국군을 베트남에서 철수시켜도 된다고 답했다. 베트남에서 큰돈을 벌어들이고 있던 한국 정부는 군대를 철수할 생각이 전혀 없었다. 결국 박정희 정부는 미국의 권고를 받아들였고, 미국 정부는 공동 성명을 통해 '연례국방관계각료회의'를 개최하자는 한국 정부의 요청을 수용했다(『경향신문』 1968. 2. 15). 그러나 박정희 정부가 미국의 요구를 받아들임으로써 베트

위 : 1968년 1월 23일 북한에 납치된 푸에블로호 승무원들
가운데 : 1968년 12월 23일 판문점의 '돌아오지 않는 다리'를 건너 송환되는 승무원들
아래 : 평양의 대동강변에 전시되어 있는 푸에블로호

남 파병 이후 '허니문' 시절을 구가해온 한미 관계는 급속도로 악화되기 시작했다.

당시 베트남에 주둔해 있던 미군 사령관은 전쟁이 이제 막바지에 이르렀으며, 2만여 명의 전투 병력이 더 있다면 전쟁에서 승리할 수 있다고 장담했다. 존슨 행정부는 미국 대신 한국의 전투 병력 증강을 통해 이 문제를 해결하려고 했다. 미국 정부는 미국의 인구 대비 파견 병력의 수준만큼 한국도 베트남전쟁에 파병해야 한다고 주장했다.

푸에블로호 사건이 발생한 1968년 1월은 존슨 행정부와 박정희 정부가 추가 파병 문제를 놓고 줄다리기를 하고 있던 시기였다. 그러나 청와대 습격 사건과 푸에블로호 사건으로 촉발된 한반도의 안보 위기로 인해 한국 정부는 더 이상의 전투병을 베트남으로 이동시킬 수 없었다. 결국 이 시기 한미 관계의 균열은 1969년 닉슨독트린 이후 본격화되는 한미 갈등의 출발점이 되었다.

지금도 여전히 불안정한 정전 체제가 계속되고 있다. 2010년에 일어났던 천안함 사건과 연평도 사건은 마치 1968년의 안보 위기가 다시 재현되는 듯한 착각에 빠지게 한다. 한국이나 미국과 달리 북한이 더 이상 지키지 않겠다고 선언한 불안정한 정전 체제가 지속되는 한 한반도의 안보 위기는 언제든 다시 찾아올 수 있다.

정전협정이 제대로 작동되지 않고 있다면, 영구적 평화를 위한 새로운 안보 조약이 필요하다. 안보 위기 상황에서 한 번의 잘못된 판단이 한반도 전체를 불구덩이 속으로 빠뜨릴 위험이 있기 때문이다. 우리의 후세대에게 더 이상 불행한 상황을 넘겨주어서는 안 된다. 어쩌면 정전협정으로부터 60년이 지난 지금 바로 이 시점이 한반도의 반복되는 위기에 마침표를 찍을 가장 적절한 시기인지도 모른다.

Special Record

# 한국을 방문하고 돌아온 밴스 특사의 보고

**존슨(대통령)** 박 대통령은 우리가 무엇을 해주기를 원합니까?

**밴스(특사)** 그는 긴 목록을 가지고 있습니다. 그가 원하는 것들입니다. (중략)

**존슨** 올해 일어났던 600건의 습격 결과에 대해서 어떻게 생각합니까? 남한은 큰 타격을 입었습니까?

**밴스** 그렇지 않습니다. 청와대 습격을 제외하면요.

**존슨** 청와대 습격 때 그들은 우리의 대사도 목표로 했던가요?

**밴스** 그렇지 않습니다. 사로잡힌 한 침투원은 포터 대사를 찾고 있었다고 말할 것을 (남한 정보부로부터) 지시받았다고 합니다. 그렇지만 실제로는 그렇지 않았습니다. (중략)

**존슨** 그들(습격자들)은 베트남에 대해서 말했습니까?

**밴스** 아닙니다. 말하지 않았습니다.

**러스크(국무장관)** 한국 정부가 베트남에서 군대를 철수하면 우리는 남한에서 군대를 철수할 것이라고 포터 대사가 말했나요?

**밴스** 아니요. 포터가 그렇게 말했는지는 모르겠습니다. 제가 박 대통령에게 그런 태도를 고집해서는 안 된다고 분명히 했습니다. 저는 그에게, 그러한 논의는 양국 관계의 미래에 치명적인 영향을 끼칠 것이라고 말했습니다.

**러스크** 만일 우리가 이러한 협의를 일찍 시작했더라도 똑같은 문제점이 있었을까요? 아니면 안보 위기에 관계없이 박 대통령 본인의 본질적인 문제에서 비롯되었다고 보아야 할까요?

**밴스** 이 문제들은 박 대통령의 본성과 관련 있습니다.

**카첸바흐(국무부 차관보)** 그들은 우리가 (푸에블로호가 억류되어 있는) 원산을 취해야 한다고 계속 생각합니까?

**밴스** 그렇습니다. 그들은 어떤 사건이 일어날 경우 자신들이 해야 하는 행동에 관한 목록을 저와 함께 검토했습니다. (중략)

**맥나마라(전 국방부장관)** 남한군의 북쪽 습격은 어떻습니까?

**밴스** 한 달에 두 번꼴로 행해지고 있습니다.

**존슨** 우리는 그들의 작전이나 취한 행동에 대해 명확히 알고 있습니까?

**밴스** 그들은 최근 한 달에 두 번 작전을 수행하고 있습니다. 반침투 부대는 국방부장관의 명령 아래에 있습니다. 그들은 최근 공격에서 사단 본부를 참여시켰습니다. 3월이 가기 전에 비무장지대를 넘는 공격이 계획되어 있습니다. 숫자는 확실하지 않습니다. 비무장지대와 관련된 각 사단에 약 200명의 훈련된 반침투 부대가 있고, 현재는 이들로부터 훈련을 받는 추가 그룹이 하나 더 있습니다. 한편 고도로 훈련된 게릴라 부대도 있는데, 30개의 팀으로 구성된 2,400명이 있다고 추정합니다. 그들은 잘 훈련되어 있고 강인하지만, 예전부터 침투는 성공하지 못했습니다. (중략)

**러스크** 지금 우리가 DMZ를 넘어서 570건의 습격을 했다는 사실과 함께 만일 북에 대한 남한의 습격과 관련된 정보가 드러난다면, 우리가 곤란해지는 상황이 오지 않겠습니까?

**맥나마라** 우리는 이것에 대해 적절한 정보를 가지고 있지 않습니다.

**밴스** 바로 여기 목록이 있습니다. 10월 26일과 12월 사이에 11번의 습격이 있었습니다.

**험프리(부통령)** 언제 그들은 (북쪽에 대한 습격을) 시작했습니까?

**밴스** 저는 모릅니다. 최소한 1년 동안 해왔다고 생각하지만요. (중략)

**존슨** 그러한 습격의 목적은 무엇입니까?

**휠러(합동참모본부장)** 보복적인 성격입니다. (중략)

**러스크** 우리는 20년 전에도 똑같은 문제로 이승만과 부딪혔습니다. 그가 북한을 치려고 했을 때 우리는 얼마나 그에게 (많은 것을) 주었습니까?

**클라크 클리포드(국방부장관)** 저는 박 대통령의 불안정성이 매우 마음에 걸립니다. 그는 주요한 행동을 취할 권한을 그 자신이 갖고 있습니까?

**밴스** 한국의 장군들은 사전에 우리에게 알려줄 것이고, (박 대통령의 지시에 따른 대북 공격을) 지연시킬 수 있을 것입니다. 그렇지만 그가 가라고 하면 그들은 가야 할 것입니다. 어떤 장군은 본스틸 장군에게, 그가 일방적으로 행동할 가능성 때문에 매우 두렵지만 만일 명령이 떨어지면 자신들은 그에 따라야 할 것이라고 말했습니다. (중략)

**밴스** 박 대통령이 술을 마시기 시작할 때 어떤 명령을 내린다면, 그의 장군들은 다음 날 아침까지 어떤 조치라도 연기할 것입니다. 만일 다음 날 아침에 (박 대통령이) 그러한 명령에 대해서 아무 말도 하지 않는다면, 지난 밤에 했던 말을 그냥 잊어버린 셈이 됩니다.

**존슨** 그런 정보를 어디에서 얻습니까?

**밴스** 본스틸 장군이 수집합니다. 한국군은 유엔군 총사령관과 그의 지위를 매우 존중합니다.

**클라크 클리포드**  남베트남에서 한국군을 철수하는 것과 관련하여 어떤 위협이나 감추어진 위협이라도 받은 적이 있습니까?

**밴스**  국무총리는 입법부가 그것을 요구할 수도 있다고 언급하였습니다. 저는 국무총리에게, 그런 일이 일어난다면 우리의 군대를 남한에서 뺄 것이라고 매우 퉁명스럽게 말했습니다. 국무총리는 창백해졌습니다. 이 말은 그에게 정말 충격을 주었습니다. (중략)

**존슨**  우리 편에서는 누가 상황을 관측합니까?

**밴스**  포터 대사가 박 대통령을 살피고 있습니다. 본스틸 장군이 언제라도 함께할 것입니다.

**휠러**  제가 이해하기로는, 본스틸 장군은 한국의 국방부장관과 합동참모본부에 초점을 맞추고 있습니다.

**테일러**(대통령 특임자문관) 군대가 이승만에 대항해서 억지력의 역할을 했던 20년 전으로 거슬러 올라가는군요. 선임들은 솔직하게 말할 것입니다.

**밴스**  그것이 바로 제가 그들을 만난 이유입니다.

— 사이러스 밴스가 존슨 대통령에게 보낸 비망록, 워싱턴, 1968. 2. 20.
(*Foreign Relations of the United States*, 1964~1968, 29권)

---

## 해설  1960년대 말 한미 관계

위의 자료는 1968년 2월 사이러스 밴스가 존슨 대통령의 특파원 자격으로 한국을 방문하고 돌아와 존슨 대통령에게 보고하는 회의의 대화록이다. 미국의 대외 관계 자료들을 편집해서 출간한 『미국의 대외 관계*Foreign*

*Relations of the United States*』의 1964년부터 1968년 사이 한국 관련 부분에 실려 있다.

이 자료는 다음과 같은 몇 가지 점에서 당시 한미 관계의 복잡한 내막을 잘 보여준다. 첫째, 1968년을 전후한 안보 위기의 시점에서 북한의 공세에 대한 한국군의 적극적인 보복 공격이 한미 관계에 중요한 쟁점이 되고 있다는 사실이다. 미국은 한국군의 적극적 보복 공격에 대해 강력하게 반대하고 있으며, 경우에 따라 주한 미군 철수까지 할 수 있다고 시사하면서 한국 정부에 강하게 권고하고 있다. 또한 1967년에 격화된 남북 간의 충돌에서 한국군 측에도 상당한 정도의 책임이 있음을 시사하고 있다.

둘째, 한국 정부가 베트남에 주둔한 한국군을 수단으로 삼아 미국과 협상에 나섰음을 보여준다. 미국의 압력에 맞서 한국 정부가 대응하는 방식은 베트남에 있는 한국군을 철수하겠다는 것이었다. 이러한 한국 정부의 대응이 어느 정도 효과가 있었는지는 정확히 알 수 없다. 하지만 미국에게도 베트남의 한국 병력 철수는 상당히 민감한 문제였기 때문에, 밴스 특사는 한국의 그러한 조치가 한미 관계에 치명적인 악영향을 미칠 것이라는 의견을 박정희 대통령에게 전달했다.

셋째, 미국은 한국의 적극적인 대응을 막는 방안으로 한국군에 대한 작전통제권을 이용했다. 당시 한국군의 작전통제권은 주한 미군 사령관을 겸임한 유엔군 사령관이 장악하고 있었으며, 그는 이 작전통제권을 이용해 한국 정부의 특정한 명령이 한국군에 전달되지 않도록 했다. 유엔군 사령관은 한국군이 한국 정부와 유엔군 가운데 어느 쪽에 더 충성심을 보이는지에 많은 관심을 갖고 있었다. 이러한 방식은 이승만 대통령이 북진 통일을 주장할 때에도 미국이 동일하게 사용했던 전략이었다. 즉, 한국 대통령의 북진 명령이 한국군에 전달되어도 유엔군 사령관의 허가 없이는 그 명령을 수행하지 않도록 하는 것이었다.

　마지막으로 한국의 지도자에 대한 미국의 평가 문제이다. 이 대화록을 통해 본다면, 당시 주한 미국 대사와 유엔군 사령관은 박정희 대통령에 대해 부정적으로 인식했음을 알 수 있다. 밴스 특사는 박정희 대통령을 만나기 이전에 주한 미국 대사와 유엔군 사령관으로부터 박정희 대통령에 대한 상당한 정도의 정보를 전달받았는데, 그 정보에는 대체로 부정적인 내용이 담겨 있었던 것 같다. 이 대화록에는 다른 국가의 지도자에 대해서 해서는 안 될 언사까지도 적나라하게 드러나고 있다.

　또한 이승만 정부 시기에 시작된 한미 관계의 부정적 유산이 박정희 정부 시기에도 계속되고 있다는 사실이 이 대화록에 나타난다. 이는 한미 관계가 상호 간의 신뢰에 바탕하고 있지 않다는 점을 보여주는 것이기도 하다.

　이를 통해 보건대, 한국군의 베트남 파병이 한미 관계의 진전에 도움이 되었다는 주장은 1964년부터 1967년까지 3~4년간에 지나지 않음을 알 수 있다. 오히려 1968년 안보 위기를 전후한 시기에 전개된 한미 간의 갈등은 닉슨독트린 이후 주한 미군 1개 사단의 철수, 코리아게이트 사건, 인권 문제, 그리고 핵 개발 시도 등을 둘러싼 1970년대 한미 관계의 갈등을 알리는 하나의 신호탄이었다고 할 수 있다.

# 1월을 보내며
## 모든 것에는 때가 있다

1월에 일어난 사건 중에서 특히 눈여겨볼 것은 1949년의 반민특위 활동 개시다. 일제 강점기의 잔재를 없애고자 설치된 반민특위는 이미 제헌헌법에서 규정하고 있는 사안이었다. 식민지에서 벗어나 새로운 국가를 건설하는 과정에 과거의 잘못된 문제들을 바로잡고 가는 것은 너무나 당연한 일이고, 이는 전 사회적으로 바라는 바였다.

그러나 주지하는 바와 같이 반민특위는 제대로 활동할 수 없었다. 이를 주도해야 하는 대한민국 정부가 오히려 반민특위 활동의 발목을 잡았다. 국가의 기틀을 세워야 하는 시점에서 내부 분열을 일으켜서는 안 된다는 명분이 전혀 이해가 안 되는 바는 아니다. 그러나 국가의 기틀을 잡기 위해서, 그리고 공산주의와의 경쟁에서 이기기 위해서는 무엇보다도 구성원을 설득하고 통합할 수 있는 명분이 필요했다. 그런 의미에서 반민특위의 활동은 매우 상징적이면서, 동시에 새로운 국가 출발의 기반을 마련할 수 있기에 중요했다. 친일 청산은 해방 후 국민국가 형성을 위해 가장 중요한 사업이었다. 당연히 해야만 하는 일이고, 일본 제국주의의 잔재를 청산해야 한다는 사회적 공감대도 형성되어 있었다. 하지만 신생 대한민국 정부, 특히 이승만 대통령은 이러한 사회적 요구를 외면했다.

식민지에서 벗어나 60년이나 지난 뒤 반민특위의 활동은 '과거사위원회'라는 이름으로 부활했다. 60년이라고 하면 반민특위 활동의 대상이 되었던 사람들이 모두 생물학적으로 생존해 있지 않다는 사실을 의미한다. 일본 제국주의의 전쟁에 협력한 사람들은 당시 사회 유력 인사로, 대체로 40대 후반 이상의 유명 인사들이었다. 곧 과거사위원회는 피의자가 없는 상황에서 조사를 벌여야만 했다. 이는 한편으로 조사자에 의해 상황이 왜곡될 수 있다는 것을 의미하면서, 다른 한편으로 피의자가 자신의 상황에 대해 적극적으로 변론할 수 있는 기회가 사라졌음을 의미한다.

이로 인해 식민지 시기 반민족행위자 및 전쟁범죄자들에 대한 조사는 끊임없이 논란에 휩싸였다. 누가 그 대상이 되는가라는 문제에서부터 이른바 '좌파'들에 의한 정치적 행위라는 주장에 이르기까지, 과거사 문제를 다루는 위원회는 하루도 바람 잘 날이 없었다. 그리고 급기야 2010년 대부분의 과거사위원회는 모든 조사와 활동을 다 마치지도 못한 상태에서 문을 닫았다.

여기에 누가 책임을 져야 하는가? 국가적 민족적인 대사가 왜 정치적 논란에 휩쓸리게 되었을까? 이러한 질문에 세세히 답변을 하지 않더라도 누구나 자기 나름의 정답을 갖고 있을 것이다. 그래서 오히려 새로운 각도에서 이 문제에 접근해보고 싶다. 즉, '모든 일에는 때가 있다'는 것이다.

『열자列子』 8편 「설부說符」에 보면 노나라 시씨 형제와 맹씨 형제에 관한 이야기가 나온다. 이들은 모두 학문과 병법에 능했지만, 시씨네 형제는 출세한 반면, 맹씨네 형제는 출세하지 못했다. 이때 시씨가 말하기를 "무릇 사람은 때를 잘 만나면 잘되고, 때를 잘 못 만나면 망하는 법(凡得時者昌 失時者亡)"이라고 말했다. 모든 일이 때를 잘 만나야만 제대로 이루어질 수 있다는 말이다.

식민지 잔재의 처리는 해방 직후의 상황에서 이루어져야만 했다. 그때 이루지 못했다면, 최소한 이 문제를 방해하고 있는 세력이 허약해졌을 때 해결했어야만 했다. 즉, 1987년 민주화 직후 이 문제를 해결했어야 했다. 그러나 이 문제는 민주화 직후에도 다시 연기되었다. 6월 항쟁 이후 민주화를 주도한 양 김씨 중 한 사람이 정권을 잡을 것처럼 보였지만, 두 사람의 분열로 인해 결국 집권 여당의 노태우가 대통령에 당선되었다. 6·29선언을 이끌어 낸 공로를 인정할 수는 있겠지만, 노태우 정부에는 그동안 친일 잔재 척결에 반대했던 냉전적 보수 세력이 그대로 남아 있었다. 이들은 북방 정책에 위기감을 느끼면서 '이 땅의 우익은 죽었는가?'라는 글을 통해 '친일' 문제를 덮고자 했다.

그런데 더 심각한 문제는 친일 경력의 사주들이 소유하고 있는 보수 신문의 영향력이 민주화 이후에 더 커졌다는 점이다. 6월 항쟁에서 시민들은 정부의 역할 축소와 시민의 자유 확대를 바랐지만, 정부 개입의 약화는 역설적이게도 보수 신문들에 대한 통제를 불가능하게 만들었다. 스스로를 '밤의 대통령'이라고 주장한 보수 신문의 사주도 있다는 소문이 공공연하게 나돌았으니 말이다. 이들이 여론에 큰 영향을 미치는 상황에서 친일 문제의 해결이 제대로 이루어질 리 만무했다. 그나마 임종국의 노력으로 민주화 이후 20년이 지나서야 겨우 과거사 해결을 위한 활동이 시작될 수 있었다.

때를 놓친 일은 결코 제대로 진행될 수 없다. 민족적 문제가 정치적 문제로 폄하되었을 뿐 아니라, 아무리 증거를 제시해도 당사자가 없는 상황에서 객관적인 판단이 아니라는 비판을 받았다. 물론 모든 것을 빨리 처리해야 한다는 분위기에 휩쓸려 식민지 잔재와 전쟁범죄 문제를 급하게 처리했다면, 그 과정에서 오류도 많이 발생했을 것이다. 시간을 두고 차분하게 논의하는 것이 더 객관적으로 해결할 가능성도 있다. 그럼에도 불구하고 때를 놓친 반민특위는 해방으로부터 60년이 지난 뒤에 과거사위원회의 틀을 쓰고 환생했지만, 그 결과는 전 사회적인 통합을 위한 기틀이 되지 못했다. 아니, 오히려 사회 갈등과 분열을 부추긴 셈이 되어버렸다.

어쩌면 해방 직후 '모스크바 3상협정에 대한 지지'를 주장했던 세력에게도 때를 맞추는 일이 매우 중요하고 필요했던 것 같다. 만약 이들이 성급하게 3상협정 지지로 돌아서지 않았다면 그 당시 정국은 어떻게 흘러갔을까? 혹 지지는 하되 '총체적'이라는 구호만이라도 붙이지 않았다면 결과가 어땠을까? 3상회의 결정서 중 '제3절의 신탁통치 문제를 제외하고' 3상협정을 지지한다고 했다면 어땠을까?

# 2월
## 봄을 맞기가 이렇게 힘든가

전후 처리를 위해 열린 얄타회담
타이완 현대사의 불행, 2·28사건
경제성장의 상징, 경부고속도로
닉슨과 마오쩌둥의 만남
임시 행정수도 구상 발표

**2월을 보내며** : 한 사건이 지닌 상반된 속성

1년 중 2월은 가장 빨리 지나가는 달이다. 산술적으로만 보아도 28일밖에 없기 때문에 더 그렇게 느껴진다. 2월이 짧게 느껴지는 또 다른 이유는 설날이라는 큰 명절이 있기 때문인 것 같다. 1980년대까지 양력 1월 1일을 공휴일로 지정하고 음력 설날을 쉬지 못하게 했지만, 많은 사람이 아랑곳하지 않고 음력 설날의 전통을 따랐다. 이에 노태우 정부는 음력 설날을 전후해서 3일 간의 연휴를 만들었다. 양력 1월 1일에 3일 간 쉬던 연휴를 음력 설날로 옮긴 것이다. 대체로 1월 말에서 2월 둘째 주 사이에 있는 3일간의 설날 연휴는 앞뒤로 토요일이나 일요일을 끼게 되면 거의 일주일을 쉴 수 있다. 28일밖에 없는 2월 중에 일주일을 쉬고 나면 남는 날이 별로 없다.

이렇게 짧기 때문에 한국 사람들에게 2월은 다른 생각을 할 틈이 없다. 항상 긴장된다. 무언가를 계획했던 1월을 그냥

# 2월 봄을 맞기가 이렇게 힘든가

보내고 2월이 오면 무엇이든 시작해야 한다는 조급함에 부딪힌다. 특히 한국의 경우 3월은 본격적인 봄이 찾아오고, 새 학기가 시작되기 때문이다. 4월에 학기를 시작하는 일본이나 독일과 달리, 한국에서는 3월을 준비해야 하는 2월에 늘 긴장을 하게 된다.

2월 초에 입춘이 있다지만 때때로 동장군이 기승을 부리곤 한다. 하지만 추위가 아직 가시지 않은 상태에서 한 번쯤 초봄 같은 따뜻한 날씨를 잠시나마 경험할 수도 있다. 그럼에도 불구하고 2월은 봄이 아니다. 올 듯 올 듯 하면서 봄은 오지 않는다. 언제쯤 봄이 올까? 봄은 쉬 찾아오지 않는다.

얄타회담과 2·28사건, 그리고 1972년 닉슨 대통령의 중국 방문도 봄이 쉽게 오지 않는다는 것을 보여준다. 제2차 세계대전을 통해 인류는 끔찍하고 악몽 같은 전쟁을 경험했다. 전선에서 직접 충돌하는 전투로 인한 피해도 막대했지만, 아우슈비츠 수용소의 홀로코스트나 난징대학살처럼 후방에서 자행된 대량 학살은 인류 역사에 굉장히 큰 오점을 남겼다. 제2차 세계대전은 인간이 얼마나 불합리한지를, 근대가 근대적이지 않고 얼마나 비이성적인지를 여실히 보여주었다.

얄타회담을 비롯하여 전쟁 중에 이루어진 회담은 인류에게 전쟁이 곧 끝날 것이라는 희망을 품게 했지만, 막상 전중戰中 회담은 전쟁의 끝이면서 동시에 다른 전쟁의 시작으로 이어졌다. 미국과 소련에 의한 세계의 분할, 그것은 '열전'은 아니지만 '냉전'의 시작이었고, 비록 세계대전은 일어나지 않았지만 한국과 베트남은 냉전의 변두리에서 '열전'을 경험해야 했다.

1972년 미국 대통령 닉슨의 중국 방문은 곧 냉전의 얼음을 녹일 것 같았지만, 미국과 중국이 수교하기까지는 그로부터 6년이 더 걸렸고, 17년이 지나서야 냉전이 끝났다.

일본의 식민지에서 해방된 조선인과 타이완인들은 장밋빛 희망을 꿈꾸었다. 이제 자기들의 손으로 자신들의 국가를 건설할 수 있는 기회를 맞이했다. 식민지 시기 이전부터 이미 정부와 국가를 갖고 있던 조선은 물론이고, 포르투갈·네덜란드·청나라의 지배를 받았던 타이완도 이제 자신들의 정부를 스스로 세울 수 있는 절호의 기회를 맞은 것이다. 그러나 '냉전'은 동아시아에 살고 있는 사람들이 정상적으로 봄을 맞도록 가만두지 않았다. 조선은 분단되었다. 타이완에는 '국민당' 군대가 일본군을 무장해제한다는 명분으로 새로운 점령군이 되었다. 베트남에서는 프랑스가 물러나는 것을 거부했다. 봄이 올 줄 알았던 조선과 타이완에서는 4·3사건이나 2·28사건과 같은, 식민지 시기에도 경험하지 못한 대량 학살을 겪었고, 급기야 조선과 베트남은 '냉전' 시대에 '열전'을 치렀다.

　이런 의미에서 본다면 1945년의 일본 역시 불행한 역사가 지속되었다고 할 수 있다. 일본은 미국의 원조와 함께 한국전쟁과 베트남전쟁 특수의 덕을 보아 오늘의 경제 대국을 만들었다. 그러나 냉전 체제는 일본에서 다양한 미래의 가능성을 제거해버렸다. 많은 사람이 한국전쟁의 유일한 승전국은 일본이라고 말한다. 남북한도 미국도 중국도 완전한 승리를 얻지 못한 반면, 일본은 경제 재건이라는 '선물'을 얻었으니까. 그러나 실상 일본은 이 시기에 제3의 길로 나아갈 수 있는 가능성을 잃었다. 한국전쟁을 전후하여 일본 내에서 진행된 '빨갱이 숙청(Red Purge)', 경제 재건 이후 정착된 자민당 1당 집권체제(1955년 체제) 등은 어쩌면 2011년 후쿠시마 원전 사고를 예약해 놓았는지도 모른다. 보수적 체제와 미일 동맹 체제가 굳어져가면서 일본인들은 1950년대에 아무런 저항 없이 원자력발전을 받아들였던 것이다. 이들은 아이젠하워 행정부가 일본에서 개최한 원자력의 평화적 사용을 위한 엑스포에서 별다른 거리낌 없이 원자력발전을 받아들였고, 그 결과는 오늘의 불행을 배태했다. 일본은 '봄'을 맞이할 기회를 스스로 팽개쳐버린 것이다.

닉슨 미국 대통령의 중국 방문은 미국의 냉전 정책에 봄이 왔음을 알렸지만, 중국인들에게도 봄의 기운을 느낄 수 있도록 했을 것이다. 중국 사람들은 1945년 일본이 패망했음에도 곧바로 4년간의 내전에 시달려야 했다. 또한 1949년에 혁명을 이뤘지만, 1950년 다시 한국전쟁에 휘말렸다. 1953년 정전협정이 체결된 이후 한시름을 놓는가 했더니, 곧 이어서 대약진운동에 동원되어야 했다. 잘살자고 시작된 대약진운동이건만, 잘살기는커녕 수천만의 사람이 굶어 죽었다. 대약진운동이 실패한 지 얼마 지나지 않아서 문화대혁명이 시작되었다. 혁명을 통해 가난한 사람들은 농지를 얻고, 노동자들은 자유와 권리를 얻을 것이라고 기대했지만, 20년이 넘도록 중국 사람들은 공산당의 정치적 목적에 동원되어야 했다. 이러한 상황에서 맞이한 닉슨의 방문은 한 줄기 희망의 빛이 아니었을까?

그러나 닉슨이 한 번 방문했다고 해서 중국에 봄이 바로 오지는 않는다. 덩샤오핑鄧小平의 등장까지 중국 사람들은 6년여를 더 기다려야 했다. 마오쩌둥이 사망한 뒤에도 그의 유산은 적지 않은 시간 동안 계속되었던 것이다. 봄은 결코 쉽게 오지 않는다.

# 전후 처리를 위해 열린 얄타회담
## 한반도의 분단을 초래한 비극의 씨앗

**1945** 얄타회담

**1947** 2·28사건

**1968** 경부고속도로 기공식

**1972** 중국 개방

**1977** 임시 행정수도 구상 발표

1945년 2월 4일 우크라이나의 소도시 얄타의 리바디아 궁에서 세 거두가 만났다. 미국의 프랭클린 루스벨트 대통령은 애초 지중해 인근에서 만나자고 제안했지만, 스탈린은 건강을 이유로 모스크바에서 가까운 흑해 부근의 휴양지인 얄타로 회담 장소를 수정 제안했다. 사실 당시 고령인 스탈린뿐만 아니라 루스벨트도 건강이 좋지 않았다. 뒷날 한 정신과 전문의는 이 당시 정상회담에 참여한 세 노인이 모두 '더 중요한 것과 덜 중요한 것을 구별하지 못하는 다발성 경색 치매'를 심하게 앓고 있었다고 주장하기도 했다('치매가 역사를 만들었다', BBC 뉴스, 2004. 7. 7).

얄타회담은 제2차 세계대전에서 이탈리아가 이미 항복하고 독일의 항복을 눈앞에 둔 상황에서 전후 처리 문제를 논의하기 위해 마련된 자리였다. 1943년 처칠은 '욕심쟁이' 스탈린의 야욕을 걱정했지만, 루스벨트는 자신의 넓은 아량으로 스탈린을 포용할 수 있을 뿐더러 그와 협력하여 세계를 통제할 수 있다고 판단했다. 그래서 루스벨트는 동유럽 지역에 대한 소련의 주도권을 인정했지만, 나중에 그의 이 생각은 너무 안이했음이 드러났다. 어쨌든

제2차 세계대전의 종전을 앞두고 독일에 대한 관리 문제 등을 논의하기 위해 흑해 연안의 얄타에서 미국, 영국, 소련의 세 정상이 모여 회담을 가졌다. 이 회담은 한반도 분단의 기원이 되었다. 앉아 있는 사람의 왼쪽부터 영국의 처칠, 미국의 루스벨트, 소련의 스탈린.

세 정상은 회담을 통해 전후戰後 전범 국가와 그 점령 지역의 처리 문제에 대해 일정한 합의에 도달했다.

사실 그때 루스벨트로서는 유럽에 대한 소련의 권리를 인정하지 않을 수 없었다. 영화 〈에너미 앳 더 게이트Enemy at the Gate(문 앞의 적)〉에서 잘 드러나듯이 소련은 제2차 세계대전으로 가장 큰 피해를 입은 나라였다. 히틀러의 가장 중요한 목표는 서유럽이 아니라 소련이었다. 한편 미국은 소련의 반격과 군사력 없이는 유럽에서 승리를 거둘 수 없었다. 싫어도 어쩔 수 없이 받아들여야만 했던 것이 당시의 현실이었다.

얄타회담과 관련해서 더 주목할 점은 이 회담이 세계적 차원의 냉전과 함께 한반도의 분단과 일본에 원자탄을 투하하게 된 기원이라는 사실이다. 루스벨트는 이 회담에서 소련에게 독일 항복 이후 90일 이내에 태평양전쟁에 참전해줄 것을 요청했고, 중국의 동의 없이 몽골의 독립 및 뤼순(지금의 다롄) 항과 만주 철도에 대한 소련의 이권을 승인해줄 수 있다는 입장을 표명했다. 소련은 유럽에서 독일과 치른 전쟁으로 워낙 피해를 크게 입어 여력이 없었지만, 루스벨트가 제시한 당근을 버리지 않았다.

루스벨트는 일본과의 전쟁을 승리로 이끄는 과정에서 강력한 관동군의 해체 문제를 소련군에게 떠넘김으로써 미군의 피해를 줄이려는 의도를 갖고 있었다. 소련이 태평양전쟁에 참전해준다면, 만주와 조선에서 소련군이 일본을 압박해 들어갈 수 있을 것이고, 그렇게 일본의 힘을 분산함으로써 미국은 좀 더 용이하게 남쪽에서부터 상륙작전을 감행할 수 있다고 본 것이다.

그러나 이러한 미국의 '꼼수'는 일본 패망 직전 소련군이 태평양전쟁에 참전할 계기를 주었고, 이에 따라 소련군이 만주 및 한반도로 진군하면서 결국 전후 동북아시아 지역에 냉전이 전개되는 직접적 원인이 되었다. 물론 미국 정부는 루스벨트 사후 일본으로부터 빨리 항복을 받아내 소련의 참전을 막으려는 방향으로 전쟁 정책을 바꾸었고, 루스벨트의 후임자인 트루먼 대통령은 이를 위해 원자폭탄 사용을 결정했다. 원자폭탄이 투하된 일본은 곧바로 항복을 선언했지만, 이미 태평양전쟁에 참전한 소련군이 만주와 한반도 북부에 진주한 뒤였다. 전쟁에서 패배한다면 일본인 모두가 자살하겠다고 큰소리를 쳤던 일본의 군국주의자들은 소련이 압박해오자 군소리 없이 항복했다.

소련군이 이미 한반도로 들어온 이상 미국은 소련에게 다시 밖으로 나가라고 할 수 없었다. 결국 이로 인해 아시아에서 한반도는 전범 국가가 아닌데도 분단되었다. 그리고 트루먼 대통령은 전쟁을 빨리 끝낸다는 구실로 원자탄의 사용을 승인했지만, 그 결과 일본은 전범 국가에서 핵 피해 국가로 위상이 전도되어버렸다. 이는 일본에게 전쟁범죄에 대한 면죄부를 주는 결과를 초래했다. 또한 트루먼 대통령은 인류 역사상 핵무기를 실전에 사용하도록 명령한 전무후무한 지도자가 되었다.

이렇게 보면 소련의 태평양전쟁 참전은 스탈린의 야욕만으로는 설명되지 않는다. 미국에게도 상당한 책임이 있다. 미군의 피해를 조금이라도 줄여 보려고 '꼼수'를 썼지만, 그로 인해 미국은 태평양전쟁 이후 아시아에서 압도적인 주도권을 잡을 수 없었다. 그리고 이는 곧 한국과 중국에게 '분단'이라는 또 다른 피해를 가져다주었다. 국제사회에서도 대도무문大道無門이요, 군자대로행君子大路行이다. 작은 이익을 위해 큰 것을 버리곤 했던 한국 정부가 반드시 명심해야 할 대목이다.

# 타이완 현대사의 불행, 2·28사건
## 한국과 타이완의 아픈 상처

1945 얄타회담

1947 2·28사건

1968 경부고속도로 기공식

1972 중국 개방

1977 임시 행정수도 구상 발표

　　1947년 2월 28일 타이완에서 2·28사건이 발생했다. 2·28사건은 하루 전에 일어난 우발적인 사건으로 시작되었다. 2월 27일 타이베이에서 국민당 소속의 관리가 불법으로 담배를 판매하는 40대 여성을 적발한 뒤 언쟁하는 과정에서 그 여성을 총으로 쏴 죽였고, 사람들이 모여드는 것에 당황한 관리가 도망가면서 다시 발포하여 이를 구경하던 인파 속에서 또 다른 한 사람이 사망했다. 이튿날인 2월 28일부터 관리들의 처벌을 요구하는 대규모 시위가 일어났지만, 중국 본토의 국민당이 설치한 지방정부는 계엄령과 야간 통행 금지를 선포한 뒤 타이완 사람들에 대한 대학살을 자행했다.

　　2·28사건 직후 국민당의 통치에 반대하는 타이완 사람들이 일부 지역에서 일시적으로 치안을 장악하고 자치를 실현하고자 했지만, 국민당의 증원군이 타이완에 도착하면서 또다시 대량 학살이 벌어졌다. 이 사건을 계기로 '타이완의 독립' 또는 '유엔에 의한 신탁통치'를 주장했던 지식인과 학생들이 대거 학살되었다. 이후 잠시 계엄령이 해제되었다가 국민당 정부가 타이완으로 오기 직전인 1949년 5월 계엄령이 다시 선포되었고, 그 계엄령은 1987

년까지 계속되었다. 백색테러에 기반한 국민당의 통치는 2·28의 모든 기억을 지워버리는 듯했다.

그러나 1970년대부터 2·28사건의 진상을 밝혀야 한다는 시민들의 움직임이 나타나기 시작했다. 마침내 민주화 이후인 1995년 리덩후이李登輝 총통은 2월 28일을 화평기념일로 지정하고, 희생자 유족에 대한 사과와 함께 사고 경위에 대한 정확한 조사를 지시했다. 2·28사건으로 학살된 피해자의 정확한 숫자는 알 수 없지만, 조사에 따르면 약 1만 명에서 3만 명 정도가 사망한 것으로 알려진다. 이 사건은 한국현대사의 4·3사건, 5·18광주민주항쟁과 함께 냉전 시대 독재 정부하에서 발생했던 불행한 사건의 하나로 기록되고 있다.

그런데 이 사건이 지닌 또 다른 중요한 의미는 타이완이 식민지에서 정상적으로 해방되지 못한 과정을 보여준다는 데 있다. 한국과 달리 타이완에서 일본군의 항복은 중국 국민당에 접수되었다. 일본 패망 직후 맥아더 장군이 발표한 '일반명령 1호'에 따르면 한반도의 38선 이남은 미국, 38선 이북은 소련, 그리고 타이완은 중국 국민당군이 일본군의 무장을 해제하고 항복을 받도록 규정했다.

타이완 사람들에게는 일반명령 1호에 따라 본토에서 들어온 국민당의 지배자들이 일본 식민지 지배자보다도 더 잔악한 점령자였다. 국민당의 강압적 지배는 일본 식민지에서 벗어난 뒤 스스로 통치하는 것을 원했던 타이완 사람들의 꿈을 빼앗아갔다. 1970년대까지 타이완의 행정·사법·입법부의 중요 자리는 모두 본토에서 온 사람들이 장악했다. 타이완 사람들에게는 어떠한 정치적 권리도 주어지지 않았다. 결과적으로 타이완은 정상적으로 식민지에서 벗어나지 못한 채 또 다른 갈등을 경험해야 했다.

오늘날 타이완은 한국과 함께 1960년대 이후 급격한 경제성장과 민주

2·28사건을 묘사한 황룽찬黃榮燦의 목판화 〈공포의 검문〉
작가가 직접 2·28사건을 목격하고 이를 판화로 표현했다. 사건 당시의 모습이 처참할 정도로 생생하다.

2009년 2월 28일 중정기념당(장제스기념관) 자유광장 앞에서 1,246명의 타이완 사람들이 '2·28사건을 잊지 말자(勿忘 2·28)'는 글씨를 만들며 시위했다.

타이완 타이베이의 2·28화평공원에 세워진 2·28 기념비

화를 이룬 발전국가 모델의 하나로 평가받고 있다. 그러나 2·28사건과 같은 불행한 역사는 탈냉전 이후에도 타이완 사회의 정상적인 민주화와 통합을 어렵게 만들고 있다. 타이완 사람들이 한국 사람들과는 달리 일제 식민지 시기에 대해 긍정적 이미지를 갖고 있고, 심지어 일정한 향수마저 갖고 있는 것 역시 타이완의 이러한 특수한 역사로부터 연유한다.

국민당과 함께 본토에서 타이완으로 이주한 사람들에 대한 타이완 토착민들의 반감은 60년이 지난 지금도 여전히 존재하고 있다. 타이완에서 민주화의 문제는 한편으로 인류 보편의 정치적 민주주의 시스템을 만드는 것이었지만, 다른 한편으로 1945년 이후 형성된 본토인과 타이완 사람들의 갈등을 해결하는 문제이기도 했다. 이러한 의미에서 계엄령 아래 강압적 통치로 타이완 사람들을 탄압했던 국민당 정부의 정책과 유산은 민주화 이후 청산의 대상이 되었다.

이렇게 특수한 역사에도 불구하고 지금 타이완 공항에는 장제스의 초상으로 장식된 기념품들이 즐비하고, 그의 시대를 '경제성장'의 관점에서 재조명하려는 움직임이 나타나고 있다는 사실은 매우 흥미로운 현상이다. 2000년대 러시아의 KGB 출신 푸틴, 칠레의 독재자 피노체트, 그리고 한국의 박정희가 경제성장의 영웅으로 다시 주목받고 있는 현상과 유사하다고 할까? 타이완 사람들은 과거 국민당이 자행한 백색테러를 다 잊어버렸을까? 아니면 북아일랜드나 티베트처럼 이주민이 현지민보다 더 많아지면서 나타나는 특수한 현상이라고 해야 할까?

# 경제성장의 상징, 경부고속도로
## 효율성과 속도전으로 점철된 국책 사업

1945 얄타회담

1947 2·28사건

**1968 경부고속도로 기공식**

1972 중국 개방

1977 임시 행정수도 구상 발표

    1968년 2월 1일 경부고속도로의 기공식이 개최되었다. 1967년 12월 13일 임시 국무회의를 통해 추진위원회가 조직된 지 두 달이 채 지나지 않았고 전체 설계도 나오지 않았지만, 박정희 대통령이 직접 추진위원장을 맡으려고 했을 정도로 경부고속도로 건설은 빠르게 추진되었다. 거대한 수력발전소가 그렇듯이 고속도로는 한국에서뿐만 아니라 개발도상국과 신생국에서 근대 자본주의와 경제성장, 그리고 국력의 상징이었다. 박정희 대통령이 자신의 책 『국가와 혁명과 나』에서 이집트의 나세르 대통령을 본받아야 한다고 언급했을 때 강조한 것도 아스완댐과 같은 국가적 차원의 건설 사업이었다.

    경부고속도로가 건설되는 초기 시점에서는 반대 여론이 적지 않았다. 당시 한국의 1년 GNP가 68억 달러인 상황에서 공사비가 500억 원에 달하는 고속도로를 건설한다는 것에 대한 비판이 제기되었다. 당시 한국에는 1만 3,000여 대의 버스가 운행되었고, 이 중 80km/h나 100km/h로 달릴 수 있는 버스는 50여 대에 불과했다. 이런 형편이기에 어찌 보면 고속도로는 '사

개통된 경부고속도로에서 교통량을
조사하는 조사원

'치'로도 보일 수 있었다. 지금의 북한 고속도로처럼, 길은 뚫려 있지만 달리는 차가 없을 수도 있는 상황이었다.

또 다른 문제는 건설비였다. 베트남전쟁과 한일협정을 통해 돈이 들어왔지만, 고속도로를 건설하기에 충분한 비용은 아니었다. 따라서 경부고속도로 건설은 공사비를 최소화하면서 효율적으로 이루어져야 했다. 이 때문에 원래 24m로 계획된 도로 폭이 22.4m로 축소되었으며, 중앙분리대를 비롯한 안전시설이 제대로 갖추어지지 않은 채 건설이 강행되었다(『동아일보』 1970. 8. 24. 사설). 또한 비용을 줄이기 위해, 기층과 표층을 합쳐 아스팔트가 섞인 층의 두께를 7.5cm로 건설했다. 일반적인 고속도로의 아스팔트 두께가 20cm였는데, 그 반에도 미치지 못하는 수치였다(『동아일보』 1979. 2. 15). 중앙

2월 : 봄을 맞기가 이렇게 힘든가 | 65

분리대와 같은 안전시설 미비는 이후 경부고속도로에서 중앙선을 침범하는 정면 충돌 사고의 원인 중 하나로 작용했다.

공사 기간 단축은 또 다른 문제를 야기했다. 추풍령 휴게소의 기념비에 써 있듯이 경부고속도로는 전체 428km의 총연장을 감안할 때 세계 역사상 가장 빠른 시간 내에 건설되었다. 애초 1971년으로 계획된 완공 예정일은 1970년으로 앞당겨졌고, 이는 다시 1969년 말로 당겨졌다. 우여곡절 끝에 경부고속도로는 1970년 7월 7일에 완공되었지만, 공기를 앞당기는 과정에서 77명의 건설 노동자가 희생되었다.

개통 이후에는 부실시공으로 인한 논란이 계속되었다. 그 대표적인 것이 아스팔트 덧씌우기 작업이었다. 일반 기준에 반도 못 미치는 아스팔트의 두께 때문에 완공 뒤에도 지속적으로 덧씌우기 작업을 할 수밖에 없었던 것이다. 1970년대 말 한 국회의원은 "경부고속도로가 누워 있으니 망정이지, 서 있었다면 벌써 와우아파트처럼 무너지고 말았을 것"이라고 발언하기도 했다 (『동아일보』 1979. 2. 15).

이 밖에도 경부고속도로 건설에 참여한 기업들의 대부분이 고속도로 건설의 경험을 갖고 있지 않았다는 사실도 문제였다. 현대건설만 태국과 베트남에서 고속도로를 건설한 경험이 있을 뿐이었다. 그 결과 이후 감사 및 조사 과정에서 부실 공사 문제가 지속적으로 제기되었다.

이러한 다양한 논란에도 불구하고 경부고속도로가 한국 경제성장 과정에서 기여한 역할은 누구도 부인할 수 없다. 경부고속도로는 그 자체로 한국 경제성장의 상징이 되었다. 또한 경부고속도로를 통해 당시 위정자들의 미래를 내다본 정책을 엿볼 수 있고, 금강 휴게소에 위치한 위령비에서는 공사 과정 중에 발생했던 희생자들에 대한 배려도 느낄 수 있다.

지난 이명박 정부에서도 국책 사업으로 대규모 토건 사업들이 진행되었다. 모두 국가의 미래와 지속적 경제성장을 명분으로 내걸고 진행하는 사업이다. 이러한 사업들의 결과를 예측하는 일은 쉽지 않다. 미래를 내다본 경제성장의 상징으로서 경부고속도로가 될지, 아니면 부실공사의 대명사인 경부고속도로가 될지 어찌 정확히 예측하겠는가. 그러나 충분한 검토와 토론 없이 효율성과 속도전을 내세운다면 경부고속도로와 같이 또 다른 후유증에 시달릴 가능성을 배제할 수 없다. 게다가 현재 한국 사회는 1970년대와 달리 민주주의가 발전했고 열린 사회이기 때문에, 잘못된 토건 사업을 계속할 경우 심각한 국론 분열과 많은 비용을 치를 수도 있다는 사실 또한 명심해야 한다.

# 닉슨과 마오쩌둥의 만남
## 동북아시아의 긴장 완화를 가져온 계기

1945 얄타회담

1947 2·28사건

1968 경부고속도로 기공식

1972 중국 개방

1977 임시 행정수도 구상 발표

    1972년 2월 21일 미국 대통령 닉슨이 중국을 전격 방문했다. 1950년 한국전쟁에서 미국과 정면으로 맞붙은 뒤 냉전 체제하에서 빗장을 걸어 잠갔던 중국은 닉슨의 방문을 통해 조금씩 문을 열기 시작했다. 닉슨 행정부의 국무장관 키신저는 국익을 위해서는 이데올로기가 중심이 된 냉전 체제의 정치 관행으로부터 벗어나야 한다고 주장했다. 이데올로기를 넘어서서 좀 더 실용적인 관점에서 현실주의적 외교 정책이 필요하다는 주장이며, 이는 닉슨 대통령의 중국 방문으로 현실화되었다. 영화 〈포레스트 검프〉에 나오는 것처럼 미국과 중국의 접근은 1971년 미국 탁구 대표팀의 중국 방문과 미중 친선 경기로 시작되었다. 그래서 미중 접근을 '핑퐁 외교'라고 부르기도 한다.

    닉슨이 중국을 방문한 가장 큰 이유는 베트남에서 발을 빼기 위한 사전 정지 작업이었다. 닉슨 행정부는 미국이 베트남에서 발을 뺄 경우 '중국의 지원을 받는' 북베트남과 베트콩의 공격으로 남베트남 정부가 곧바로 몰락할 가능성이 크다고 보았던 것이다. 냉전 체제의 이데올로기 전쟁에 갇혀 있

1972년 닉슨과 마오쩌둥의
어울릴 듯 어울리지 않는 만남

던 미 행정부는 당시 세계 공산주의의 흐름과 베트남 내부의 상황을 객관적으로 파악할 수 있는 혜안을 갖고 있지 못했다.

먼저, 미국은 중국 공산당과 북베트남 공산당 사이의 갈등을 파악하지 못했다. 1968년 푸에블로호 납치 사건 당시에 북한과 소련의 관계를 잘못 파악하고, 북한보다 소련에 먼저 접근하는 착오를 범했던 미국은 또다시 오류를 범했다. 푸에블로호 납치 사건 때 북한에 억류된 선원들의 석방을 위해 소련에 압력을 넣으면 모든 일이 해결될 것으로 보았지만, 결과는 그렇지 않았다.

베트남전쟁 초기인 1950년대 중국의 북베트남 원조가 프랑스의 철수로 이어진 것은 사실이지만, 1960년대의 상황은 달랐다. 특히 문화대혁명이라는 몸살을 앓고 있는 중국으로서는 베트남을 지원할 여력이 없었다. 미국은 숲만 보고 나무를 보지 못했던 것이다. 중국이 손을 뺀다고 해서 북베트남이 약해질 상황은 아니었다. 북베트남의 통일 이후 중국과 베트남 사이에 국경 전쟁이 일어나자, 그제서야 미국은 현실을 인식하게 되었다.

둘째, 미국은 베트남전쟁을 북베트남과 남베트남 사이의 전쟁으로만 파악했다. 한국전쟁을 경험한 미국의 착오였다. 베트남전쟁은 남베트남의 독재 정부와 그 독재 정부에 반대하는 남베트남 사람들 사이의 대결이었다. 북베트남이 독재 정부에 반대하는 남베트남 게릴라를 지원한 것은 사실이지만, 그렇다고 해서 남베트남 정부와 직접 전쟁을 벌이진 않았다. 1973년 미군의 철수는 북베트남이 직접 전쟁에 뛰어드는 계기가 되었다.

그러나 당시 미국의 입장에서는 중국과의 관계 개선이 단지 베트남이라는 늪에서 벗어나기 위한 것만은 아니었다. 이는 세계적 차원에서 새로운 냉전 정책의 일환이었다. 중국, 소련과 별도로 관계를 맺음으로써 국경분쟁으로 악화된 중소 관계를 더욱 악화시킨다는 전략이었다. 미국판 이이제이以夷制夷(오랑캐로 오랑캐를 무찌른다는 뜻으로, 한 세력을 이용하여 다른 세력을 제어함을 이르는 말)라고나 할까? 사실 이것은 중국 혁명이 성공한 1949년부터 미국이 추구하고자 했던 정책이다. 하지만 중국군이 한국전쟁에 참전하면서 미중 관계가 단절되자, 1970년대까지 미국은 냉전 체제하에서 소련과 중국을 동시에 상대해야 하는 어려움을 겪어야만 했다. 이 때문에 미국은 1950년대 후반 이후 계속된 소련과 중국 사이의 갈등을 이용할 수 없었다. 이이제이 정책을 실현하고자 닉슨은 한편으로는 중국의 빗장을 열면서, 다른 한편으로 모스크바를 방문하여 소련과 핵감축협상(SALT)을 진행했다.

물론 이러한 닉슨 행정부의 노력이 새로운 시대를 열기 위한 적극적인 방안이었다고 볼 수만 없다. 중국에 대한 접근은 하나의 궁여지책이기도 했다. 베트남전 참전으로 인해 1960년대 말에 와서 미국은 재정이 거의 파탄 상태에 이르렀기 때문이다. 미국은 베트남전쟁에 군대를 파견한 한국뿐만 아니라 군수물자를 제공하고 있던 일본과 타이완에도 너무 많은 돈을 썼다. 결국 이러한 상황으로 말미암아 1971년 달러의 금 태환(달러의 가치를 고정하기 위해 금 1온스당 35달러로 정한 제도)이 정지되었고, 1944년 시작된 브레튼우즈 체제(1944년 7월 전후의 국제통화 질서 공조를 제도화한 것으로, 세계 각국 통화가치를 달러를 기준으로 일정하게 유지하는 '고정환율제'를 채택)가 막을 내렸다. 미국 의회는 베트남전쟁 당시 한국에 대한 지원이 적절하고 정당하게 이루어졌는가를 조사하기 위해 사이밍턴 위원회를 조직하기도 했다. 경제 상황의 악화는 닉슨독트린을 통해 베트남뿐 아니라 한국과 필리핀, 그리고 태국에 있는 미군의 철수 또는 감축으로 이어졌다. 이와 함께 미국은 비싼 유지비를 내야 했던 오키나와도 1972년 일본에 반환했다. 중국과의 화해는 한반도에서 주한 미군을 감축할 수 있는 중요한 명분이 되었다. (이 대목에서 2008년 시작된 경제 위기 이후 오바마 행정부가 새로운 대외 군사전략을 세우고 있다는 사실은 1970년대 초반의 상황이 재현될 가능성을 나타낸다. 언젠가 '주한 미군' 없는 '한미 동맹'이 올 수도 있지 않겠는가?)

그러나 닉슨 행정부의 노력은 바로 결실을 맺지 못했다. 닉슨 대통령은 워터게이트 사건으로 불명예 퇴진을 해야 했으며, 중국 역시 문화대혁명이 진행되고 있던 상황인지라 빗장을 완전히 여는 것이 여의치 못했다. 결국 미국과 중국의 외교 관계 정상화는 1978년에 가서야 이루어졌다. 1978년 덩샤오핑의 전향적인 개혁·개방이 결정적 계기가 된 것이다.

닉슨 대통령의 중국 방문은 한반도에도 큰 영향을 미쳤다. 동북아시아에서 긴장 완화는 남북 간에 7·4남북공동성명이 나올 수 있는 하나의 배경이 되었다. 한편, 타이완의 국민당 정부 대신 대륙의 공산당 정부를 중국의 대표로 인정하면서 미국은 타이완과 공식 관계를 단절했다. 아울러 중국 공산당의 요청으로 유엔한국통일부흥위원회(UNCURK)가 해체되고, 한국군의 작전통제권을 장악하고 있던 유엔군 사령부의 역할이 새로 조직된 한미연합사로 이관되었다.

닉슨 대통령의 중국 방문은 현재 한국에 더 큰 교훈을 주고 있다. 닉슨은 미국에서 가장 보수적 정치인의 한 사람이었다. 미국의 한 역사학자는 '미국 사회가 경험한 한국전쟁으로 인한 최대의 부작용은 닉슨과 매카시 같은 극우적 정치인들이 활동할 수 있는 상황을 만든 것'이라고 꼬집어 말하기도 했다. 그렇게 보수적인 닉슨이기에, 마오쩌둥을 만났어도 미국인의 어느 누구도 그를 의심하지 않았다. 그저 닉슨이 국가 '이익'을 위해 마오쩌둥을 만났을 것이라고 생각하면서 박수를 보냈다. 만약 닉슨보다 진보적인 정치인, 예컨대 케네디가 마오쩌둥을 만났다면 미국인들은 그에게 '제5열'(내부에 있으면서 외부 세력에 호응하고, 정치적 군사적 원조를 하기 위해 교묘하게 위장한 단체 또는 그 구성원을 말함. 단순히 간첩을 가리키는 용어로도 쓰임)이라는 의심의 눈초리를 보냈을 것이다. 그렇다면 현재의 보수적인 한국 정부가 진보적인 이전 정부에 비해 남북 관계를 풀어 나가는 데 더 유리한 위치에 있는 것은 아닐까? 이런 의미에서 본다면 현재의 교착된 남북 관계 악화는 이명박 정부부터 계속된 시대착오적 냉전 이데올로기에 대한 집착에서 연유하는 것으로 해석할 수밖에 없다. 박정희 정부가 그랬듯이 박근혜 정부 역시 남북 관계를 풀어가기 위한 매우 유리한 조건 위에 서 있다.

# 임시 행정수도 구상 발표
## 1970년대부터 제기된 신행정수도 건설안

1945 얄타회담
1947 2·28사건
1968 경부고속도로 기공식
1972 중국 개방
**1977 임시 행정수도 구상 발표**

    1977년 2월 10일 박정희 대통령은 '통일이 될 때까지 임시 행정수도를 이전, 건설하는 문제를 구상하고 있다'고 발표했다. 정부의 공식 발표에 따르면 '임시 행정수도'를 건설하는 이유는 서울의 인구 과밀과 군사 안보적인 이유 때문이었다(『경향신문』 1977. 2. 10). 서울은 군사분계선에서 불과 50km의 거리 안에 있으면서 전 인구의 1/4, 그리고 육·해·공군 사령부 및 행정기관이 모두 위치하고 있다. 만에 하나 한국전쟁 때처럼 북한이 갑자기 남침을 하거나 2010년 연평도 사건처럼 북한의 포격이 서울에 가해질 경우, 남한 사회는 치명적인 피해를 입을 수밖에 없다.

    이 같은 이유로 1970년대 중반부터 행정수도를 군사분계선에서 좀 더 떨어진 곳으로 옮기기 위한 계획이 시작되었다. 북한의 평양과 비슷하게 군사분계선에서 70km 이상 140km 이내의 거리에 인구 100만 명 규모로 새로운 행정수도를 남한의 중심부에 건설한다는 원칙이 세워졌다. 정부는 브라질의 브라질리아와 리우데자네이루, 미국의 워싱턴과 뉴욕, 그리고 서독의 본과 베를린을 중요한 사례로 선정하고, 그 가능성과 효율성 등을 조사하기 위해 조사단을 파견했다. 문제는 경제적 중심지와 행정적 중심지를 분리할 경우 정부 운영에 효율성을 기할 수 있는가였다. 대통령기록관에 보존된 자료에 따르면 경제적 중심지와 행정적 중심지가 떨어져 있어도 정부의 효율성을 크게 약화시키지는 않는다는 조사 결과가 나왔다.

임시 행정수도 건설 구상이 발표되자 언론은 연일 관련 기사를 쏟아냈고, 행정수도로 거론된 지역에서는 부동산 투기 조짐이 나타나기 시작했다. 이에 박정희 대통령은 12월 7일 '10년 혹은 그 이상 걸릴 수도 있으며, 서두르지 않겠다'는 입장을 밝히기도 했다(『경향신문』 1977. 12. 8). 최근 알려진 바에 따르면 충남 연기군 장기면이 후보지였으며, 5층 규모의 종합청사 모형까지 완성된 상태였다고 한다. 또한 1986년 공사를 완료하고 올림픽 전용 부지를 만들어 1996년 올림픽을 유치한다는 계획도 수립해 놓았다고 한다. 대통령기록관의 신행정수도 관련 자료 중에는 신행정수도 건설을 위한 설계도면도 있다. 만약 1979년 10·26사건이 일어나지 않았다면, 1980년대 어느 쯤엔가 행정수도를 서울에서 충청도의 어느 지역으로 옮겼을 가능성이 컸음을 의미한다.

흥미로운 사실은 '임시 행정수도 건설을 위한 특별조치법'의 주요 목적 중 하나가 수도권 인구 분산을 통해 부동산 투기를 막는 것이었지만, 막상 행정수도 건설 방안이 발표되자 전에 없던 부동산 투기가 새로 일어났다는 점이다. 만약 그때의 부동산 투기 경험에 주목하여 전철로 삼았다면, 1990년대에 신도시를 통해서 부동산 투기를 막고 집값을 내리겠다는 정책이 오히려 신도시에서 부동산 투기를 조장하게 된 일을 겪지 않았을 것이다.

박정희 정부 시기의 '임시 행정수도' 안은 1981년 신군부에 의해 백지화되었다. 그러나 그 논의는 지금까지 계속되고 있다. 그만큼 서울과 수도권으로 인구와 경제력의 집중 현상이 갈수록 심각해지고 있다는 사실을 보여준다. 그래서 최근 많은 정치인이 선거 때마다 '지역 균형 발전'을 공약으로 내걸고 있다.

그런데 문제는 신행정수도에 대한 논의가 정치적 이해관계에 따라 심각한 갈등을 야기하고 있다는 사실이다. 1970년대 유신 체제 아래서는 박정희가 적극적으로 추진하는 정책에 누구도 반대할 수 없기 때문에 행정수도 문제 역시 정치적으로 논의할 만한 여건이 안 되었다. 역설적이게도 독재 체제 하에서 국가적 대사의 문제가 정치적 이해관계로부터 자유로울 수 있었다. 그래서 말레이시아의 경우도 마하티르 총리의 강력한 권위 아래 푸트라자야 같은 행정도시를 건설할 수 있었던 것일까?

물론 자의에 관계없이 터전을 이동해야 하는 사람들, 그리고 비정상적인 공교육 문제로 인해 다른 지역으로 이사하기 어려운 사람들은 정부에 의해 일방적으로 실행되는 행정수도의 설치가 결코 반가운 소식이 아닐 것이다. 게다가 모든 행정기관이 아닌 일부 행정기관만 이전한다면, 그것 역시 효율성에서 문제를 가져올 수 있다. 그럼에도 불구하고 서울과 같이 한 지역에 집중된 경제력과 행정력, 그리고 인구를 분산시킨다는 논리에 대해 누가 반대할 수 있겠는가?

그러나 다른 한편으로 민주적 논의 없이 건설된 푸트라자야의 경우 활기찬 도시라는 인상을 받기 어렵다. 태국 동북부의 콘켄 역시 정부가 일방적으로 개발하려고 했던 도시다. 이러한 도시들은 '지나치게' 일방적으로 계획된 도시라는 느낌이 강하다. 정치적 이해관계에 따라 소모적으로 논쟁하는 것도 큰 문제지만, 자유롭고 다양한 논의를 거치지 않은 채 추진되는 일 역시 바람직하지 않은 결과를 가져올 수 있다.

## 2월을 보내며

## 한 사건이 지닌 상반된 속성

목이 빠지게 기다렸건만, 봄이 오지 않는 2월. 전쟁이 끝나기를 학수고대했건만, 냉전이라는 또 다른 전쟁이 시작된 1945년.

역사적 전환점이나 분수령에 위치한 사건들에서 우리는 서로 완전히 다른 두 가지 현상이 하나의 역사적 사건 속에서 발생하는 것을 어렵지 않게 발견할 수 있다. 전혀 다른 두 개의 성격이 어떻게 하나의 사건 속에서 나타났던 것일까?

예컨대 전쟁이 그렇다. 전쟁을 최고의 정치 행위라고도 하지만, 인류에게 전쟁은 있어서는 안 될 비인간적 파괴 행위를 동반한다. 특히 현대의 전쟁은 전방과 후방, 군인과 민간인을 구분하지 않고 전천후로 모든 것을 파괴한다. 아프가니스탄과 이라크의 사례를 들 필요도 없이, 1950년부터 1953년 사이 한국에서, 그리고 1964년부터 1973년 사이 베트남에서 오폭과 오인으로 죽어간 수많은 민간인을 생각해보라.

그러나 이와 동시에 전쟁은 새로운 창조를 위한 기반을 마련하기도 한다. 한국전쟁은 역설적이게도 남과 북에서 자본주의와 사회주의의 빠른 발전을 가져올 수 있는 기틀을 마련했다. 전쟁을 통해 과거의 질서들이 사라져버렸다. 이렇게 과거 질서가 사라지자 이제 새로운 질서를 도입할 수 있는 절호의 기회를 맞게 된 것이다. 파괴와 창조, 이는 전쟁의 이중성을 보여주는 대표적인 예라고 할 수 있다.

식민지 근대화론을 둘러싼 논쟁은 역사적 사실의 이중적 성격을 잘 보여준다. 일제 강점기 식민지 조선 사회의 발전 과정을 어떻게 볼 것인가? 역사학자, 사회학자, 경제학자들은 일제 강점기 식민지 조선에서 일어난 사회적 진화 과정을 '근대화'와 '수탈'이라는 서로 상반된 견해로 규정하고 논쟁을 지속해왔다. 그러나 실상 이렇게 상반된 현상은 단지 동전의 양면과 같았다.

제국주의와 식민지의 관계를 논할 때 '개척(exploitation)'이라는 단어가 자주 등장하는 것을 본다. 그런데 이 '개척'이라는 단어에는 서로 완전히 다른 두 개의 뜻이 포함되어 있다. 즉, 개발(development)과 약탈(plunder)이라는 두 가지 의미가 모두 포함되어 있는 것이다. 식민지에서 '약탈'을 하기 위해서는 '개발'이 필요했고, '약탈'의 과정 속에서 불가피하게 '개발'이 진행되었다. 헐리우드의 서부 개척 영화에 나오는 인디언 학살과 서부로의 철도 확장은 바로 이러한 과정을 적나라하게 보여준다. 식민지 시기 일본의 정책을 '개발'로 보아야 하는가, 아니면 '약탈'로 보아야 하는가에 대한 논쟁은 결국 동전의 양면 중 한 면만 보면서 자신의 주장을 내세우는 것과 같다.

개발의 문제는 단지 식민지 시기에만 국한되지 않는다. 현대사에서도 '개발'은 우리 사회를 지배해왔던 중요한 사회적 담론이자 공감대였다. 경부고속도로와 소양강댐으로 대표되는 국토 개발은 한국현대사에서 개발과 성장의 '상징'이었다. 그러나 이러한 개발이 다른 한편으로 자연과 전통의 파괴를 가져왔다는 사실을 모르는 사람은 하나도 없을 것이다.

식민지에서 해방된 것 역시 꿈과 시련을 동시에 가져다주었다. 해방은 새로운 국가 건설이라는 희망을 안겨주었다. 그러나 동시에 식민지 시기에도 경험하지 못했던 처절한 살육을 겪게 만들었다. 한국전쟁이나 베트남전쟁처럼 우리에게 잘 알려진 전쟁은 물론이고, 인도네시아와 필리핀에서도 해방을 위해 끊임없이 전쟁이 계속되었다.

그런데 여기에서 더 중요하게 파악할 점은 식민지 근대화나 경제개발, 해방이라는 역사적 사건에서 나타나는 이중성이 동일한 비중을 갖지는 않는다는 것이다. 때로 어떤 하나의 측면이 더 강하게 나타난다. 혹 동일한 비중으로 서로 다른 성격이 나타난다고 할지라도, 그 사건이 일어난 장소에 살고 있는 사람들에 의해 어느 한 쪽이 더 중요하게 기억된다. 식민지 조선에서 '수탈'의 측면이 더 강하게 기억되고 있다면, 식민지 '타이완'에서는 '개발'의 추억이 더 강하게 남아 있다. 한국전쟁이 '파괴'와 '창조'의 양 측면을 거의 비슷하게 보여주었다면, 베트남과 인도네시아에서 벌어진 전쟁은 '파괴'의 측면이 더 강하게 작동했다.

그래서 역사를 살고 있는 사람들에게는 언제나 여유가 없다. 잠시만 방심하면 역사는 우리가 원하지 않는 방향으로 굴러가고 만다. 역사적 사건들이 서로 다른 두 개의 속성을 갖고 있기 때문이다. 이 때문에 인간의 노력은 역사의 방향을 결정하는 데 중요한 역할을 한다. 얄타회담이나 2·28사건이 인류에게 일정한 방향으로의 발전을 강요했던 것처럼 보이지만, 인간의 노력으로 마침내 냉전이 무너졌고, 타이완에도 봄 같은 봄이 왔다.

인간이 결정적 역할을 하기 때문에 역사는 정태적이지 않고 역동적으로 흘러간다. 인간의 노력과 힘이 역사 속에서 살아 있으니까 말이다. 이와 반대로 방심하는 순간에는 '진화'를 멈추거나 도태되어버리는 역사를 우리는 쉽게 볼 수 있다. 인간은 결코 '합리적'인 존재가 아니므로 더더욱 역사의 방향을 예측하는 일이 어렵다.

역사는 지금도 계속되고 있다. 나치의 선전상이었던 괴벨스는 이렇게 말했다.

"우리는 국민들에게 강요하지 않았다. 그들이 우리에게 위임했다. 그리고 그들은 지금 그 대가를 치르고 있는 것이다."

어쩌면 이 말은 한국을 포함하여 선거에 임하는 모든 나라에 해당되는 말인지도 모른다. 서로 다른 두 가지 방향으로 나아갈 가능성이 존재하는 상황에서 '진화'를 향한 인간의 노력이 멈출 경우, 역사는 후퇴할 수 있다. 그만큼 '봄'을 맞이하기는 쉽지 않다.

# 3월
## 춘래불사춘(春來不似春)

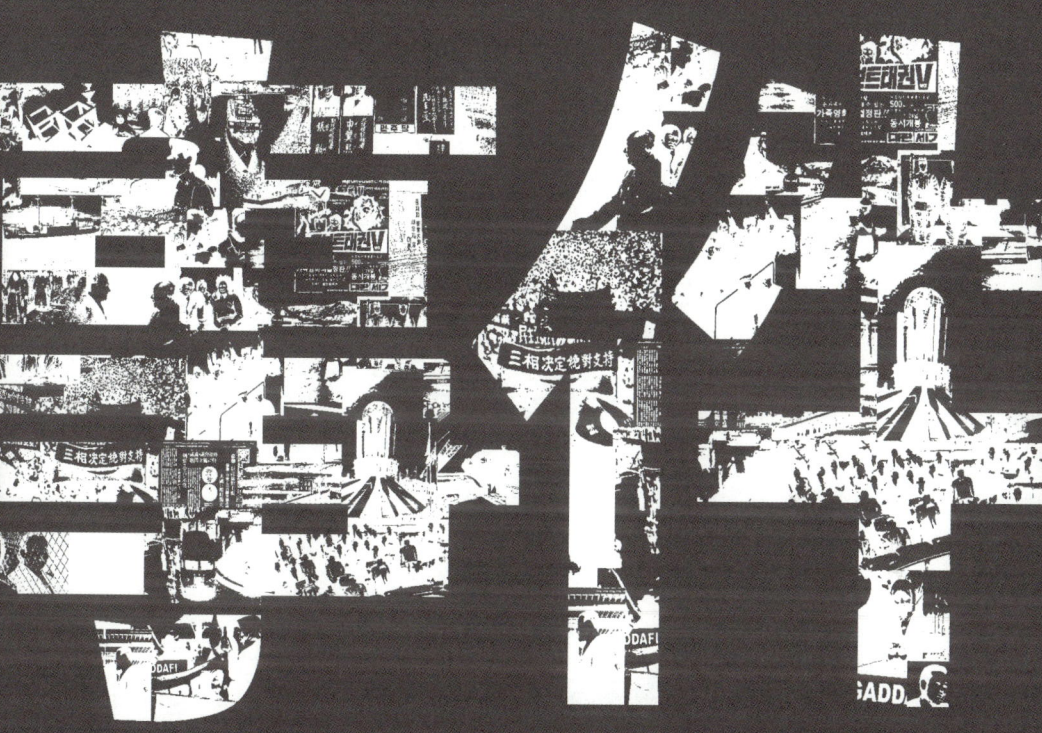

미소공동위원회 개막
김구의 남북협상 제안에 관한 보도
온갖 부정으로 얼룩진 3·15선거
정인숙 피살 사건
요도호 납치 사건

3월을 보내며 : 역사는 결과로 보는 것이 아니다

봄이 왔다. 그런데 봄 같지 않다. 3월을 꽃피는 '춘삼월'이라고 부르지만, 꽃을 피우기에는 아직 쌀쌀한 날씨다. 날이 조금 따뜻해지면 목련이 꽃망울을 터뜨리지만, 찬란한 그 자태를 맘껏 뽐내기도 전에 차가운 바람에 지고 만다. 여기에 꽃샘추위는 겨울 못지않은 추위를 느끼게 한다. 잦은 현상은 아니지만, 3월 말에 눈이 내리기도 한다.

그래서 언제부터인지 정치인들이 '춘래불사춘春來不似春'이라는 말을 쓰기 시작했다. 봄이 왔지만, 봄 같지 않다는 말이다. 정치적으로 어려운 시기를 맞이할 때마다 이런 말을 쓰곤 했다. 무언가 한 단계 더 나아갈 수 있는 기회가 찾아왔다고 생각했건만, 막상 그 기회는 기대했던 바와 다르다는 뜻이다. 특히 한국현대사에서 '춘래불사춘'은 겨우내 얼어붙은 독재 체제를 녹이려고 했던 민주화운동의 지난한 과정을 의미하는 말로

사용되기도 했다.

　3월이 '춘래불사춘'의 전형적인 계절임에도 불구하고, 3월이 되면 봄이라는 기대 속에서 무언가 새로 출발할 수 있다는 느낌이 든다. 동남아시아의 경우엔 3월이 가장 더운 계절이라 방학을 하고, 유럽이나 일본은 4월에 학기를 시작하지만, 한국에서는 3월에 모든 학교가 새 학기를 시작한다. 우리에게 3월은 새로 시작하는 달이다. 그래서 사람들은 새로운 시작에 기대를 갖곤 한다.

　1946년 3월 20일에 시작한 미소공동위원회는 새로운 시작의 기대를 품게 했다. 일본 패망 직후 미군과 소련군에 의한 한반도 분할 점령, 그리고 모스크바 3상회의 결정서로 인한 좌우익의 대립으로 해방의 기쁨이 분단이라는 절체절명의 위기로 바뀌는 것을 경험한 한국인들에게 미소공동위원회 개막은 겨울을 녹이는 듯한 기대를 안겨준 사건이었다. 미국과 소련이 한자리에 앉고, 게다가 그 자리에 한국인의 대표들도 함께 참석시켜 한반도의 미래를 논의하는 장이 시작된 것이다.

　1948년 2월에 이루어졌음에도 3월이 되어서야 알려진 김구의 남북협상 제안은 '희망의 빛'이고, 또 다른 봄의 기운이었다. 유엔 감시하에 38선 이남 지역에서만 단독선거를 실시한다는 결정으로 분단 정부가 수립될 수 있는 상황인데, 이때 반탁운동과 반좌익 활동을 주도해온 김구가 분단을 막기 위해 북한의 지도자들과 회의를 개최한다는 소식이 전해진 것이다. 남북한의 지도자가 한자리에 만나서 협의를 진행한다면 한반도가 분단되지 않을 수도 있다는 희망이 생겼다.

　민주 정부로 나아갈 수 있다는 기대를 품게 한 1960년의 대통령 선거도 3월에 있었다. 1948년 대통령이 된 이후 1952년과 1954년 두 차례 헌법 개정을 강행하여 12년 동안 장기 집권한 이승만 정부를 선거를 통해 바꿀 수 있는 기회가 온 것이다. 이미 4년 전의 1956년 선거에서 야당 출신의 부통령을 당선시킨 민심은 이제 새로운 대통령과 부통령을 원했고, 1960년 3월 15일에 치러질 선거는 합법적인 방법으로 그러한 기대를 현실화할 수 있는 중요한 기회였다.

    그러나 '춘래불사춘'이 말해주듯, 눈이 다 녹을 듯했지만 쉽게 녹아내리지 않았다. 미소공동위원회는 논란을 거듭하다가 2개월 뒤 무기한 휴회에 들어갔다. 김구는 김규식과 함께 방북하여 북한의 김일성·김두봉을 만났지만, 그들 네 사람의 공동 성명은 남한과 북한에서 분단 정부가 수립되는 것을 막지 못했다. 1960년 3·15선거는 극심한 부정과 관권의 개입 속에 진행된 탓에 그 결과는 민심의 기대와 다르게 나타났다. 한편 얼마나 봄을 갈망했으면, 일본의 사회운동가들은 테러리스트로 돌변해 요도호를 납치했을까? 봄이 왔지만, 봄이 온 것 같지 않은 상황이 계속되었다.

    물론 기대했던 봄이 영원히 오지 않은 것은 아니다. 한반도는 여전히 분단 상태이고, 세계적 차원의 냉전이 끝났음에도 아직까지 냉전이 계속되는 곳이다. 그러나 사람들은 봄을 향한 발걸음을 멈추지 않았다. 남북 관계가 냉탕과 온탕을 왔다 갔다 하지만, 분단의 장벽은 점차 낮아지고 있다. 민주화를 염원했던 1960년 3월 선거가 부정으로 얼룩지자, 사람들은 한 달도 지나지 않아 4·19혁명을 일으켰다. 3월에 온 봄은 봄 같지 않았지만, 사람들은 그 봄을 맞이하기 위해 노력을 그치지 않았다. 그리고 그 노력은 민주화 이후 민주주의의 발전을 위해 지금도 계속되고 있다.

# 미소공동위원회 개막
## 동상이몽 속에 실패로 끝난 한반도 문제

**1946**
미소공위 개막

**1948**
남북협상

**1960**
3·15부정선거

**1970**
정인숙 사건
일본 적군파의
요도호 납치

    1946년 3월 20일 덕수궁에서 미소공동위원회가 개최되었다. 미소공동위원회는 1945년 12월에 개최된 모스크바 3상협정의 제2절에 의거하여 미국과 소련의 점령군 사령관이 모여 한반도에 대한 향후 일정을 논의하기 위한 자리였다. 제2절은 "조선임시정부 구성을 원조할 목적으로 먼저 그 적절한 방안을 연구 조성하기 위해 남조선 미합중국 점령군과 북조선 소연방 점령군의 대표자들로 공동위원회가 설치될 것"이라는 내용이다.

    미군과 소련군의 대표가 한반도 문제를 해결하기 위해 한자리에 모였지만, 이 미소공동위원회는 동상이몽의 자리였다. 미군 대표는 '적절한 방안'에 방점을 둔 반면, 소련군은 '조선임시정부 구성을 원조할 목적'에 초점을 맞췄다. 1945년 12월 모스크바에서 미국, 소련, 영국 외상이 모임을 가질 때도 미국은 신탁통치 실시를 골자로 한 초안서를 제출했고, 소련은 한국인들로 구성된 조선임시정부의 수립을 통해 빠른 시일 내에 한국인들에게 행정권을 넘기는 내용을 골자로 한 초안을 제출했다.

    이렇게 서로 다른 목표를 갖고 참석한 회의였기 때문에 회의는 초기부터

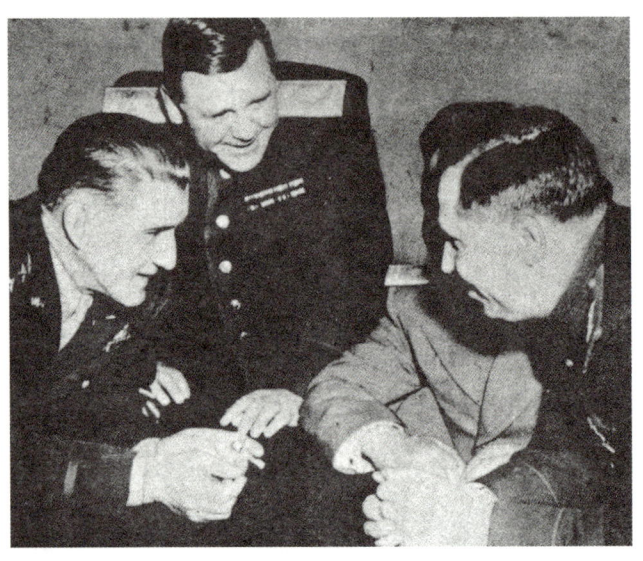

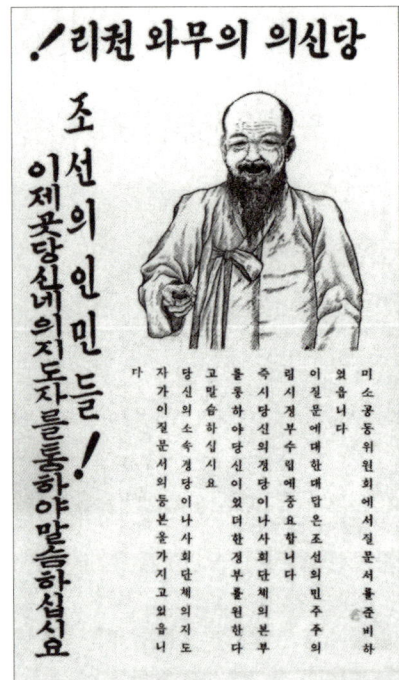

위 : 1946년 봄 하지 미군 사령관(왼쪽)과 슈티코프 소련군 사령관(오른쪽)이 미소공동위원회 운영에 대해 밀담을 나누고 있다.
아래 : 미소공동위원회는 새로 수립되는 정부에 대한 견해를 듣고자 정당과 사회단체 지도자들에게 질문서(당신의 권리와 의무)를 배포했다.

난항을 거듭했다. 1946년 1월 16일에 개최된 예비회담에서 미군이 남북 간의 경제 교류 방안에 관심을 갖고 있었다면, 소련군은 미소공동위원회에 조선 측 대표를 참석시키는 방안을 마련하는 데 초점을 맞췄다. 경제 교류 중에서 논란이 일어난 부분은 전기세 문제였다. 당시 남한에서는 북한 측 송전을 통해 전기의 대부분을 이용하고 있었다. 사실 임의로 분단이 이루어졌다는 점을 감안하면, 남한에서 따로 북측에 전기세를 낼 필요가 없었다. 그렇더라도 전기를 생산하는 비용은 지불해야 하는데, 미군정 측은 이를 계속 체납했던 것이다. 결국 1948년 5월 전기세 체납으로 단전이라는 사태까지 벌어졌다.

어쨌든 양측은 3상협정의 제2절에 있는 내용 그대로 '조선임시정부 구성을 원조할 목적'으로 미소공동위원회를 시작했다. '조선임시정부'라는 기구와 협의를 통해 신탁통치를 비롯한 제반 문제를 의논해야 한다는 것이 3상협정 제3절의 골자였기 때문이다. 여기서 '임시정부'는 김구의 '임시정부'와는 다른 기구로, 미소공동위원회에 참여할 조선인들로 구성되는 조직에 붙여진 '임시적'인 이름이다. 남과 북에서 점령군의 지원하에 1946년 2월 민주의원과 북조선임시인민위원회가 꾸려진 것도 이 기구들을 중심으로 해서 '조선임시정부'를 꾸리고자 한 미국과 소련의 구상에 근거한 것이다.

어떻게 보면 너무나 쉬운 일이었다. 미군과 소련군은 한반도를 분할 점령한 지 6개월도 채 지나지 않아서, 이미 누가 그리고 어떤 단체가 사람들에게 많은 지지를 받고 있는지를 파악하고 있었으니까. 또 진행 절차상 참석하라는 공고를 내고, 참석 신청을 하는 사람들에 대한 심사를 통해 참여를 허가하면 된다. 참석할 자격이 없는 사람들, 특히 태평양전쟁 시기 일본의 전쟁 정책에 협력하고 조선의 식민지화에 공헌한 사람들, 그리고 미소공동위원회의 개최에 반대하는 사람들을 제외하기만 하면 되는 일이다.

그러나 미소공동위원회는 원활하게 운영되지 못했다. 특히 미군은 자신들이 지지하는 민주의원의 주도 세력이 대부분 반탁운동을 하면서 미소공동위원회 참여를 거부했기 때문에 딜레마에 빠질 수밖에 없었다. 소련군은 3상협정에 반대하는 세력을 위원회에 참여시킬 수 없다는 입장이었고, 미군은 언론의 자유를 내세워 반탁운동 세력을 포함한 모든 정치 세력의 참여를 주장했다.

논리대로 본다면 소련 측의 주장이 옳았다. 3상협정에 근거하여 회의를 진행하는데 3상협정에 반대하는 세력을 참여시킨다면, 이는 회의 자체의 진행을 어렵게 만들기 때문이다. 그러나 소련의 주장을 따를 경우, 궁극적으로 우익 보수 세력을 제외한 채 공동위원회를 진행해야 한다. 이 문제를 둘러싸고 미소공동위원회는 합의점을 도출하기 위해 공동 성명 5호를 발표하기도 했다. 반탁운동 여부와 관계없이 문서에 서명만 하면 미소공동위원회에 참여할 수 있도록 해주겠다는 것이다. 그럼에도 반탁운동 세력은 서명을 하지 않았다. 반탁운동의 목적은 신탁통치 반대가 아니라 미소공동위원회의 휴회였다.

2개월간의 논의가 무위로 돌아간 뒤 1946년 5월 미소공동위원회는 무기한 휴회에 들어갔다. 1년이 지난 1947년 5월 21일 제2차 미소공동위원회가 개최되었지만, 미군과 소련군은 끝내 합의를 이끌어내지 못했다. 반탁운동 세력 중 한국민주당이 미소공동위원회의 공동 성명 제5호에 따라 서명을 하고 참여하려 했지만, 이승만과 김구의 강력한 반대로 결국 이마저도 제대로 진행되지 못했다. 제2차 미소공동위원회가 결렬된 뒤 미국은 한반도 문제를 유엔에 이관했다. 그리고 미소공동위원회의 실패는 곧 분단 정부의 수립과 전쟁으로 이어졌다.

미소공동위원회는 왜 실패했을까? 1946년부터 이미 처칠의 철의 장막 연설과 1947년 트루먼독트린이 이어지면서 냉전이 심화되고 있었기 때문에 미국과 소련이 합의하는 일 자체가 어려웠다는 것이 일반적인 평가다. 그러나 만약 한반도 내의 정치 세력이 이념을 떠나 공동위원회에 참여했다면 어떤 결과가 나왔을까? 미소공동위원회가 발표한 5호 성명은 반탁운동의 신념을 접으라는 내용도 아니었다. 단지 위원회에 참여하여 3상협정의 내용을 논의하겠다는 것에 서명하라고 했을 뿐이다. 1947년에 속개된 제2차 미소공동위원회에서 한국민주당이 서명하겠다는 의사를 밝힌 것도 5호 성명의 그러한 내용 때문이었다.

역사에서 '만약'을 상정한다는 것이 합당하지는 않지만, 분할 점령 뒤 1955년 통합 정부를 수립한 오스트리아의 예와 비교해보자. 오스트리아가 통일 정부를 수립한 1955년은 냉전이 심화되고 있는 시기였다. 한반도에서 미소공동위원회가 개최된 1947년과 1948년은 오히려 냉전의 초창기였다. 아무리 냉전 체제가 심화되는 상황이라 하더라도 내부에서 통일 정부 수립을 향한 강한 열망과 힘이 있었다면, 과연 한반도가 분단되었을까? 미소공동위원회의 진행과 결렬, 그리고 이 회의에 대한 국내 정치 세력의 대응과 관련해서는 두고두고 아쉬움이 남는다.

앞으로도 언젠가 한국이 3상협정과 같이 중요한 협정에 서명할 시기가 있을지 모른다. 어쩌면 통일과 관련된 것이 될 수도 있고, 정전협정을 대체하는 새로운 협정을 마련할 때의 일이 될 수도 있다. 1953년 정전협정에 서명할 때 우리는 이미 밟지 않아야 하는 전철을 밟은 적이 있다. 3상협정과 이를 둘러싼 국내 정치 세력 사이의 논란은 앞으로도 우리에게 많은 시사점을 던져줄 것이다.

Special Record

# 미소공동위원회의 제5호 성명

　우리는 모스크바 3상회의 결의문 중 조선에 관한 제1절에 진술한 바와 같이 그 결의의 목적을 지지하기로 선언함. 즉, 조선의 독립 국가로서의 재건설, 조선이 민주주의 원칙으로 발전함에 대한 조건의 설치와 조선에서 일본이 오랫동안 통치함으로 생긴 손해의 막대한 결과를 속히 청산할 것.
　다음으로 우리는 조선민주주의임시정부 조직에 관한 3상회의 결의문 제2절 실현에 대한 공동위원회의 결의를 고수하기로 함.
　다음으로 우리는 공동위원회가 조선민주주의임시정부와 같이 3상회의 결의문 제3절에 표시한 방책에 관한 제안을 작성함에 협력하기로 함.

—『조선일보』1946. 4. 19.

## 해설　미군과 소련군 대표의 고민

　모스크바 3상협상에서 결정된 조선 문제에 관한 결정서는 국내에 '신탁통치안'으로 알려졌다(정용욱, 「1945년 말 1946년 초의 신탁통치 파동과 미군정—미군정의 여론 공작을 중심으로」, 『역사비평』 62, 2003 참조). 그러나 3상협정의 내용은 신탁통치만 담고 있지는 않았다(박태균, 「반탁은 있었지만, 찬탁은 없었다」, 『역사비평』 73, 2005 참조). 민주적인 조선임시정부를 조직하여 미소공동위원회에 참여시키는 것 역시 중요한 내용이었고, 이것이 주로 미소공동위원회에서 논의되었다. 이는 미군과 소련군이 한반도에서 빨리 철수하기 위한 방안이기도 했다.

문제는 반탁운동 세력이었다. 이들은 신탁통치에 대한 반대뿐만 아니라 3상회의 결정서를 전면적으로 반대했다. 따라서 이들을 미소공동위원회에 참여시키기 어려웠다. 그러나 이들은 미군정이 지지하는 보수적 정치 세력이었다. 만약 이들이 모두 참여하지 않는다면, 미소공동위원회는 소련군이 지지하는 좌익 세력만의 잔치가 될 것이 뻔했다.

그래서 고민 끝에 미군과 소련군이 합의한 것이 제5호 성명이다. 이 성명은 3상회의 결정서 중 신탁통치를 포함하고 있는 3절을 제외한 1절과 2절에 대한 내용만 담고 있으며, 여기에만 동의한다면 민주적 조선임시정부에 참여할 수 있다는 것이 미군과 소련군이 마지못해 마련한 해결안이었다. 3절에 대해서는 협력할 것만이 명시되어 있다.

그러나 반탁운동 세력은 이 해결안마저도 동의하지 않았고, 결국 미군은 미소공동위원회의 휴회를 선언해버렸다. 보수 세력이 참여하지 않는 상황에서 미소공동위원회를 계속 꾸려가는 것은 미국의 한반도 정책에 배치되기 때문이었다.

만약 보수 세력도 제5호 성명에 동의하고 미소공동위원회에 참여했다면, 그 결과는 어떻게 달라졌을까?

# 김구의 남북협상 제안에 관한 보도
## 분단 정부 수립을 막기 위한 노력

1946 미소공위 개막
1948 남북협상
1960 3·15부정선거
1970 정인숙 사건 일본 적군파의 요도호 납치

　1948년 3월 9일자 신문에 깜짝 놀랄 만한 기사가 실렸다. 김구가 김규식과 함께 북한의 김일성·김두봉에게 2월 25일에 편지를 보내 남북정치요인 회담을 제의했다는 것이다. 당시 신문들은 북한에서 김구의 제안을 거부했다는 소식도 함께 전했다. 그러나 김구는 기자들과 가진 문답에서 아직 북으로부터 회답이 오지 않았다고 밝혔다. 그때도 독자의 시선을 끌 목적으로 정확한 사실 확인도 하지 않은 채 자기 희망 사항을 사실인양 보도하는 황색 언론이 판을 쳤던 것 같다.

　당시 북한의 공산주의자들은 모스크바 3상협정에 반대했던 조만식을 연금하고 그의 정치 활동을 금지했으며 반탁운동에 대해 비난하고 있었다. 따라서 세간에서는 반탁운동을 주도했던 김구의 제안을 북한 측이 받아들이지 않을 것이라고 전망했다. 왜냐하면 북한 측에서는 이승만과 함께 김구를 '민족의 배반자'로 낙인찍어 비난하고 있었기 때문이다. 그러나 김일성과 김두봉은 김구와 김규식의 제안을 전격 수용했고, 마침내 김구는 김규식과 함께 38선을 넘어 평양으로 가서 남북협상에 참여했다.

남북협상 당시 김구를 안내하는 김일성

　김구의 남북협상 제안과 참여는 당시 사람들에게 매우 충격적인 사실로 받아들여졌다. 김구의 민족주의적 입장을 고려할 때 그가 단독정부 수립에 반대할 가능성은 예상할 수 있는 일이지만, 1945년 귀국 직후부터 표면적으로 계속되어온 이승만과의 협력이나 식민지 시기부터 고수한 강한 반공주의적 태도를 감안한다면, 북한에 협상을 제안했다는 사실이 쉽게 이해되기 어려웠다. 김구에 대해 사람들이 갖고 있는 지금의 이미지와 당시의 이미지 사이에는 큰 차이가 있다. 이러한 차이는 그의 남북협상 제안과 참여 과정에서 만들어진 이미지가 크기 때문에 나타난 현상이기도 하다.

　유엔조선임시위원회가 내한했을 때만 하더라도 사람들은 이승만과 김구가 적극 협력할 것으로 예상했다. 그러나 김구는 1948년 2월 10일 「3천만 동포에게 읍고泣告함」이라는 성명을 발표하면서 분단 정부의 수립에 반대하는 입장을 분명히 했다. 또한 분단이 결국 한반도를 전쟁의 소용돌이 속으로 몰고 갈 것이라고 예견했다(김구, 「3천만 동포에게 읍고함」, 『경향신문』 1948. 2. 11).

김구와 김규식이 참여한 남북협상은 외견상 성공한 것처럼 보였다. 이들은 김일성, 김두봉과 함께 분단 정부 수립에 반대한다는 4김 공동 성명을 발표했다. 북한에서 진행된 회담 분위기도 좋았다. 김구는 북한에서 과거 독립운동을 같이했던 사람들의 가족과 옛 애인인 안창호의 여동생도 만났다고 한다. 서울로 돌아온 김구의 귀국 성명은 희망에 차 있었다.

그러나 북한은 공동 성명에서 밝힌 내용과 달리 대한민국 정부가 수립된 지 24일 뒤인 9월 9일 조선민주주의인민공화국 정부를 수립했다. 결국 김구와 김규식의 북행은 북한 정권 수립에 들러리를 서준 것으로 비쳐졌다. 이로 인해 김구와 김규식은 더 이상 정치 활동을 지속하기 어려운 상황에 처하고 말았다.

반공이 국시였던 1980년대까지 남북협상은 크게 평가받지 못했다. 하지만 민주화가 진전되고 세계적 차원에서 냉전 질서가 몰락한 이후 남북 관계의 평화적 해결에 대한 필요성이 제기되면서, 남북협상이 다시 주목받기 시작했다. 분단 문제를 평화적으로 해결하려 했던 첫 번째 시도였기 때문이다.

그런데 다른 한편, 최근에는 당시 심화되고 있던 냉전적 구도를 감안할 때 남북협상이 현실을 제대로 파악하지 못하고 북한의 공산주의자들에게 이용만 당한, 실패한 시도였다는 평가도 등장했다. 이 주장에 따르면 오히려 당시 냉전적 질서를 받아들이고 가능한 범위 내에서라도 먼저 국가를 수립하는 것이 필요했다고 본다.

냉혹한 현실 속에서는 현실주의적 판단도 분명 필요하다. 그러나 역사는 성공한 사건만을 다루지 않는다. 동학농민운동이나 3·1운동이 성공했기 때문에 기념하는 것인가? 물론 실패했기 때문에 역사에서 다루는 것도 아니다.

이들 사건은 인간을 인간답게, 민족을 민족답게 살아가도록 하는 역사의 발전과 흐름에 순응했다. 독립운동이나 남북협상과 같은 사건이 일어나지 않았다면, 그리고 역사에 기록되지 않았다면 우리 민족이 식민 통치를 원하지 않았고 분단도 바라지 않았다는 사실을 무엇으로 증명할 수 있겠는가? 그래서 그 실패를 안타까워하고 왜 실패했는가를 찾고자 하는 것이다. 역사는 좀 더 긴 호흡을 갖고 볼 필요가 있다.

# 온갖 부정으로 얼룩진 3·15선거
## 장기 독재 집권의 말로

1946 미소공위 개막
1948 남북협상
1960 3·15부정선거
1970 정인숙 사건
일본 적군파의 요도호 납치

    1960년 3월 15일 제4대 정부통령 선거가 치러졌다. 제헌헌법에 따른 제1대 대통령 선거는 국회의원들에 의한 간접선거였지만, 1952년 제2대 대통령 선거를 앞두고 이승만 대통령은 국회에서 다시 대통령으로 선출되는 것이 어렵다고 판단하여 발췌개헌을 통해 선거제도를 직선제로 바꾸었다. 1987년 6월 항쟁 당시 직선제 선거가 민의였던 점을 생각하면 격세지감을 느낄 수 있는 대목이다. 발췌개헌 이후 제2대 대통령 선거부터는 직접선거가 실시되었고, 1953년 자유당이 여당으로서 위치를 확고히 한 이후에 실시된 1956년의 제3대 정부통령 선거부터 정부통령 후보가 정당의 소속을 명시하면서 입후보하기 시작했다.

    1960년의 제4대 선거에서 자유당은 정부통령 후보로 각각 이승만과 이기붕을, 민주당은 조병옥과 장면을 내세웠다. 그러나 선거 유세 기간 중에 신병 치료 차 미국에 가 있던 조병옥이 사망하면서, 세간의 관심은 부통령 선거에 쏠렸다. 민주당으로서는 1956년 선거에서 신익희 후보가 급서한 이후 두 번째 맞는 위기였다. 그러나 자유당도 안심하고만 있을 수는 없었다.

3·15선거 당시 3인조, 5인조로 나뉘어 투표하러 가는 사람들

이승만이 85세의 고령이기 때문에 대통령 유고 시 대통령직을 인계받을 수 있는 부통령에 누가 당선되는가가 중요했다. 게다가 제3대 정부통령 선거에서 민주당의 장면이 자유당의 이기붕을 누르고 당선된 전례도 있었다. 그러니 자유당으로서도 부통령 선거를 소홀히 할 수 없었다. 조병옥의 서거 이후 민주당은 따로 대통령 후보를 내지 못했기 때문에 당연히 부통령 선거에 집중할 수밖에 없었다. 이에 따라 민주당도 자유당도 모두 부통령 선거에 관심을 집중했다. 1956년 선거의 재판이었다. 1956년 선거에서 신익희 후보가 급서했을 때 민주당은 진보당의 대통령 후보인 조봉암을 지지하느니 차라리 이승만을 지지하겠다고 선언하면서 부통령 선거에만 집중했었다.

 1956년의 선례를 기억하는 자유당과 이승만 정부는 부통령 선거에서 승리하기 위해 온 힘을 쏟아부었다. 선거 전부터 관권의 개입과 폭력이 동원되었다. 선거 유세 과정에서는 사상자가 발생하기도 했다. 이승만 정부는 원래 5월로 예정된 선거를 3월로 앞당겼다. 5월이 농번기라는 것이 선거일을 앞당긴 표면적인 이유였지만, 실제로는 신파와 구파 사이에 당내 갈등을 빚고 있는 민주당에게 선거 준비 시간을 주지 않기 위해서였다.

관권과 금권을 동원한 자유당은 유령 유권자 조작, 4할 사전 투표, 3~5인조 공개 투표, 유권자 협박, 그리고 개표 과정에서 야당 참관인 축출 등 온갖 부정적인 방법을 다 동원했다. 이렇게 해서 이기붕 후보의 득표율이 95%를 넘어섰지만, 지나치게 높은 득표율로 인해 이를 73%로 조정하는 어처구니없는 일도 발생했다(『경향신문』 1960. 5. 17).

마침내 부정선거를 참지 못한 마산 시민들이 대규모 항의 시위를 일으켰다. 그런데 시위 진압 과정에서 경찰의 실탄 사용으로 최소한 8명이 사망하고, 70여 명이 부상당하는 유혈 사태가 벌어졌다. 급기야 4월 11일에는 마산 중앙부두 앞 바다에서 눈에 최루탄이 박힌 마산상고 1학년생 김주열 군의 시체가 떠올랐다. 이를 계기로 시위는 절정에 달했고, 전국적으로 확산되기 시작했다. 1980년 신군부가 광주에서 그랬던 것처럼 이승만 정부는 공산주의자들의 선동으로 시위가 일어났다고 호도했지만, 민주화를 요구하는 시민들의 항의는 마침내 이승만 대통령의 하야를 이끌어냈다. 그리고 이 와중에 피신해 있던 이기붕과 그의 가족은 아들의 총에 맞아 집단 자살했다.

3·15선거는 부정선거의 정점을 찍었는데, 돌이켜보면 한국현대사에서 1987년 민주화가 이루어질 때까지 부정선거 시비에 휘말리지 않았던 선거는 단 한 번도 없었다. 매 선거마다 금권과 관권이 동원되어 유권자들이 현명하게 자신들의 대표자를 선택할 수 없도록 했다. 심지어 유력한 정치인들의 후보자 등록을 막기도 했다.

민주화 이후 우리 사회의 선거 과정이 많이 깨끗하고 투명해진 것은 사실이다. 금권 선거에 대한 처벌 규정도 엄격해졌다. 그러나 지금 우리의 선거는 과연 유권자들이 객관적으로 후보를 선택할 수 있도록 보장하고 있는가? 지금도 여전히 지역색과 개발 공약이 남발되고 있다. 3·15부정선거로부터 50년이 넘게 지났지만, 아직도 선거에서는 '우리가 남이가'라는 말이 공공연히 나돌고, 지역개발과 부동산 개발이라는 공약 남발이 유권자들의 현명한 선택을 가로막고 있다. 그뿐인가? 금권 선거로 인해 당선 무효 선고를 받고 검찰의 조사를 받는 정치인들도 너무나 많다. 유권자들의 눈과 귀를 가리고 있는 기득권 언론에 대해서는 더 말할 것도 없다.

물론 이는 유권자의 문제이기도 하다. 유권자가 돈을 받지 않고 지연과 학연을 떠나서 현명한 정치인을 선택한다면, 이런 문제가 계속 발생할 수 있겠는가? 눈앞의 이익을 버리지 못해 우리 자신이 한없이 작아지고 민주주의마저 포기하는 모습이 스스로를 슬프게 한다.

# 정인숙 피살 사건
## 진실은 오리무중, 정치인 스캔들

1946 미소공위 개막
1948 남북협상
1960 3·15부정선거
**1970 정인숙 사건**
일본 적군파의 요도호 납치

　1970년 3월 17일 강변도로(지금의 강변북로)의 절두산 근처에서 한 여인이 총상을 입고 사망한 채 발견되었다. 운전석에 있던 그녀의 오빠 역시 총상을 입은 상태였다. 경찰은 수사 결과 오빠가 범인이며, 동생 정인숙이 요정에 나가면서 많은 남자와 사귀었고, 심지어 아들까지 낳아 기르는 등 사생활이 좋지 않아, 그녀를 태우고 운전을 하던 오빠가 권총으로 쏴서 살해했다고 발표했다.
　그러나 이 같은 경찰의 발표를 믿는 사람은 거의 없었다. 오히려 세간에는 여러 가지 의혹과 소문이 무성히 나돌았다. 가장 먼저 의문이 제기된 부분은 총기 소지가 금지되어 있는 한국에서 어떻게 그녀의 오빠가 권총을 갖고 있으며 사용했는가 하는 점이었다. 또한 굳이 대로변에서 왜 그런 일을 벌였는가에 대해서도 의혹을 샀다.
　또 다른 의혹은 정인숙의 수첩에 대한 소문이었다. 한 야당 인사는 정인숙의 수첩에 고위급 정치인과 재계 인사의 이름이 적혀 있었다고 폭로했다. 이후 그녀의 수첩은 온데간데없이 사라졌지만, 대통령을 비롯해 국무총리와 전 중앙정보부장의 이름까지 그녀의 수첩에 적혀 있었다고 한다(『매일경제』 1970. 3. 20). 마치 2010년 상하이 주재 한국총영사관을 뒤흔든 '덩 여인'을 떠올리게 하는 대목이다.

동서고금을 막론하고 정치인들에게는 스캔들이 따라다니곤 한다. 클레오파트라에서부터 마를린 몬로에 이르기까지 미녀와 정치인 사이의 소문은 끊이지 않았다. 박정희 역시 예외가 아니었다. 그런데 이들 미녀의 공통점은 정치인 한 사람에 그치지 않고, 여러 사람과 동시에 염문을 뿌린다는 점이다. 정인숙 사건에서도 내로라하는 정계의 권력자들이 한꺼번에 거론되었다. 대통령과 국무총리, 중앙정보부장 등 당대 날아가는 새도 떨어뜨릴 자리에 있는 사람들의 이름이 세간에 떠돌았다. 그 때문이었을까? 이 사건은 더 이상 수사되지 않고 단순 살해 사건으로 마무리되었다. 어떻게 총기 사용이 가능했는지도 끝내 밝혀지지 않았다. 범인인 오빠가 왜 총상을 입었는지에 대한 경찰의 발표를 믿는 사람은 거의 없었다.

미제 사건이 언제나 그렇듯이, 이 사건도 20여 년이 지나면서 다시 세간의 도마 위에 올랐다. 정인숙의 오빠는 출소한 뒤 자신이 살인범이 아니라고 주장했다. 또 그녀의 아들은 아버지를 찾겠다고 미국에서 귀국하여 DNA 검사를 통해 친자 확인을 하겠다는 의견을 밝혔다. 아버지로 거론된 당사자들이 친자 확인을 거부했기 때문에 결국 누구의 아들인지는 밝혀지지 않았다. 그러나 이후 공중파 방송에서 잇따라 정인숙 사건에 대한 다큐멘터리 프로가 제작되었다.

2009년 3월 7일 자신의 억울한 상황을 토로한 글을 남긴 한 여배우가 자살하자, 39년 전의 정인숙 사건이 다시 세인의 입에 오르내렸다. 자살한 배우의 진술서에는 권력자들과의 부적절한, 그리고 강요된 관계에 대한 내용이 적혀 있고, 그 내용은 인터넷에 삽시간에 확산되었다. 경찰은 여배우의 진술서에 언급된 거의 모든 내용을 무혐의로 처리했다. 그리고 온갖 소문만 무성하게 나돌았다. 심지어 국가정보원이 개입되어 있다는 사실도 폭로되었다. 이 때문에 사람들은 더더욱 정인숙 사건을 떠올렸을 것이다.

2011년 한 방송사의 폭로에 따라 자살한 여배우와 부적절한 관계를 맺은 사람들에 대한 재조사를 시작한다는 발표가 있었다. 그러나 조사 결과, 폭로의 근거가 된 편지는 자의적으로 조작된 것이라고 밝혀졌다. 당연히 예상했던 결과이기는 하지만, 자살한 여배우를 두 번 죽이는 것 같아 마음이 편치 않다.

이렇듯 1970년으로부터 40년 이상이 지나는 동안 여배우와 권력자 또는 재벌가를 둘러싼 소문은 끊이지 않았다. 1970년대 한 여배우는 외국에서 온 손님을 접대하기 위해 동원되었다는 소문 때문에 방송에서 하차하기도 했다. 1980년대 초 정상에 있던 여배우는 권력자와의 관계가 소문으로 돌아 한동안 스크린에 나오지 못했다. 1980년대 말 또 다른 여배우가 재벌과 갑작스럽게 결혼한 것은 권력자와 여배우, 그리고 재벌 가문의 관련 때문이라는 소문이 돌았다. 독재 시절, 권력과 여배우 사이의 부적절한 관계의 유산은 1990년대 이후 '권력'이 '재벌'과 '언론'으로 바뀌었을 뿐, 끊이지 않고 계속되고 있다.

스캔들에 관련된 소문은 항상 '소문'으로 그치고, '진실'이 되지 못했다. 민주화가 진전되면서 요정 정치는 사라졌지만, 정치권력과 금권에 의한 성의 상품화는 계속되고 있다. 그리고 이에 대해 소문만 무성할 뿐 진실은 밝혀지지 않고 있다. 그렇기 때문에 어느 순간에 과거의 소문이 되살아나곤 한다. 오죽하면 40년이 넘은 정인숙 사건이 지금도 인구에 회자되겠는가? 아니 땐 굴뚝에 연기가 나겠냐만은 대한민국 국민의 한 사람으로서 그 소문들이 진실이 아니었으면 좋겠다.

# 요도호 납치 사건
## 폭력적 테러로 대중에게 외면당한 적군파

1946 미소공위 개막
1948 남북협상
1960 3·15부정선거
1970 정인숙 사건
**일본 적군파의 요도호 납치**

    1970년 3월 31일 일본의 하네다 공항을 출발하여 후쿠오카의 하카다 공항으로 향하던 일본항공 351편(통칭 요도호)이 일본 적군파赤軍派 학생 9명에게 납치되었다. 납치범들은 기수를 평양으로 돌릴 것을 요구했다. 그러나 납치된 항공기는 한국 공군의 유도에 따라 평양공항으로 위장된 김포공항에 착륙했고, 한국 치안 담당 기관은 납치범들과 협상에 들어갔다. 김포공항에 착륙했을 때 납치범들은 처음에 평양으로 착각했다가, 곧 서울임을 알았다고 한다(『동아일보』 1970. 4. 2).

    1969년 12월 대한항공 소속 YS-11기의 납북 사건을 경험했던 한국 정부는 납치범들의 요구를 들어주지 않으려 했다. 그러나 승객의 신변 안전을 우려한 일본 정부 측이 한국의 대응을 만류했고, 야마무라 신지로 운수성 정무차관이 대신 탑승하는 것을 조건으로 납치범들과 협상했다. 이에 따라 납치범들은 김포공항에 승객을 모두 풀어준 뒤 야마무라 차관을 태우고 평양으로 이륙했다. 사건 발생 3일 뒤인 4월 3일 요도호가 평양에 착륙한 직후 야마무라 차관과 조종사들이 일본으로 귀환하면서 사건은 마무리되었다(『동아일보』 1970. 4. 6. 사설). 야마무라 차관의 행동은 모든 관료에게 모범이 될 만했다. 그의 결단으로 많은 승객이 안전할 수 있었다. 당시 북한 측의 태도에 감동한 야마무라 차관은 이후 북일 관계 개선에 적극 나서기도 했다.

당시 요도호를 납치했던 일본 학생들은 '공산주의자 동맹 적군파' 소속으로, 무력 저항을 통해 일본이 미국의 '제국주의적 정책'에 협조하는 것을 막겠다는 목표를 기치로 내걸고 있었다. 일본에서는 1960년 미일안보조약이 개정된 이후부터 1960년대 후반 베트남전쟁 시기에 이르기까지 반미운동이 계속되었다. 그런데 이들의 운동이 사회로부터 외면받기 시작하자, 극좌적인 학생들이 급기야 무장 단체를 만들었다. 이들은 요도호 사건 외에도 1972년 2월 일본 나가노 현에서 총격 사건을 일으켰고, 같은 해 5월에는 팔레스타인 인민해방전선(PFLP)과 함께 텔아비브 공항 습격 사건에 가담하여 25명이 사망하고 76명이 다치는 사고가 발생했다.

최근 적군파 문제를 둘러싸고 두 가지 이슈가 관심을 끌었다. 하나는 일본 정부가 최근 북일 협상 과정에서 1970년에 요도호를 납치했던 적군파 학생들의 송환을 요구한 것이다. 이미 1996년 납치범의 한 사람이었던 다나카 요시미가 위조지폐 사용 혐의로 태국 경찰에 체포되면서, 납치범들 및 이들의 가족 대부분이 일본으로 귀환을 원한다는 사실이 알려진 상태였다(『경향신문』 1996. 3. 30). 또 하나는 적군파의 간부이면서 텔아비브 공항 습격 사건에 참여했던 시게노부 후사코가 2000년 11월 일본에서 체포된 사건이었다. 그녀는 레바논 등지에서 활동하다가 일본으로 돌아와 일본 혁명을 위해 '인민혁명당'을 조직하려 했으나 2개월도 되지 않아 체포되었다.

적군파는 일본에서 아무런 지지도 받지 못한 채 사라져갔다. 그들의 폭력적 테러 활동에 어느 누구도 동의하지 않았기 때문이다. 9·11테러에서 보이는 바와 같이 무고한 민간인을 대상으로 한 테러는 어떠한 목적을 내세워도 합리화될 수 없다. 오히려 전 세계 여론의 지탄 대상이 됨으로써 더 많은 적을 만들어낼 뿐이다. 국내의 한 잡지에 따르면 후사코가 부친으로부터 '민심을 중시하고 민족을 알아야 진정한 혁명'이라는 훈시를 들었다고 하는데, 이들은 과연 민심에 대해 얼마나 생각하고 있었을까? (『한겨레 21』 제773호, 2009. 8. 13)

일반적으로 테러는 정치적 활동이 대중의 지지를 받지 못하거나 주목받지 못할 때 일어난다. 정치적 활동이 대중으로부터 멀어진다는 것은 곧 물고기가 물에서 멀어지고 있음을 의미한다. 이럴 때 정치 활동가들이 대중에게

김포공항에 불시착한 요도호

주목받기 위해 선택하는 극단적 행위가 테러로 나타난다. 테러는 큰 노력을 기울이지 않고 대중의 관심을 끌 수 있는 효과적인 수단이기 때문이다.

　테러 활동을 근절하기 위해서는 그것에 사회적으로 동정적인 반응을 조금이라도 보여서는 안 된다. 테러는 어떤 목적에서도 합리화될 수 없는 범죄라는 점을 분명히 해야 한다. 조금의 동정이나 이해를 보인다면, 이는 또 다른 테러를 잉태할 수 있다. 지금도 일부 테러리스트들은 미국에 맞서는 최선의 방법이 테러라고 주장하기도 한다. 그러나 테러는 또 다른 전쟁을 불러일으킬 수 있고, 더 많은 무고한 민간인에게 피해를 입힐 수 있다. 강대국의 불공정한 게임에 대한 그들의 저항이 오히려 여론으로부터 외면받을 수 있다.

## 3월을 보내며

## 역사는 결과로 보는 것이 아니다

　미소공동위원회의 결과도 안타깝지만, 좌우합작운동과 남북협상의 결과도 너무나 안타깝다. 해방 직후에 통합을 위한 움직임들은 한반도에 살고 있는 사람들에게 많은 기대와 희망을 주었다. 일제 강점기를 거쳐 해방을 맞이한 사람들에게 중요한 것은 이데올로기나 냉전이 아니었다. 사람들은 더 이상 전쟁에 동원되지 않고, 평화롭고 풍요롭게 살고 싶었다. 외부의 상황에 휘둘리고 싶지 않았다.

　그러나 현실은 그렇지 못했다. 어느 사회를 막론하고 중도적 입장의 사람보다는 극단적인 사람들이 정치적 주도권을 잡는 경우가 많다. 극단적인 정치 행위를 하고 극단적인 수사를 사용할 때 사회적으로 더 주목받는다. 정치성이 강한 사람들은 바람몰이식으로 자신들에 대한 지지를 대중에게 강요한다. 그리고 황색 언론은 무미건조한 멘트보다 대중의 이목을 끌 수 있는 선정적인 멘트를 더 선호한다. 무식한 정치인들은 그렇게 실린 언론의 기사를 마치 자신들에게 훈장이 되는 양 생각한다. 이 와중에 중도적 인사들은 권력의 뒤편으로 밀리고 만다. 황색 언론에게 온건하거나 중도적 입장의 말은 전혀 기삿거리가 되지 않기 때문이다.

　2000년 이후 냉전적 보수 세력과 뉴라이트 세력이 쏟아내는 말들은 극단적 수사를 넘어서 말의 폭력이라고 지칭될 만한 수준에 이르고 있다. 누가 더 폭력적인 언사를 쏟아내는가를 겨루는 시험장인 것 같다. 나와 마음이 안 맞으면 좌빨이고, 종북이다. 그리고 그 쓰레기 같은 말을 내뱉는 사람들은 곧 보수 언론의 주목을 받는다. 그들은 이것이 자신에 대한 대중적 지지라고 착각하게 된다.

냉전적 보수 세력은 역사관마저 바꾸려 하고 있다. 역사관에 흑백논리를 대입하고, 성공한 것만을 긍정적으로 평가하려 하고 있다. 분단 국가의 수립에 대한 이들의 논리가 대표적이다. '한국은 분단될 수밖에 없었기 때문에 그나마 공산주의로부터 남한이라도 지켜낸 것이 잘한 일이다.' 이것이 그들의 핵심적인 주장이다. 이 주장은 당시의 상황에서는 일견 설득력이 있어 보인다. 1946년 처칠의 철의 장막 발언에서부터 1947년 트루먼독트린과 마셜 플랜의 선언에 이르기까지 세계적 차원에서 냉전의 틀은 더욱 강고해졌다. 이제 미국과 소련이 더 이상 타협하기 어려운 상황이 된 것이다. 냉전이 본격화되기 이전인 1945년 말 모스크바 3상회의를 통해 미국과 소련이 한반도 문제의 해결 방안에 합의했지만, 냉전이 심화되는 상황에서 양국의 합의가 반드시 지켜지리라는 확신은 없었다. 곧 한반도는 분단될 수밖에 없는 운명이었다.

이러한 상황을 고려해본다면, 한반도 문제의 평화적 해결을 위한 움직임들은 어느 것 하나 현실적으로 실현 가능성이 없었다. 이미 전 세계적으로 냉전의 틀이 자리 잡아가고 있었기 때문이다. 남과 북에서는 극우와 극좌 세력이 미군과 소련군의 비호 아래 압도적인 힘을 축적해 나갔다. 좌우합작이든 남북협상이든 그 의도나 의미는 긍정적으로 평가될 수 있지만, 긍정적 평가와 현실적 실현 가능성은 서로 다른 문제다.

바로 이러한 관점에서 이승만의 단독정부 수립 노선에 대한 새로운 평가도 나왔다. 냉전과 분단이 더 이상 부인할 수 없는 현실이라면, 그러한 현실을 받아들이면서 그 안에서 '자유민주주의' 정부를 수립하는 것이 현실적이면서 '공산주의'로부터 나라를 지키는 길이라는 주장이다. 뉴라이트가 이승만을 재평가해야 한다는 주장에는 이러한 논리가 깔려 있다. 이들에게 38선은 공산주의로부터 '문명'을 지켜낸 최북단의 한계선이 된다. 이들에게는 '문명'의 개념 속에 문화적 개념이 전혀 없고 단지 '자본주의'만이 '문명'이기 때문이다(교과서포럼, 『대안교과서』 참조).

그러나 이러한 논리에는 몇 가지 중요한 함정과 속임수가 들어 있다. 첫째, 분단이 부인할 수 없는 '결정적' 현실이었을까? 냉전의 심화로 인해 분단이 피할 수 없는 현실이었다고 주장할 수야 있겠지만, 그렇다고 분단 극복의 문제까지 동일한 시각으로 이야기할 수는 없다. 오스트리아, 베트남, 독일은 분단을 극복했는데, 우리는 왜 분단을 극복하지 못하고 있을까?

더 주목해야 하는 점은 '분단 필연론'이 갖고 있는 두 번째 문제다. 즉, 분단은 당시 상황에서 필연이었으므로, 이에 대해서 반대한 운동은 역사적으로 의미를 갖지 못한다는 것이다. 역사는 승리한 것만을 긍정적으로 평가하고, 높이 평가해야 하는가? 물론 좌우합작이나 남북협상은 실패한 운동이었다. 당시 상황에서만 보면 그렇다. 결과적으로 남과 북에서 단독정부가 수립되었으니 말이다. 단독정부 수립을 통해 정권을 잡아야겠다는 세력이 미국과 소련의 지원을 받고 있는 상황에서 분단을 막겠다는 것은 허무한 싸움이었을까?

역사는 '성공'과 '실패'만을 기준으로 두어 서술되지 않는다. '3·1운동'은 성공했는가? '임시정부'가 성공한 것이라면, 왜 임시정부 요인들은 대한민국 정부 수립 과정에서 소외되고, 이후에도 역사의 중심에 서지 못했는가? 또한 실패한 임시정부를 왜 헌법 전문에 밝히고 대한민국 정부의 기원으로 보고 있는가?

역사는 성공과 실패를 기준으로 결과만 놓고 평가하지 않는다. 역사를 통해 현재를 성찰해야 하는 만큼, 어떤 경우에는 정당성을 갖고 있음에도 성공하지 못한 사건이 오히려 더 큰 교훈을 준다. 역사는 '평가'하는 것이 아니라 '규명'하는 것이다. 다시 말해 성공과 실패 여부를 기준으로 '긍정'과 '부정'을 확정해 놓고 평가하는 것이 아니다. 물론 역사에서 정방향과 역방향은 존재한다. 역사적 사건에 대한 평가는 '결과'가 기준이 아니라, 그 사건의 방향이 역사의 흐름에 순응했는가를 놓고 결정된다.

그렇다면 역사적으로 올바른 방향으로 나아갔던 운동이나 사건은 왜 실패했는가? 이들이 방향을 잘못 읽었던 것은 아닐까? 아니면 세계적인 상황 때문에 불가피한 결과였을까?

'분단 필연론'은 세계적 상황만을 놓고 모든 일을 평가한다. 인간의 힘으로는 더 이상 어찌할 수 없는 거대한 흐름이 고정 변수로 작동하기 때문이라는 것이다. 그러나 역사는 그렇지 않다. 동일한 세계적 상황 속에서도 서로 다른 결과가 나오는 경우가 많다. 국가와 지역에 따라서 서로 다른 상황이 연출되는 것은 내부의 상황이 다르기 때문이다. 내부의 상황이 어떻게 작동하나에 따라 결과는 변화할 수 있다. 동일한 냉전의 상황 속에서도 분단된 국가가 있고, 분단되지 않은 국가가 있으며, 분단을 극복한 나라가 있고, 그렇지 않은 나라가 있다. 역사에서 확정된 결과는 없다.

만약 결과가 확정되어 있다면, 인간은 열심히 살 필요가 없다. 단지 확정되어 있는 결과에 순응해서 살기만 하면 된다. 독재자가 나타나서 세계적 상황 속에서 이미 결론이 난 일이니까 조용히 있으라고 하면 그렇게 살아야 한다. 영화 〈이퀼리브리엄〉에 나타난 사회가 되는 것이다. 결과를 기준으로 역사를 평가하는 것은 이렇게 위험하다.

'득어망전得魚忘筌'이라는 말이 있다. 물고기를 잡고 나면 물고기를 잡는 데 썼던 통발을 잊어버린다는 뜻이다. 이는 곧 목적을 이루고 나면 그 이전에 썼던 수단을 잊어버린다는 의미다. 한국 사회가 점점 더 과정과 수단보다는 결과만을 중시하게 되면서 우리의 역사 인식도 그렇게 되고 있다. 오늘의 관점에서 볼 때 어떠한 과정이 더 중요했는가를 따지지 않고 그 결과만으로 평가하려 하니 말이다.

분명 좌우합작운동과 남북협상은 결과적으로 실패했다. 그러나 전쟁이나 갈등보다 평화와 소통이 필요한 현실 사회에서 그러한 움직임이 있었다는 사실 자체만으로도 중요한 의미를 갖는다. 의병운동이 그랬듯이, 일제 강점기 독립운동이 그랬듯이, 1950년대 진보당의 평화통일운동이 그랬듯이, 1970~1980년대 민주화운동이 그랬듯이, 이들은 모두 단기간의 관점에서 보면 승리를 얻지 못했지만, 결국 이 시대가 원하는 길을 걸어갔고, 오늘에 이르러 사회 발전을 위한 다양한 운동으로 이어지고 있다. 이 같은 운동이 없었다면, 역사를 통해 한국인들이 식민지가 되는 것을 원하지 않았고, 전쟁보다는 평화를 원했으며, 독재보다는 민주화를 원했다는 사실을 어떻게 증명할 수 있겠는가?

결과를 통한 평가가 '수단'과 '목적'의 중요성을 희석시키고 있다. 성적이 잘 나오면 된다는 사고가 청소년들을 불행하게 만들고, 돈만 벌면 된다는 생각이 부패를 만들어내며, 권력만 잡으면 된다는 생각이 부정을 만들어낸다. 경제성장을 위해서 인권쯤은 무시할 수 있고, 회계 부정도 눈감을 수 있으며, 불법 상속이 이루어져도 괜찮다는 위험한 사고가 지배하고 있는 것이다.

역사는 언제나 진행 중이다. 과거에도 그랬고, 현재도 그러하며, 미래에도 그럴 것이다. 그래서 인간은 그 역사를 더 아름답고, 더 훌륭하게 만들기 위해 노력한다. 이러한 노력은 과거에도 있었고, 현재에도 있으며, 미래에도 계속될 것이다. 〈이퀼리브리엄〉에 나타난 사회는 단지 상상 속의 사회일 뿐이다. 우리가 결과론적 역사관을 전파하지만 않는다면!

# 4월
## 봄에서 찾는 희망

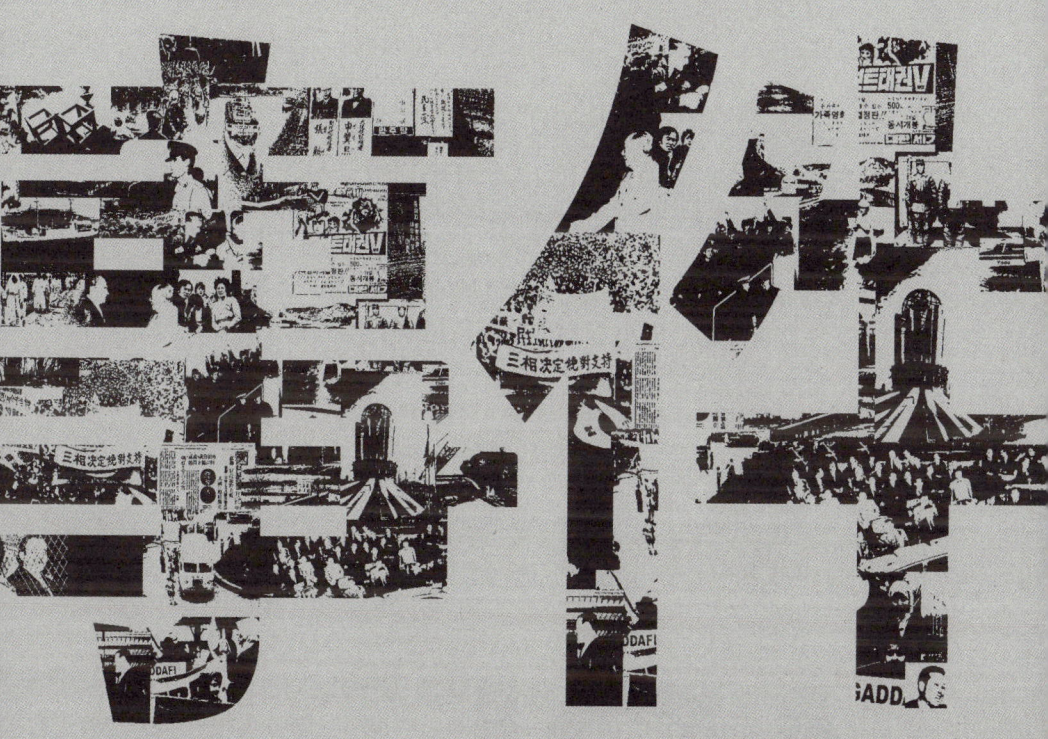

단정 수립에 반대해 일어난 4·3사건
전쟁을 끝내려는 협상, 제네바 회담
와르르 무너진 와우아파트
유혈 사태로 번진 사북 사건

4월을 보내며: '이야말로 역사관으로부터 탈출'

사계절이 뚜렷한 한국에서 4월은 황금 계절의 시작을 알린다. 3월 말부터 꽃이 피기 시작하지만, 봄이 왔다는 신호는 4월부터 본격적으로 나타난다. 겨우내 얼어붙은 몸과 마음이 녹아내리고, 이제 적극적인 활동이 시작된다. 환경 문제로 인해 지구 온난화가 진행되고, 이 때문에 봄이 짧아졌다고 하지만, 4월만은 확실하게 '봄'이다.

4월은 축제의 기간이기도 하다. 예수가 부활한 때도 4월이고, 석가모니 탄생일도 초파일(음력 4월 8일)이다. 이스라엘 사람들이 이집트에서 대탈출을 감행한 것도 4월이다. 태국, 캄보디아, 미얀마, 라오스의 새해 첫날은 4월 13일이다. 겨울이 끝나자마자 열리는 보스톤 마라톤은 4월 셋째 주 월요일에, 런던 마라톤은 4월 마지막 주 일요일에 열린다. 일본에서는 전왕 히로히토(재위 1926~1989)의 생일인 4월 29일부터 일주일간 황

# 4월
## 봄에서 찾는 희망

금 주간이 시작된다. 하나비로 알려진 벚꽃 놀이의 절정을 맞이하는 기간이다. 한국, 미국, 일본에서 최고의 인기를 누리고 있는 프로야구도 4월에 시작된다.

이런 의미에서 보면 사회적으로도 정치적으로도 4월은 겨울을 끝내고자 하는 움직임이 본격화되는 시기다. 4·19혁명은 그러한 움직임을 가장 잘 보여주는 사건으로, 한국에서뿐만 아니라 세계적으로도 단연 돋보이는 한국 역사의 꽃이다. 식민지에서 냉전으로 이어지는 어두운 상황에 한 줄기 빛을 비춘 사건이다. 1956년 헝가리의 민주화 노력이 소련에 의해 꺾인 반면, 한국의 4·19혁명은 식민지에서 해방된 개발도상국으로는 처음으로 시민이 중심이 되어 독재 정부를 무너뜨리고 민주주의를 꽃피웠다.

1948년의 4·3항쟁 역시 또 다른 빛을 찾기 위한 움직임이었다. 4·3항쟁은 분단 정부의 수립을 막기 위한 제주도 사람들의 열망이 폭발한 사건이다. 비록 공산주의자들의 선동으로 시작되기는 했지만, 제주도의 많은 사람은 분단 정부의 수립에 반대하는 공산주의자들의 주장에 동조했다. 세계의 주변부인 한국, 그리고 그 한국의 주변부인 제주에서 사람들은 중첩된 질곡으로부터 벗어나고자 했다. 그 결과가 수많은 민간인 학살로 점철되면서 비극으로 막을 내리긴 했지만, 이들의 열정은 60년 뒤까지 이어짐으로써 마침내 대한민국 정부의 총리 직속으로 진상규명위원회가 설치되어 과거사 문제의 하나로 새롭게 조명받을 수 있었다.

희망을 찾기 위한 움직임은 노동자들 사이에서도 나타났다. 1980년의 사북 동원탄광 사건은 '막장'에서 희망을 찾기 위한 움직임이었다. 그리고 1980년대의 대규모 노동쟁의는 4월을 전후한 시기에 많이 일어났다. 1985년의 구로 지역 연대 파업과 대우자동차 파업 등이 모두 봄이 시작되면서 새로운 희망을 찾기 위해 벌인 노동자들의 대규모 파업 투쟁이었다. 그래서

'춘투春鬪'라는 이름이 붙여졌다.

한편 1954년 4월의 제네바 정치 회담은 정전 체제 직후 한반도에 영원한 평화를 정착시키기 위해 열린 회의였다. 정전협정에서 규정하고 있는 바와 같이 한반도에 항구적이면서 최종적인 평화안을 마련하기 위해, 한국전쟁 당시 유엔군과 공산군에 참여했던 국가의 대표들이 한자리에 모인 것이다. 여기에서 평화적인 합의가 이루어질 경우, 한반도에서는 더 이상 전쟁을 걱정하지 않아도 되었다. 그러나 불과 1년 전까지 서로를 적대시하던 세력이 갑자기 정치적 합의를 이뤄내기는 쉽지 않았다. 결국 제네바 정치 회담은 실패로 돌아갔다. 하지만 그럼에도 불구하고 여전히 평화 정착을 위한 정치 회담 개최의 가능성은 계속 열려 있다. 정전협정 자체가 영구적 평화의 방안 마련을 위해 정치 회담의 개최를 규정하고 있기 때문이다. 그 방안이 정치적으로 합의되는 순간에 정전협정은 곧바로 효력을 정지한다.

봄에 맞이하는 희망의 소식이 좋은 결과만 가져온 것은 아니다. 현대사에서 나타난 희망이 꽃을 피우기 위해 오랜 기간 기다려야 했으며, 지금까지도 그 꽃을 피우기 위한 노력은 계속되고 있다. 5·16쿠데타로 꺾인 4·19혁명의 희망은 30여 년을 기다리고 난 뒤에야 제대로 꽃을 피우기 시작했고, 분단 극복과 평화를 바라는 희망은 아직까지도 그 꽃을 피우지 못하고 있다.

이렇듯 4월에는 희망과 절망이 교차했다. 봄이 오면 자연히 얼음도 녹지만, 그 해빙이 또 다른 부작용을 가져오기 때문인가? 땅이 녹기 시작하면서 뜻하지 않은 사고들이 발생하기도 한다. 얼어붙었던 지반이 녹으면 그 위에 있는 인공 구조물이 위험해질 수밖에 없는데, 이때 일어난 최대의 비극이 와우아파트 붕괴 사건이다. 이 사고로 무려 33명이 사망했다. 사고 공화국의 출범을 알리는 신호탄이었고, 1995년 삼풍백화점 붕괴 사고 이전에 일어난 가장 큰 건축물 붕괴 사고였다.

이 사건은 단지 계절의 영향 때문에 발생한 재해만은 아니었다. 만약 4월이라는 계절의 특징만으로 이 사건을 본다면, 다른 큰 재난들도 4월에 일어났어야 하지 않나? 사건 조사 결과, 이 사고는 부실공사로 인해 일어났음이 밝혀졌다. '빨리빨리' 성과를 내야 하고, 성과를 내는 과정에서 돈을 남겨야 하고, 이 과정에서 비자금을 조성해야 하고……. 결국 와우아파트 붕괴 사고는 한국 사회의 개발 과정에서 나타난 총체적 부실을 여실히 보여준 사건이었다.

희망과 절망, 개발과 재난이 교차했던 4월! 그래도 겨울이 지나고 봄이 왔다. 닭의 모가지를 비틀어도 아침이 오듯이.

# 단정 수립에 반대해 일어난 4·3사건
## 52년이 지나서야 시작된 진상 규명

1948
4·3사건

1954
제네바 회담

1970
와우아파트 붕괴

1980
사북 사건

    1948년 4월 3일 제주도에서 4·3사건이 발발했다. 이 사건은 350명의 무장대가 남한만의 단독선거 반대를 구호로 내걸고 제주도 내 12개 경찰 지서와 우익 단체들을 공격하면서 시작되었다. 그러나 사실 사건의 발단은 이미 1년 전에 시작되었다. 1947년 삼일절에 제주도에서 시위가 발생했는데, 이 시위는 당시 제주도의 어려운 상황에서 기인했다.

    일제 패망 이후 제주도는 생필품의 확보가 어려웠고, 전염병과 흉년까지 겹치면서 제주도민들은 생활고에 시달리고 있었다. 이러한 상황에서 미군정의 치안력은 1947년 초까지 제주도에 미치지 못했다. 한반도의 38선 이남 점령을 위한 충분한 보급을 미국 본토로부터 받지 못했던 미군정으로서는 제주도에까지 치안력을 확대할 여력이 없었던 것이다. 따라서 다른 지역에서는 1945년 말까지 인민위원회가 해체되고 미군정이 지방행정권을 장악했던 것과 달리, 제주도에서는 1947년까지도 인민위원회의 영향력이 강하게 남아 있었다.

    그래서 1946년에 과도입법의원 대표를 선출하는 과정에서 해프닝이 발생했다. 당시 과도입법의원 선거는 간접선거였다. 모든 사람이 참여하는 보통선거가 아니라 지역 유지와 일정한 액수 이상의 세금을 내는 사람만 선거에 참여할 수 있었다. 여성에게도 투표권이 없었다. 일제 강점기 지방의회 선거의 형식을 그대로 답습한 것이었다. 따라서 대부분의 지역에서 보수적이거나 이른바 '지방 유지'로 불리는 사람들이 대표로 선출되었다.

그런데 제주도에서 선출되어 서울로 올라온 사람들은 인민위원회에서 파견한 사람들이었다(『자유신문』 1947. 12. 15). 이 같은 상황이 벌어지자 과도입법의원 구성을 지원한 미군정뿐만 아니라 조선공산당의 후신인 남조선노동당(이른바 '남로당')도 당황했다. 그리하여 남로당 관련자들이 서울에 올라온 제주도의 인민위원회 대표들을 과도입법의원에 참여하지 못하도록 다른 곳으로 빼돌리는 해프닝이 발생했던 것이다.

이렇게 좌파와 인민위원회의 힘이 강한 상황에서 1947년 3월 1일 삼일절을 기념하는 시가행진이 벌어졌고, 이에 대해 경찰이 발포하는 사건이 발생했다. 이로 말미암아 제주도 내에서 경찰과 미군정에 대한 여론이 악화되고, 남로당이 중심이 되어 미군정의 통치에 반대하는 각종 시위와 파업이 전개되었다. 그리고 급기야 1948년에는 남한만의 단독정부 수립에 반대하는 4·3사건이 일어났던 것이다.

이 사건으로 인해 1948년 5·10총선거에서 유일하게 제주도만 선거를 치르지 못했다. 1948년 12월에 국제연합에서 통과된 대한민국 정부 승인안을 보면 대한민국 정부의 통치권을 '1948년 5월 10일 유엔의 감시하에 선거가 실시된 지역'에 국한하고 있는데, 제주도 지역은 선거가 실시되지 않았기 때문에 1년 뒤 재선거가 실시될 때까지 대한민국의 통치권으로부터 벗어난 지역이 되었다.

그런데 막상 이 사건으로 가장 큰 피해를 입은 것은 봉기를 지휘한 지도

제주도에서 게릴라 토벌에 나섰던 군인들을 치하하는 이승만 대통령(1949. 8. 20)

부도 토벌대도 아니었다. 바로 제주도에 거주하는 선량한 도민들이었다. 사건을 주도한 남로당 지도부 중 일부는 사건 발생 뒤 얼마 지나지 않아서 무책임하게 월북했다. 이들은 1948년 8월 23일부터 25일까지 열리는 해주대표자대회에 참석하기 위해 38선 이북으로 건너갔다. 그리고 1948년 8월 15일 수립된 대한민국 정부는 제주도의 시위를 반란 사건으로 규정하여 대대적인 탄압에 들어갔다. 특히 토벌대는 무장대의 활동을 봉쇄하기 위해 1948년 11월부터 한라산의 중턱에 있는 마을을 없애기 시작했다. 민가가 없어져야 산에서 활동하는 빨치산들이 식량을 구할 수 없을 것이고, 그러면 곧 그들이 투항할 수밖에 없다는 판단 아래 세운 전략이었다. 이러한 전략은 이미 태평양전쟁 시기에 일본이 만주국 지역의 반일 게릴라들을 토벌하는 데 썼던 방법이며, 4·3사건과 한국전쟁 기간의 거창 사건을 거쳐 1960년대 베트남전쟁 때도 이어졌다. 무장대가 민가를 통해 식량 등의 보급을 해결했기 때문에, 토벌대는 민가를 소개疏開하여 무장대의 보급로를 끊으려 했다.

그런데 문제는 민간인들을 강제로 이주시키고, 이른바 '공비'를 토벌하는 과정에서 억울하게 죽거나 다친 사람들이 많았다는 점이다. 가족 중에 한 명이라도 보이지 않으면 도피자 가족으로 분류하여 가족 내 다른 사람을 대신 살해하는 사건이 발생하기도 했다. 또 한마을 안에서 공비에게 협조한 사람들이 집단으로 희생당하기도 했다. 그 결과 지금도 제주도에서는 한마을에서 같은 날 제사를 지내는 가족이 적지 않다. 정확한 피해자의 숫자가 집계되지는 않았지만, 4·3사건의 진압 과정에서 제주도민 약 2만~3만 명이 죽은 것으로 알려진다. 이는 당시 제주도민 전체 인구의 1/9에 달한다.

4·3사건의 진상 파악을 위한 움직임은 민주화와 함께 시작되었고, 마침내 2000년에 '제주 4·3사건 진상 규명 및 희생자 명예 회복을 위한 특별법'이 제정되어 국무총리를 위원장으로 위촉하고 진상 조사가 이루어졌다. 늦

게나마 억울하게 죽은 양민들의 명예 회복이 진행된 것은 다행이다.

그러나 최근 역사 인식을 둘러싼 논쟁이 벌어지면서 4·3사건의 평가를 둘러싼 논쟁도 다시 불붙었다. 4·3사건의 진상 규명을 위한 특별법이 여야 합의에 따라 제정되었음에도 불구하고, 뉴라이트 그룹에 의해 과거의 망령이 되살아나고 있는 것이다. 4·3사건 관련 특별법은 억울한 민간인 희생자의 명예를 되찾기 위해 제정되었다. 그런데도 이에 대해 비판하는 사람들은 남로당이 봉기를 지도했다는 사실만 강조하고 있다. 진압 과정에서 발생한 억울한 피해자들, 그리고 국가권력에 동원된 가해자이면서 동시에 국가권력의 피해자들 사이에 진정한 '화해'를 위한 노력이 필요하다.

# 전쟁을 끝내려는 협상, 제네바 회담
## 결렬된 동서 회담, 결국 끝내지 못한 전쟁

1948 4·3사건

**1954 제네바 회담**

1970 와우아파트 붕괴

1980 사북 사건

　　1954년 4월 26일 제네바에서 한국전쟁을 정치적으로 완전히 끝내기 위한 정치 회담이 개최되었다. 제네바 회담에는 한국전쟁에서 유엔군으로 참전한 국가들과 공산군 측의 대표가 참여했다. 유엔군으로 참전한 국가들에서는 남아프리카공화국을 제외하고 14개국이 대표를 파견했고, 공산국가 측에서는 북한과 중국과 소련이 대표를 파견했다. 이후 두 달 동안 계속된 회의에서 한반도 통일을 위한 선거 및 국제 감독, 외국군 철수 문제 등에 대해 논의했다.

　　제네바 회담은 정전협정(1953. 7. 27) 제4조 60항에 의거하여 개최되었다. 이 60항에는 한국 문제의 평화적 해결을 보장하기 위해 '고위 정치 회담을 정전협정이 효력을 발생한 뒤 3개월 내에 개최할 것을 권고한다'라고 규정했다. 그러나 실제 제네바 회담은 3개월이 훨씬 넘은 9개월이 지나서야 개최되었다.

　　정전협정이 조인되었음에도 불구하고 왜 이런 협정이 필요했던 것일까? 정전협정의 서문에 제시된 바와 같이 정전협정은 상호 간의 적대 행위를 종료하기 위한 군사적 협정일 뿐, 전쟁을 정치적으로 완전히 종식한다는 협정이 아니었다. 또한 정전협정은 한반도 문제에 대한 최종 해결책이 마련될 때까지(until a final settlement is achieved) 유효하며, 최종적 방안이 나오면 폐기해야 하는 임시적인 협정이었다. 그래서 정치적으로 전쟁을 완전히 끝내기 위한 정치 협상이 필요했다. 전쟁은 국가 간 정치적 행위의 하나이기 때문에 그것을 완전히 끝내려면 정치적 합의가 필요하다. 이스라엘과 팔레스타인 사이에 수많은 정전협정과 휴전협정이 체결되었지만, 지금까지도 전쟁이 계속된다는 사실은 정전협정의 성격을 잘 드러낸다.

전쟁을 완전히 끝내기 위해 제네바에서 정치 회담이 열렸지만, 유엔군과 공산군 사이에서 합의를 도출해내는 일은 쉽지 않았다. 3년간이나 전쟁을 치른데다가, 냉전 체제하에서 서로 다른 이념을 갖고 있는 국가들이 어떻게 쉽게 합의를 이루겠는가? 게다가 남한을 제외한 북한만의 자유선거와 주한 미군은 그대로 둔 채 중국군만의 철수를 주장하는 한국 정부의 입장을 공산군 측에서 받아들일 리 없었다. 한국 측의 안에 대해서는 유엔군 중 오스트레일리아와 뉴질랜드도 반대 입장을 표명했다. 반면 북한과 중국은 유엔 감시하의 선거안에 반대하면서 중립국 감시안을 제의했다. 결국 격렬한 공방전이 전개된 끝에 제네바 회담은 특별한 소득 없이 결렬되고 말았다.

제네바 회담을 통해 전쟁을 종식하지도, 최종적인 평화적 해결책을 만들어내지도 못했지만, 이 회의는 그 자체로 몇 가지 의미를 지닌다. 첫째, 1954년의 제네바 회담은 신생국 중국이 영국의 지원을 받으며 국제 무대에 등장한 첫 회의였다.

둘째, 이 회담은 한국 문제에 대한 합의 대신, 애꿎게도 17도선을 경계로 한 베트남의 분단을 결정했다. 물론 베트남의 분단은 어느 정도 예상된 결과였다. 한국에서 정전협정이 조인된 직후 중국은 북한에 대한 지원을 줄이

1954년 4월 26일부터 그해 6월 15일까지 스위스에서 개최된 제네바 정치 회담. 한국 문제의 평화적 해결을 위해 개최하였으나, 큰 소득 없이 결렬되고 말았다.

는 대신 북베트남에 대한 지원을 강화했고, 이는 결국 1954년 초 디엔비엔푸 전투에서 호치민이 이끄는 베트남군에게 프랑스군이 패배하고 베트남에서 철수하는 결정적 계기가 되었다. 프랑스 정부는 미국에게 베트남에 개입해줄 것을 요청했지만, 미국은 적극적 개입을 거부했다. 3년간 한국전쟁에 개입한 미국으로서는 더 이상 새로운 지역에 적극적으로 개입하는 것을 꺼렸기 때문이다. 결국 미국과 프랑스는 베트남의 분할을 결정했다. 한국전쟁의 불똥이 베트남으로 튄 셈이다.

제네바 회담에서 최후의 정치적 합의를 이끌어내지 못했음에도 불구하고, 그 이후 전쟁 당사국 사이의 고위급 정치 회담은 더 이상 개최되지 않았다. 달리 말해 이는 당사국들 사이에서 전쟁을 완전히 끝내기 위한 최종적인 합의를 현재까지도 만들어내지 못하고 있으며, 1950년 6월 25일에 시작된 한반도의 전쟁이 지금도 계속되고 있음을 의미한다.

2006년 부시 미국 대통령은 북한이 핵 프로그램을 포기할 경우 한반도에서 전쟁을 완전히 종식시킬 용의가 있다고 발표한 바 있다. 최근 오바마 행정부의 클린턴 국무장관 역시 북한에게 동일한 제의를 제안했다. 이는 1953년 이후 불안하게 지속되어온 정전 체제를 평화 체제로 바꾼다는 것을 의미한다.

바다 위의 북방한계선에 대한 합의를 이루지 못한 채 조인된 불안정한 정전협정은 최근까지도 서해 상에서 남북한이 충돌하는 근본적 원인이 되고 있다. 앞으로 또 천안함 사건이나 연평도 사건과 같은 불행한 사건들이 계속 발생할 위험을 안고 살아야 하는가? 우리의 후손이 이렇게 불안한 한반도에서 계속 살도록 놔둘 것인가? 위기는 또 다른 기회를 만들 수 있다. 정전협정이 조인된 지 60년이 지난 바로 지금이 우리가 새로운 체제를 만들어낼 기회다.

Special Record

# 정전협정 서문과 정치 회의 관련 제60항

　　국제연합군 총사령관을 일방으로 하고 조선인민군 최고사령관 및 중국 인민지원군 사령관을 다른 일방으로 하는 하기의 서명자들은 쌍방에 막대한 고통과 유혈을 초래한 한국 충돌을 정지시키기 위하여 최후적인 평화적 해결이 달성될 때까지 한국에서의 적대 행위와 일체 무장 행동의 완전한 정지를 보장하는 정전을 확립할 목적으로 하기 조항에 기재된 정전 조건과 규정을 접수하며, 또 그 제약과 통제를 받는 데 각자 공동 상호 동의한다. 이 조건과 규정들의 의도는 순전히 군사적 성질에 속하는 것이며, 이는 오직 한국에서의 교전 쌍방에만 적용한다.

**60.** 한국 문제의 평화적 해결을 위하여 쌍방 군사령관은 쌍방의 관계 각국 정부에 정전협정이 조인되고 효력을 발생한 후 삼개월 내에 각기 대표를 파견하여 쌍방의 한 급 높은 정치 회의를 소집하고 한국으로부터의 모든 외국 군대의 철수 및 한국 문제의 평화적 해결 문제들을 협의할 것을 이에 건의한다.

## 해설  본질은 군사적

정전협정은 전쟁을 완전히 끝낸다는 협정이 아니었다. 따라서 정전협정의 서문에 보면 이 협정의 의도는 그 성격이 순전히 '군사적'이라고 규정되어 있으며, '최후적인 평화적 해결'이 달성될 때까지만 유효하다는 한시적 성격도 규정해 놓았다.

그렇다면 정전협정은 언제 무효가 되는가? 한 급 높은 정치 회의에서 '최후적인 평화적 해결' 안이 마련될 때다. 그리고 이 정치 회의는 정전협정이 체결된 뒤 3개월 안에 개최하도록 규정해 놓았다.

이 규정에 따라 제네바 회담이 개최된 것이다. 하지만 '3개월 내'라는 규정은 지켜지지 않았다. 또한 정치 회의의 결과 역시 성공적이지 못했다. 그래서 제60항에서 규정하고 있는 외국군의 철수도 이루어지지 않았다. 중국군은 1958년 북한에서 철수했지만, 미군은 아직도 남한에 주둔하고 있다.

정전협정에서 또 하나 눈여겨볼 점은 유엔군 사령관이 정전협정의 일방으로 참여했다는 사실이다. 이로 인해 유엔은 한반도에서 발생하는 안보 위기에 중재자로서 참여할 자격을 갖고 있지 못하다. 북한과 중국의 입장에서 유엔은 조정자의 위치가 아니라 자신들의 반대편에 서 있기 때문이다. 이런 까닭에 키신저가 1971년 닉슨 대통령의 중국 방문을 추진하고자 저우언라이를 만났을 때, 중국 정부가 요청한 내용 중 하나가 한국에 있는 유엔군의 해체였다. 그러나 미국은 이를 거부했고, 지금도 유엔군은 비무장지대에 그대로 존재하고 있다.

# 와르르 무너진 와우아파트
## 졸속 개발이 부른 대참사

1948 4·3사건

1954 제네바 회담

1970 와우아파트 붕괴

1980 사북 사건

1970년 4월 8일 서울시 마포구 창전동 와우아파트의 15동 건물이 무너졌다. 새벽에 갑자기 무너진 이 사고로 33명이 사망했다. 도시계획에 따라 준공한 지 한 달도 채 되지 않은 새 아파트였다. 아파트가 그냥 무너진 것은 아니었다. 아파트를 건설하기 위해 깎았던 뒷산이 무너져 내리면서 아파트도 함께 붕괴된 것이다.

사고가 나기 나흘 전 무너진 건물 옆에 있던 14동 건물 벽에 금이 가면서 서울시 당국은 14동 주민을 15동 건물로 옮겼다. 15동으로 주민을 옮기면서 당국은 이 아파트가 검사에 완전히 합격된, 이상 없는 건물이라고 장담했다(『경향신문』 1970. 4. 10). 15동 건물이 14동 건물보다 더 위험한 상태였음을 아무도 몰랐던 것이다.

이 사고는 전형적인 개발 시대가 빚어낸 비극이었다. 조사 결과 설계에서부터 원초적인 문제가 있었고, 공사비를 20%나 깎기 위해 부실기업에 재하청을 주었으며, 재하청을 받은 부실기업은 철근과 시멘트 등의 건설자재를 제대로 사용하지 않았다. 이러한 총체적 부실은 불도저란 별명이 붙은 당시 김현옥 서울시장이 1968년 12월 '개발'이라는 명목으로 아파트 2,000동을 지어 무주택자 13만 가구를 수용하겠다고 하면서 시작되었다(『동아일보』 1968. 12. 14). 도시의 외관을 깨끗하게 정비하는 것에 누가 반대를 하겠는가? 그러나 당시 서울의 도시 재개발은 부실의 시작이자, 전시 행정의 출발점이었다.

'소 잃고 외양간 고친다'고 와우아파트 붕괴 사고가 일어난 뒤 관련 공무원 4명과 시공업자 1명을 구속하고, 서울시장도 사고 8일만에 전격 교체했다. 또 서울 시내 406개 동의 시민아파트에 대한 일제 진단에 들어갔다. 그

무너진 와우아파트 현장

결과 61개 동에 결함이 있는 것으로 나타났다(『동아일보』 1970. 4. 11). 그나마 더 이상 사고가 일어나지 않은 것만 해도 다행이라 할까.

그러나 그것으로 끝이었다. 시민아파트는 그 이름이 불길하다 하여 시영아파트로 단순히 이름만 바꾸었고, 시장직에서 물러난 김현옥은 다시 내무장관으로 기용되어 유신 초기까지 치안과 행정을 총괄하는 책임자로 활약했다. 사고가 발생한 지 3개월도 지나지 않아서 와우아파트 다동 뒤의 높이 3m 축대가 또다시 무너지는 사고가 일어났다(『경향신문』 1970. 7. 4). 1984년에는 2동 뒤편의 와우산 일부가 폭우로 무너져 내리면서 204호와 205호를 덮쳐 2명이 숨지고 3명이 중경상을 입었다(『동아일보』 1984. 9. 1).

개발 연대의 부실시공 전통은 1990년대 대형 사고로 이어졌다. 뭐든지 '빨리빨리' '싸게' 하려는 성과주의가 계속된 것이다. '싸게' 한다는 것은 비용 절감 측면에서 좋아 보일 수도 있겠지만, 그 실상은 남는 돈이 대부분 부정부패에 사용되었으니, 한심하기 그지없는 일이다. 개발 시공을 추진하는 관료와 건설사, 그리고 건설사와 하청 업체 사이에서 뇌물과 리베이트는 비용 절감을 통해서 만들어진다. 이러한 현상은 지금까지도 계속되고 있다.

그래서 사고는 끊이지 않았고 대한민국은 사고 공화국이라는 오명까지 뒤집어썼다. 대연각 호텔 화재(1971)에서부터 성수대교 붕괴 사고(1994)와 삼풍백화점 붕괴 사고(1995), 그리고 대구 지하철 공사장 폭발 사고(1995)에 이르기까지 대형 사고가 끊이지 않았다. 특히 삼풍백화점 붕괴 사고의 경우 부실시공의 문제와 함께 부지에 대한 특혜 분양의 문제 등도 제기되었다. 심지어 용산 철거민 참사 사건(2009)의 경우에는 인위적으로 대형 사고를 만들어내기까지 했다.

끔찍한 참상이 일어났던 와우아파트의 그 자리에 지금은 시민을 위한 공간이 조성되어 있다는 사실에 조금은 위안을 받는다. 그런데 최근 또 다른 개발이 시작되었다. 더 큰 규모의 개발이 뉴타운에서, 그리고 4대강 사업에서 계속되고 있다. 삼풍백화점이 있던 자리에는 이제 주상복합 건물이라는 거대한 공룡이 들어서 있다. 더 이상 인재人災가 일어나서는 안 되며, 거대한 규모의 개발이 인류가 갖고 있는 가장 큰 재산인 자연에 재앙을 가져다줘서는 안 된다. 시계는 21세기를 가리키고 있는데, 우리는 아직도 20세기의 개발 중심 사고와 부정부패의 늪에서 벗어나지 못하고 있는 것은 아닐까?

# 유혈 사태로 번진 사북 사건
## '막장 인생' 광부들의 생존 몸부림

1948 4·3사건

1954 제네바 회담

1970 와우아파트 붕괴

**1980 사북 사건**

1980년 4월 24일 강원도 사북의 동원탄좌에서 발생한 시위가 처음으로 신문에 보도되기 시작했다. '광부들의 집단 난동'으로 보도된 이 기사에는 한 여인이 기둥에 묶여 있는 사진이 함께 게재되어 사람들에게 큰 충격을 주었다. 그런데 이 사건으로 경찰 한 명이 사망하면서, 사건의 원인과 진실을 밝히기보다는 사건 자체를 '공권력에 대한 도전'으로 규정해버렸고, 이에 따라 정확한 진실은 오랜 기간 묻혀 있었다. 마치 1989년 동의대 사건과 2009년 용산 철거민 참사 사건처럼.

사북 사건은 탄광의 열악한 상황 때문에 일어났다. 1960년대 이후 한국 사회는 급격한 근대화와 도시화의 물결에 휩쓸리고 있었지만, 탄광만은 예외였다. '막장 인생'이라는 말이 생겨났을 정도로 사회로부터 소외되고 좌절한 사람들이 마지막으로 찾던 곳이 바로 탄광이었다. 막장은 갱도의 막다른 곳을 의미하는 말이다.

작업이 워낙 힘든 탓에 광부들은 도시 노동자들에 비해 약간 높은 임금을 받았지만, 연일 열악한 작업 환경에 시달렸으며, 생필품 부족으로 인해

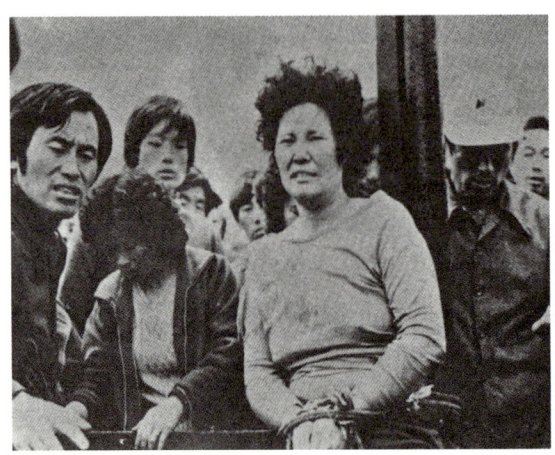

위 : 사북 동원탄좌 노조 지부장의 부인 김순이 씨가 기둥에 묶여 있는 모습. 신문에 이 사진이 실리면서 사북 사건이 처음 사람들에게 알려졌다.
아래 : 사북 동원탄좌 노동자들이 임금 인상을 요구하며 농성을 벌이고 있다. ⓒ 민주화운동기념사업회

다른 지역보다 30% 정도 높은 물가를 견디며 생활해야 했다. 게다가 툭 하면 터지는 사건이 갱도 매몰 사고였고, 운이 좋아야 기적적으로 구출되었다. 작업 중 미세한 탄가루를 계속 흡입하다가 진폐증에 걸려 사망하는 경우도 다반사였다.

사북 동원탄좌는 당시 연간 160만 톤에 이르는 채탄량과 종업원 수가 3,000명이 넘는 국내 최대의 민영 광산이었다. 동원탄좌가 캐내는 석탄량은 전국 채탄량의 9%에 달했다. 당시 정부는 1970년대의 두 차례 오일쇼크로 인해 석탄 생산량을 늘리기 위한 석탄산업 육성 정책을 실시하고 있었다(『경향신문』 1980. 5. 5).

열악한 작업 환경에 시달리던 탄광 노동자들은 10·26사건 이후 민주화 흐름에 맞춰 노조를 중심으로 임금 인상을 추진했다. 그러나 노조 지부장이 회사 측과 비밀리에 타협한 사실이 알려지면서 사태가 악화되기 시작했다. 정부는 모든 집회를 불허한다는 방침을 내렸지만, 노조원들은 4월 21일 농성에 들어갔고, 이를 진압하려는 경찰과 맞서는 과정에서 4명의 광부들이 경찰의 지프에 치이는 사건이 발생했다. 그리고 이에 흥분한 광부들에 의해 경찰 1명이 사망하고, 광부들이 사북 지역을 장악하는 사태가 벌어졌다.

사북 사건이 보도되기 시작한 4월 24일에는 정부 측의 대책 위원들과 노동자 대표들의 합의가 이루어져 사태가 해결되는 것처럼 보였다. 그러나 2주 뒤 합동수사본부는 70여 명의 광부와 부녀자들을 연행하고, 25명을 군법회의에 회부했다.

사건이 발생한 지 30년이 지났지만, 당시의 진상은 여전히 널리 알려지지 않고 있다. 단지 '막장'이라는 단어만 남아 비상식적인 드라마에 수식어로 사용될 뿐이다. 그리고 사북의 탄광이 있던 그 자리에는 거대한 카지노가 들어서 또 다른 막장 인생이 만들어지고 있다는 사실이 우리를 슬프게 한다.

## 4월을 보내며

## '이야말로' 역사관으로부터 탈출

'강력한 국가, 논쟁적인 사회(Strong State, Contentious Society)'. 어쩌면 한국 사회를 가장 잘 표현해주고 있는 말인지도 모른다. 하와이대학 사회학과의 구해근 교수가 책임 편집한 책의 제목이다. 일반적으로 강한 정부가 있는 국가의 시민사회는 약하다. 강한 정부가 시민사회의 형성 자체를 어렵게 만들거나 시민사회가 강한 정부에 의해 통제되기 때문이다. 반면 강한 시민사회가 형성되어 있는 국가에서 정부는 강할 수 없다. 시민사회가 정부를 감시하고 견제하기 때문이다. 개발독재의 시대에는 강한 정부가 더 보편적이었지만, 민주주의와 다원화된 사회에서는 강한 시민사회가 더 바람직하다.

그런데 한국 사회는 두 가지를 동시에 갖추고 있다. 정부의 힘이 강력하면서도 동시에 강한 시민사회를 갖고 있다. 때로 시민사회가 정부와 깊이 연결되기도 한다. 물론 강한 정부를 지향하는 행정부의 경우 시민사회와 갈등을 빚는다. 중국의 경우 강한 정부와 약한 시민사회, 일본의 경우 약한 정부와 강한 시민사회를 갖고 있다. 한국 사회는 동아시아에서 매우 예외적인 경우라고 할 수 있다. 미군정과 그에 대응한 제주도 4·3항쟁, 이승만 정부와 4·19혁명, 박정희 정부와 부마항쟁, 전두환 정부와 1987년 6월 항쟁 등은 강력한 두 개의 정치적 주체가 동시에 작동해왔음을 보여준다.

한국 역사의 흐름에서 본다면, 4·19혁명은 오랫동안 계속되어온 지식인 사회와 시민사회의 저항 역사의 흐름 속에 있다. 브루스 커밍스의 *Korea's Place in the Sun*(한글 번역판은 『브루스 커밍스의 한국현대사』)에 따르면, 그것은 불의를 참지 못하는 한국의 오래된 '미덕(virtue)'의 전통 속에 위치하고 있다. 구한 말 만민공동회의 활동, 일제 강점기 독립운동의 전통, 그리고 4·19혁명 이후 부마항쟁과 광주항쟁, 1987년 6월 항쟁, 최근의 촛불 시위에 이르기까지 불의에 항거하는 저항은 한국 역사 속에서 면면히 흐르고 있다. 이는 다른 나라의 역사에서 보기 힘든 독특한 모습이다.

이러한 현상을 한국 내에서만 본다면 독특하다고 할 수 있지만, 세계사적인 차원에서 본다면 매우 보편적 현상이라고 할 수 있다. 1950년대에 세계는 제1세계와 제2세계로 나뉘었고, 1955년에는 제3세계가 형성되었다. 냉전 체제하에서 이념적 지향의 차이에 따라 세계는 세 부류로 나뉘었지만, 1950년대 동안 이들 국가들에는 공통적인 현상이 나타난다. 모두 강력한 정부를 지향했다는 점이다. 제1세계는 한국전쟁을 전후하여 매카시즘과 빨갱이 숙청(Red purge)을 거치면서 정부의 힘이 극대화되었고, 제2세계는 공산주의 체제를 공고화하는 과정에서 스탈린과 마오쩌둥 같은 강력한 지도력이 바탕이 된 강한 정부가 자리 잡았다. 한국에서 제주도 4·3항쟁 시기의 학살, 거창 양민 학살, 광주 학살 등도 강한 정부가 자리를 잡아가는 과정 중에 이념의 갈등으로 일어난 사건이었다.

제3세계의 경우 제1세계나 제2세계와는 달리 이념보다는 민족주의에 바탕을 둔 제3의 길을 추진했지만, 이들이 공통적으로 추구한 것은 강한 정부 아래서 국가적 차원의 경제개발계획을 추진하는 일이었다. 한국의 경우 제1세계에 속해 있지만, 강한 정부가 작동하고 있었다는 측면에서 보면 이데올로기에 관계없이 1950년대 공통적으로 나타난 '강한 정부' 현상과 동일한 맥

락에서 이해할 수 있다.

강한 정부하에서 시민사회는 새로운 변화를 원했다. 그리고 그 변화는 주변부에서부터 시작되었다. 1952년 이집트의 나세르 쿠데타와 1956년 헝가리 봉기가 그 출발점이었다면, 1959년 카스트로의 쿠바 혁명과 1960년 한국의 4·19혁명은 이러한 변화의 흐름을 마무리했다. 물론 좀 더 긴 호흡에서 바라본다면, 베트남에서 베트콩의 활동, 1968년 유럽의 6·8혁명과 체코의 프라하 봉기 역시 냉전 직후부터 시작된 전체주의적 강한 정부를 거부하는 시민사회의 힘이 표출된 것이다.

한편 1972년 한국의 유신 체제는 당시 미국과 일본, 그리고 유럽에서 불고 있던 새로운 자유주의의 흐름에 역행하는 현상으로도 볼 수 있다. 그러나 1972년 필리핀에서 마르코스가 계엄령을 선포했고, 1973년 칠레에서 아옌데 정권이 무너지고 피노체트의 쿠데타가 일어났다는 사실을 고려하면, 한국의 유신 체제 역시 한 시대의 공통된 흐름 속에 위치하고 있음을 알 수 있다. 베트남전쟁의 늪에서 빠져나오지 못하던 미국은 1969년 닉슨독트린을 발표함으로써 개발도상국에 대한 주도권을 잃게 되었다. 미국의 주도권 약화는 친미 독재 정권에게 일정한 자율적 권한을 주었고, 이는 한국과 필리핀의 지도자들이 독재 정권을 강화할 수 있는 틈을 주었다. 칠레는 미국의 개입이 있었으므로 한국이나 필리핀과는 다른 경우이지만, 자유주의 정권의 몰락과 권위주의 체제의 강화라는 점에서는 동일한 시기에 발생한 유사한 경우라고 할 수 있다.

1978년 이란 혁명 이후 1979년 니카라과의 산디니스타 혁명 및 한국의 부마항쟁과 1980년 광주항쟁 역시 일련의 세계사적 흐름에 위치하고 있다. 1970년대 오일쇼크 이후 악화된 경제 상황은 독재 정권하에서 신음하던 시민들의 분노에 불을 붙였다. 오일쇼크로 인한 석유 가격의 상승으로 심각한 인플레이션이 나타났고, 원자재 가격 상승으로 인해 기업들은 도산하거나 고용 조정을 실시하면서 실업 문제가 만연했다. 변화를 추구하는 시민사회의 세계적 흐름은 레이건 행정부의 신냉전 정책이 실시되면서 일시적으로 주춤했지만, 1980년대 중반 이후 필리핀 민주혁명(1986), 한국의 6월 항쟁(1987), 타이완의 민주화(1988), 그리고 중국의 천안문 사건(1989)으로 이어졌다. 아울러 사회주의권에서는 1989년 베를린 장벽 붕괴 이후 러시아와 동유럽의 공산주의 정권들이 무너졌다. 베트남전쟁 이후 내리막길을 걷고 있던 미국과, 아프가니스탄 침공 이후 내부로부터 무너지고 있던 소련은 주변부에서 일어나는 자유화를 위한 시민의 흐름을 막을 힘이 없었다.

1970년대 말부터 1990년대 초까지 진행된 민주화·자유화는 크게 두 가지 흐름으로 나뉜다. 하나는 제1세계의 동맹국인 개발도상국에서 진행된 민주화의 흐름이고, 다른 하나는 제2세계에서 진행된 자유화의 흐름이다. 이 두 흐름은 이데올로기적으로 서로 다른 성격을 갖고 있지만, 실제로는 전체주의로부터 자유화·민주화의 흐름을 지향했다는 점에서 동일한 지향을 지니고 있다. 이는 자본주의 독재와 공산주의 독재에서 새로운 변화를 지향하겠다는 거대한 흐름이었다.

이처럼 한국현대사의 흐름은 세계사적 흐름 속에서 이해될 수 있으며, 또한 그렇게 볼 때 한국사의 보편성도 찾을 수 있다. 우리만의 독특한 것이 아니라 세계사의 흐름 속에서 한국사의 흐름도 위치하고 있는 것이다. 이러한 세계사적 흐름 속에서 한국사의 특수성을 찾는 것이 역사학뿐만 아니라 한국을 다루는 모든 학문의 궁극적인 목적일 것이다.

굳이 세계사적 보편성을 먼저 지적한 이유는, 지금까지 한국사를 바라보는 시각이 '이야말로' 사관에만 집중되어 있었기 때문이다. 초등학교든 중학교든 고등학교든 심지어 대학교든, 역사교육은 모두 한국사에만 집중되었다.

세계사와 한국사의 연결은 한국과 직접적으로 관계가 있는 경우에만 언급될 뿐, 세계사 속에서 한국사를 이해하고자 하는 노력이 부족했다. 심지어 한일 관계를 서술할 때는 특정 사안에 대해 한국이 일본에게 영향을 주었다는 사실만 증명하는 데 모든 노력을 쏟았다.

물론 그러한 노력이 전혀 의미가 없지는 않았다. 일제 강점기 동안 식민사관으로 왜곡된 한국 역사의 의미를 찾기 위해서는 일정한 정도의 '이야말로' 역사관이 필요했다. '한글이야말로', '금속활자야말로', '한국의 유교 사상이야말로' 등은 일제 강점기 내내 우리 민족 누구나 하고 싶었던 말이었다. 근대 역사를 세워야 하는 시기에 식민지를 경험한 한국 사람들에게 '이야말로' 사관은 절실했다.

그러나 이제는 새로운 역사관이 필요한 시기다. '세계화 시대'라는 말에 반대할 사람들은 아무도 없다. 단지 말로만 세계화를 할 것이 아니라 우리 역사의 세계화가 필요하다. 그리고 세계사 속에서 한국 역사의 특수성을 밝혀내고, 그것을 다시 세계사 속에서 보편화하는 작업을 해 나가야 한다. 이것이 진정으로 한국적 브랜드를 만들어내는 길이라고 본다. 말로만 '지구지역적(glocal=global+local)'을 주장하면서 지역적인 것은 무시한 채 서구적인 것만을 기준으로 삼는 사람들, 다른 한편 한국적인 것만을 소중하게 여기는 사람들, 이 두 극단을 극복하는 길은 세계사적 보편성과 한국적 특수성을 동시에 규명해내는 것이다. 4·3항쟁, 한국전쟁, 4·19혁명, 그리고 한국의 사회운동이 갖고 있는 세계사적 보편성과 한국적 특수성을 동시에 인식하는 것은, 한국의 경제성장뿐만 아니라 민주화 경험과 시민사회 모델을 한국의 브랜드로 만들어내는 데 중요한 보편적 시각을 제공하는 계기를 마련할 것이다.

# 5월
## 잔인한 5월

이승만의 권력욕이 부른 부산정치파동
자유당을 위협한 제3대 정부통령 선거
팔레스타인해방기구 조직
10년간 지속된 문화대혁명
처벌 조항이 추가된 가정의례준칙

**5월을 보내며** : 다시 인간으로 돌아가자

한국과 일본에서 5월은 황금의 달이다. 날씨도 화창하고, 경치도 아름답다. 야외 활동하기에 너무나 좋은 계절이다. 이런 날씨에 부응해서 그런가? 쉬는 날도 많은 편이다. 어린이날도 휴일이고, 석가탄신일(음력 4월 8일이라서 5월 달력에 표기된다)도 휴일이다. 그래서 5월에는 많은 사람이 여행 계획을 세운다.

하지만 5월은 잔인한 달이기도 하다. 우리의 기억 속에 5월은 1961년 5·16쿠데타, 1980년 5·17쿠데타, 그리고 5월 광주민주항쟁이 일어난 달이다. 특히 1980년 광주에 살았던 사람들과 1980년대 대학에 다닌 사람들에게 5월은 잊을 수 없는 달이다. 5월이 되면 대학가에는 1980년 광주의 사진이 붙었다. 그리고 5월의 광주를 기억할 수 있는 다큐멘터리가 방영되었다. 대학가에 전시된 1980년 5월 광주의 사진들은 정말 보기 힘들 정도로 처참했다. 이 때문에 영화 〈화려한 휴가〉는

사실적인 다큐멘터리로 느껴진다.

그런데 이 광주가 한국의 브랜드 중 하나가 되었다. 아시아 지역에서 인권과 학살을 연구하는 사람들에게 한국의 광주는 매우 소중한 역사적 경험으로 인식된다. 1980년 광주에서의 죽음이 결코 헛된 것이 아니었다. 1987년 민주화의 본격적인 출발점이 된 것이 광주였고, 1987년 6월 항쟁 때 미국이 전두환의 위수령을 반대한 것도 광주로부터 얻은 교훈 때문이었다. 한국으로 유학을 온 일본의 한 학생은 5월 광주의 진실을 알게 되면서 한국에 대해 공부해야겠다는 결심을 했다고 한다.

5월에 '잔인한'이라는 수식어를 붙인 것은 단지 과거의 역사적 사건 때문만은 아니다. 현실의 우리에게도 5월은 잔인하다. 정말 많은 것을 고민하게 한다. 5월에는 왜 그렇게 기억해야 할 사람이 많고, 기념해야 할 날도 많은지 모르겠다. 공식적으로 알려진 기념일만 하더라도 근로자의 날(5월 1일), 어린이날(5월 5일), 어버이날(5월 8일), 입양의 날(5월 11일), 스승의 날(5월 15일), 성년의 날(5월 셋째 주 월요일), 세계인의 날(5월 20일), 부부의 날(5월 21일)이 있다.

다른 달과 달리 5월에 있는 '날'들은 모두 인간관계와 관련 있다. 삼일절이나 광복절, 개천절, 제헌절, 현충일 등은 특정한 사건을 기념하기 위한 날이다. 즉, 그날의 의미를 되새기면서 오늘의 우리를 다시 한 번 돌아보자고 지정한 날이다. 그런데 5월에 있는 '날'들은 모두 나와 관련된 사람들과 나의 관계를 기념하는 날이다. 나와 내가 일하는 직장, 나와 나의 아이들, 나와 나의 부모님, 나와 나의 선생님. 나와 관계를 맺고 있는 사람을 다시 한 번 생각하고, 그분들에게 감사하면서 그날을 기념하도록 한다. 역사가 인간과 인간 사이의 관계로 이루어지고 있음을 감안하면, 이 얼마나 아름다운 '날'들인가? 자신과 가장 가까이에 있는 사람들과의 관계를 다시 한 번 생각하고, 이들에게 감사한다는 것은 그 자체로서 아름다운 일이다.

그런데 뭐가 잔인하다는 것인가? 이런 날들이 꼭 아름답지만은 않기 때문이다. 특히 무슨 선물을 사야 하는지를 고민할 때마다 마치 내 인간관계를 시험하는 것 같다. 이러한 많은 날에 대해 고민하게 된 것은 결국 내가 내 가까이에 있는 그들과의 관계에 자신이 없기 때문은 아닐까? 내가 그들에 대해 평소 관심이 없었기 때문에 그들이 무엇을 원하는지도 모르는 것은 아닐까? 그래서 일 년에 한 번이라도 그 관계를 다시 한 번 생각해보라고 이렇게 많은 날을 만들어 놓은 것일 수도 있다. 5월의 잔인함은 결국 가까이 있는 사람들과의 관계 속에서 나타나곤 한다. 실상 제일 어려운 것이 가까이에 있는 사람과의 관계이다. 그래서 어른들은 가까운 사람과는 사업을 함께하지 말라는 충고를 하기도 한다. 이는 그들이 나의 뒤통수를 치거나 내가 그들의 뒤통수를 쳤을 때, 그 충격이 더 클 수 있기 때문이리라.

5월의 사건들은 모두 뒤통수를 때린 일에 해당한다. 이승만 대통령 만들기의 일등 공신인 이범석은 부산정치파동 뒤 이승만으로부터 뒤통수를 맞았다. 마치 유방이 한신의 뒤통수를 친 것처럼. 이승만이 임명한 초대 농림부 장관 조봉암은 1956년 제3대 대통령 선거에서 이승만을 놀라게 했지만, 그것으로 인해 사형을 당했다. 대약진운동의 실패로 권력의 중심에서 밀려나 있던 마오쩌둥은 다른 지도자들의 뒤통수를 때리면서 1966년 문화대혁명을 통해 화려하게 중심에 복귀했다. 팔레스타인과 혁명적 동지라고 생각했던 북한은 아라파트로부터 뒤통수를 맞았다. 아라파트가 클린턴에게 북한 방문을 만류했던 것이다. 이들 정치인을 위해서도 무언가 '날'을 하나 만들어줘야 할 것 같다. '뒤통수 조심하는 날'.

## 이승만의 권력욕이 부른 부산정치파동
### 철기 장군 이범석을 권력에서 밀어내다

**1952** 부산정치파동

**1956** 제3대 정부통령 선거

**1964** 팔레스타인해방기구 조직

**1966** 문화대혁명

**1973** 개정된 '가정의례준칙' 발표

1952년 5월 25일 이승만 대통령은 경상남도와 전라남북도의 23개 시군에 계엄을 선포했다. 일부 산악 지역의 빨치산 활동을 제외하면 임시 수도 부산과 전라남북도는 전투 지역에서 떨어져 있었다. 따라서 이 지역에 대한 갑작스러운 계엄 선포는 국민들뿐만 아니라 참전 중인 유엔과 미국까지 어리둥절하게 했다. 사실 이 사건은 내각책임제 개헌을 추진했던 국회와 대통령 직선제 개헌을 통해 권좌를 계속 지키려 했던 이승만 대통령과의 갈등이 직접적 원인이 되어 일어났다.

제헌헌법은 대통령을 국회에서 선출하도록 규정했다. 그런데 국회는 이승만에게 더 이상 호의적이지 않았다. 한국전쟁이 발발하기 직전에 치러진 1950년 5·30총선거에서 이승만에 반대하는 무소속 의원들이 대거 당선되었다. 또한 수적으로 많지는 않았지만, 사회적으로 영향력이 컸던 중도파 인사들도 국회의원에 당선되었다. 임시정부의 이념을 만든 조소앙과 신민족주의·신민주주의를 제창한 안재홍은 그 대표적 인물이었다.

이러한 상황에서 한국전쟁이 발발하자, 상황은 이승만에게 유리하게 돌

이승만 대통령은 한국전쟁 중인 1952년 임시 수도 부산에서 경찰과 군인들로 국회를 포위하고 발췌개헌안을 통과시켰다. 사진은 국회의원들을 헌병대로 연행하는 모습.

아가는 듯했다. 국가 위기의 상황에서 대통령을 어찌 흔들겠는가? 그러나 연이어 터진 두 사건은 이승만으로부터 국회뿐만 아니라 민심이 돌아서도록 만든 결정적 이유가 되었다. 그 하나가 국민방위군 사건이었다.

중국군이 본격적으로 참전하기 시작한 시점에서 만들어진 국민방위군법은 학생을 제외한 17세 이상 40세 이하의 청년들을 국민방위군으로 소집하도록 규정하고 있다. 이에 따라 50만 명의 청년들이 국민방위군에 편입되었는데, 이들 중 5만 명이 넘는 청년들이 1·4후퇴 과정에서 굶어 죽거나 얼어 죽은 것이다. 이들은 전투는커녕 훈련 한 번 받아보지 못하고 후퇴 과정에서 죽음을 맞았다. 조사 결과, 국민방위군에 지급할 보급품을 대한청년단 간부들이 착복했고, 그 돈은 이승만 계열의 정치인들에게 정치자금으로 흘러 들어갔음이 밝혀졌다.

또 다른 사건은 거창 양민 학살 사건이었다. 1951년 설날 새벽, 거창 지역에 투입된 한국군이 민간인들을 사살한 사건이다. 거창은 지리산 인근에 위치해 있는데, 인천상륙작전 이후 후퇴하지 못한 북한군들이 지리산에 들어가 유격대로 활동하고 있었다. 한국군은 지리산에 인접한 거창 지역의 민간인들이 유격대를 도와주었다는 이유로 무차별 학살을 자행했다. 이때의 피해자 중에는 여성과 아이들, 노인들도 포함되어 있었다. 그런데 국회의원들이 이 사건을 조사하러 가는 과정에서 습격받는 사건이 발생했다. 이들을 습격한 것은 유격대가 아니라 유격대로 변장한 한국 경찰이었다.

이 두 사건으로 인해 국회의원들은 이승만 대통령의 권한을 약화하기 위해 내각책임제를 골자로 하는 개헌안을 제출했다. 이승만에 대항할 만한 사람이 없다면 그를 대통령으로 선출하는 것이 불가피하겠지만, 개헌을 통해 대통령직의 권한을 약화하려 한 것이다. 이승만은 자유당을 창당하여 대통령을 선출하는 국회 내에서 자신의 힘을 강화하고자 했지만, 자유당은 원내와 원외로 나뉘었고, 원내 자유당은 오히려 내각책임제 개헌을 지지했다. 이에 이승만은 계엄을 통해 국회를 해산하고, 새로운 헌법을 만들어 국회가 아닌 국민 직접선거 방식으로 대통령 선거를 바꾸려 했던 것이다. 이것이 바로 1952년 임시 수도 부산에서 발생한 부산정치파동이다.

미국과 유엔군에 참여한 국가들은 이 사태를 좌시하지 않았다. 자유와 민주주의를 지킨다는 명분으로 유엔군이 결성되었지만, 실상 그들이 지키려는 국가에는 자유와 민주주의가 없었던 것이다. 미국과 유엔은 이승만에게 계엄 해제를 요구했고, 군의 일부를 동원해 이승만을 대통령직에서 끌어내리려는 계획을 세우기도 했다. 이 계획에는 이종찬 참모총장과 함께 박정희도 개입되어 있었다고 알려진다.

그러나 정작 미국은 이승만을 권좌에서 몰아내는 계획을 추진하지 못했다. 무엇보다 그를 대체할 수 있는 믿음직한 지도자가 없다고 판단했기 때문이다. 그 대신 미국은 이승만의 주위에 있는 강경파를 몰아냄으로써 사태를 해결하고자 했다. 그리고 정치 파동의 주역으로 이범석과 족청(조선민족청년단) 계열의 인물들을 지목했다. 결국 이들은 1952년 정부통령 선거와 1953년의 자유당 전당대회를 통해 정부와 자유당의 핵심 요직에서 물러나야 했다. 마치 미국과의 갈등으로 인해 1963년 이후 두 차례에 걸쳐 외유를 떠나야 했던 김종필의 처지와 비슷했다. 2인자의 설움인가?

광복군 활동 이래 철기 장군으로 불린 이범석은 족청단장과 대한민국의 초대 국무총리를 역임했고, 타이완 국민당을 모델로 삼아 자유당을 창당한 주역이었다. 그러나 부산정치파동으로 인해 더 이상 정치의 중심에 서지 못했다. 5·16쿠데타가 일어나기 한 달 전, 미국 CIA는 박정희의 쿠데타 음모와 철기의 쿠데타 음모를 함께 보고하기도 했지만, 철기는 더 이상 재기하지 못한 채 역사의 뒤편으로 물러났다.

# 자유당을 위협한 제3대 정부통령 선거
## 이승만의 뒤통수를 때린 조봉암

1952 부산정치파동

1956 제3대 정부통령 선거

1964 팔레스타인해방기구 조직

1966 문화대혁명

1973 개정된 '가정의례준칙' 발표

　　1956년 5월 15일 제3대 정부통령 선거가 치러졌다. 이 선거는, 3년간의 전쟁이 1953년 정전협정을 통해 막을 내렸지만 민주주의가 실종되고 전쟁 복구는 제대로 이루어지지 않은 상황에서 치러졌다. 당시의 상황을 반영하듯, '못살겠다 갈아보자'와 '가러봤자(갈아봤자) 더 못산다'는 구호가 야당인 민주당과 여당인 자유당 사이에서 경합했다.

　　전쟁과 반공 독재에 시달리던 시민들은 새로운 지도자와 정부를 원했다. 민주당의 신익희 후보는 압도적인 지지를 받았고, 한강 백사장에서 열린 그의 유세에는 사람들이 구름처럼 몰려들었다. 그런데 정권 교체가 눈앞에 있는 것처럼 보이는 순간 신익희 후보가 갑자기 사망했다. 지금 같으면 SNS를 통해 야당 대통령 후보의 사망에 대한 의혹이 급속하게 사회적으로 확산되겠지만, 당시에는 어떠한 의혹도 제기할 수 없었다.

　　결과적으로 부통령 선거에 모든 관심이 쏠렸다. 미국에서는 대통령이 당선되면 러닝메이트인 부통령도 자동적으로 당선되지만, 당시 한국에서는 대통령과 부통령을 따로 선거했다. 그래서 대통령을 바꾸지 못한다면 부통령이라도 바꾸어야 한다는 사회적 분위기가 형성되고 있었다. 관권 개입과 폭력이 난무하는 가운데 실시된 선거 결과, 결국 이승만이 50%가 넘는 득표율로 당선되고, 부통령에는 민주당의 장면 후보가 당선되었다. 부정선거 속에서도 부통령 선거에 집중한 민주당의 노력 덕분이었다. 부통령 선거의 결과는 여당인 자유당에게 큰 충격이었다. 대통령의 유고 시 부통령이 대통령직을 승계하도록 규정한 헌법으로 인해, 고령(당시 81세)의 이승만 대통령에 전적으로 의존했던 자유당은 큰 충격을 받을 수밖에 없었던 것이다.

이 선거에서 또 다른 충격은 진보당의 대통령 후보인 조봉암이 200만 표가 넘는 득표를 했다는 점이었다. 이승만의 낙승이 예상되었건만, 서울에서 이승만의 득표율은 투표자의 1/3밖에 되지 않았고, 심지어 대구·진주·울산·진해에서는 조봉암이 이승만보다 더 많은 득표를 했다. 또한 경상북도에서는 신익희의 지지표로 추측되는 무효표와 조봉암의 득표를 합친 표의 수가 이승만의 득표수를 앞질렀다. 진보당은 아직 창당도 되지 않은 상태였기 때문에, 만약 창당한 뒤 본격적인 활동에 들어간다면 4년 뒤의 선거 결과는 예측하기 어려웠다.

조봉암의 200만 표가 넘는 득표에 대해서는 다양한 해석이 뒤따랐다. 조봉암의 지지자들은, 민주당이 조봉암을 지지하느니 차라리 이승만을 지지하는 편이 낫다고 하면서 진보당의 표를 지켜주지 않았기 때문에, '투표에 이기고 개표에 졌다'고 주장했다. 민주당의 개표 참관인들이 부통령 선거 개표에는 불을 켜고 감시했지만, 대통령 선거 개표에는 관심을 갖지 않았다는 것이다. 민주당의 보수적인 인사들은 조봉암의 과거 공산주의 전력을 문제 삼아 그를 지지하지 않았다.

3·15부정선거로 인해 1961년 교수형에 처해진 최인규 전 내무부장관은 1956년 선거에서 엄청난 부정이 자행되었으며, 부정이 없었다면 조봉암

위에서부터 수서대로 민주당, 자유당, 조봉암의 선거 벽보

이 승리했을 것이라고 술회했다. 또한 이승만 정부가 1960년 3·15부정선거를 기획한 것은 부통령 선거 때문이 아니라 4년 전의 1956년 대통령 선거에서 조봉암이 선전했기 때문이라고 말했다. 주한 미국대사관은 1956년 선거를 두고 한국 사회 내부에서 자본주의와 이승만 정부에 대한 염증이 표출되고 있다고 진단했다.

물론 조봉암의 기호가 1번이었기 때문에 많은 득표가 가능했으며, 조봉암 지지표의 대부분은 신익희에 대한 추모표라는 주장도 있다. 당시에는 문맹률이 높았기 때문에 민초들이 무조건 1번에 투표했을 것이라는 주장이다. 여당 후보가 반드시 1번을 배정받은 것은 아니었기 때문에, 이 또한 가능성 있는 주장이다.

어쨌든 조봉암의 200만 표 득표는 자유당에게 큰 위협이 되었다. 이는 결국 1958년 총선을 앞두고 진보당 사건으로 이어졌다. 북한과 유사한 평화통일 방안을 주장했다는 혐의로 진보당 관계자들이 모두 체포되었으며, 당은 해체되었다. 그리고 조봉암은 1959년 7월 31일 간첩 혐의로 처형되었다. 만약 그가 살아 있었다면 4·19혁명 이후 정세는 어떻게 흘러갔을까? 4·19혁명 이후 치러진 7·29총선에서 민주당이 아니라 진보당이 다수당이 되었을 가능성도 없지 않다. 그랬다면 한국 최초의 민주 정부는 조봉암을 국무총리로 선출했을 수도 있다. 어쨌거나 그 어려운 시대에도 94.4%의 투표율을 자랑했던 1956년 정부통령 선거 당시의 높은 민의가 그리울 따름이다.

# 팔레스타인해방기구 조직
## 아직도 전쟁이 끝나지 않은 두 지역

1952
부산정치파동

1956
제3대 정부통령 선거

**1964
팔레스타인해방기구
조직**

1966
문화대혁명

1973
개정된 '가정의례준칙'
발표

　1964년 5월 28일 팔레스타인해방기구(PLO)가 조직되었다. PLO는 같은 날 선포한 헌장에서 팔레스타인의 자치를 선언하며 '영국의 위임통치 시기에 존재했던 경계 안에서 팔레스타인은 통합된 지역 단위로 존재하며, 유태주의의 존재를 금지한다'고 규정했다. 이후 PLO는 독립을 목표로, 요르단과 레바논 등 인접 국가와 가자 지구 및 웨스트 뱅크 지역을 근거지로 삼아 현재까지도 이스라엘과 분쟁을 계속하고 있다.

　PLO는 팔레스타인 국가평의회라는 명목상의 입법 기구를 갖추고 있지만, 실질적으로는 18명으로 구성된 집행위원회에서 실권을 행사하고 있다. PLO는 1974년 아랍연맹과 국제연합으로부터 팔레스타인 사람들을 대표하는 기구로 인정받아 유엔총회에서 옵서버(observer 참관인) 자격이 부여되었다. 하지만 팔레스타인 내부에서는 PLO가 팔레스타인 전체의 견해를 대표하지 못하고 있다는 비판도 받는다. PLO가 10개의 크고 작은 파벌로 나뉘어 있기 때문이다.

　1969년부터 2004년까지 PLO의 지도자였던 야세르 아라파트는 PLO를

1993년 9월 13일 PLO 의장 아라파트와 이스라엘 총리 라빈이 미국 워싱턴 백악관에서 팔레스타인 자치 협정에 서명했다. 1994년 협정 당사자인 아라파트와 라빈 그리고 당시 이스라엘 외무장관인 페레스는 노벨평화상을 공동 수상했다. 왼쪽에서부터 라빈, 클린턴, 아라파트.

국제적으로 인정받는 기구로 승격시킨 중요한 역할을 했다. 비록 테러를 배후에서 지휘하고, 그의 부인이 사치스러운 생활을 했다는 이유로 비난을 받기도 했지만, 아라파트는 1993년 이스라엘과 협정을 이끌고 자치 정부를 수립하면서 1994년 라빈 이스라엘 총리와 함께 노벨평화상을 공동 수상했다. 그는 PLO의 상징적 인물이지만, 팔레스타인 내부의 강경파로부터 이스라엘과 야합했다는 비판을 받기도 했다.

팔레스타인은 한반도와도 인연을 맺고 있다. 1970년대 초까지만 해도 한국 정부는 PLO가 북한으로부터 게릴라 훈련 및 비밀 자금 지원을 받는 적대 국가라고 파악했다. 북한은 이미 1966년부터 PLO와 외교 관계를 맺고 있었다. 반미를 내세운 북한의 입장에서 볼 때, 미국 정부와 금융계에 강한 영향력을 행사하던 유대계 이스라엘에 대적하는 PLO가 자신의 '친구'가 될 수 있다고 판단했던 것이다.

그런데 1970년대 중반 이후 박정희 정부가 PLO와 관계 개선에 나서기 시작했다. 건설업의 적극적 중동 진출과 함께, 1971년 주한 미군 1개 사단 철군 이후 본격화된 한미 간의 갈등으로 인해 한국 정부는 제3세계에 대한 적극적 진출을 모색했고, 이에 따라 PLO와 관계 개선에 나선 것이다. 1979년에는 박동진 외무장관이 쿠웨이트를 방문한 자리에서 PLO가 팔레스타인의 유일 합법 대표권을 갖고 있으며, 이스라엘의 점령지 철수 및 팔레스타인의 권리 회복에 찬성하는 방안에 대해 지지를 표하기도 했다.

북한은 1982년 팔레스타인에 파병을 제안하기도 했고, 1990년 5월에는 김일성이 평양을 방문한 아라파트와 회담을 갖기도 했다. 그러나 아라파트는 1999년과 2000년 클린턴 미국 대통령이 북한 방문을 추진할 때, 중동과 좀 더 적극적인 협상을 이끌어내고자 그의 북한 방문을 만류했다는 후문도 있다.

한반도와 팔레스타인의 상황에 주목할 때 무엇보다 중요하게 파악할 사실은 두 지역 모두 60여 년이 넘도록 전쟁을 끝내지 못하고 있다는 점이다. 남북한은 1953년 정전협정을 통해 한국전쟁의 막을 내리고자 했으며, 팔레스타인은 이스라엘과 수차례에 걸친 협상을 통해 분쟁을 끝내고자 했다. 그러나 1940년대 말부터 현재까지 두 지역에서 갈등은 끝나지 않고 있다. 한반도와 팔레스타인은 현재 전 세계에서 가장 오랜 기간 전쟁을 지속하고 있는 지역인 셈이다. 세계적 차원에서 냉전이 끝났다고는 하지만, 한반도에서 냉전과 팔레스타인 지역에서 열전은 아직도 현재진행형이다.

전쟁은 가장 고도의 정치적 행위라고 한다. 아마 피도 눈물도 없는 사람이 내린 정의라고 생각되긴 하지만, 이 정의의 진정한 의미는 정치적으로 완전한 타협이 이루어지기 전까지는 전쟁이 끝나지 않았음을 강조하는 말이 아닐까? 한반도에서도 팔레스타인에서도 정치적 합의는 이루어지지 않았다. 그리고 계속되는 전쟁은 정치적으로 이용되고 있는 반면, 보통 사람들은 끊임없이 피해를 입고 있다. 자신도 모르는 사이에.

## 10년간 지속된 문화대혁명
중국을 혼란과 파괴 속에 몰아넣다

1952 부산정치파동

1956 제3대 정부통령 선거

1964 팔레스타인해방기구 조직

1966 문화대혁명

1973 개정된 '가정의례준칙' 발표

1966년 5월 16일 중화인민공화국에서 문화대혁명이 시작되었다. 문화대혁명의 공식 명칭은 '프롤레타리아 계급 문화대혁명'으로, 1966년부터 1976년까지 장장 10년 동안 중국 전체를 혼돈 속으로 몰아넣었다. 이 운동은 마오쩌둥의 제창으로 시작되었다. 그는 혁명이 실행된 지 15년이 지났지만 아직도 부르주아 계급이 문화적 헤게모니를 장악하고 있다면서, 이를 제거해야 한다고 주장했다.

마오쩌둥이 문화대혁명을 시작한 데는 몇 가지 이유가 있었다. 먼저 1953년 스탈린이 사망하자 소련에서 전개된 스탈린 격하운동으로 마오쩌둥은 적잖은 충격을 받았다. 스탈린과 동일한 지위를 누리고 있던 마오쩌둥은 소련의 새로운 경향에 민감하게 반응할 수밖에 없었다. 마오쩌둥은 소련을 수정주의라고 규정하면서, 소련의 영향을 차단하기 위해서는 대중적인 사상운동이 필요하다고 생각했다.

소련과의 관계보다 더 직접적인 원인이 된 것은 마오쩌둥 자신이 주도한 대약진운동의 실패였다. 마오쩌둥은 노동력의 동원을 통해 생산력을 증대하고, 이를 통해 공산주의로 이행을 가속화하겠다는 목표 아래 1958년 대약진운동을 시작했다. 중국 공산당은 마오쩌둥의 주도하에 농촌에서 집단 동원을 하고자 인민공사를 설립하고, 광산과 공업 분야에서도 대규모의 노동력 동원을 추진했다. 그러나 그 결과는 참담한 실패였다. 강제적인 노동력 동원은 결코 생산력 증대로 이어지지 못했다. 그럼에도 중국 정부는 대약진운동의 실패를 인정하지 않고 무리하게 곡물 수출을 계속하는 과정에서 기근이 발생했고, 이로 인해 약 2,000만 명의 아사자가 발생했다.

결국 마오쩌둥은 1959년 중국 공산당 중앙위원회에서 국방부장 펑더화이彭德懷의 비판을 받고 권좌에서 물러났다. 마오쩌둥은 자신의 과오를 부분적으로만 인정했지만, 국가주석직을 사임할 수밖에 없었다. 마오쩌둥이 상하이로 물러난 뒤 실권을 잡은 류샤오치劉少奇와 덩샤오핑은 새로운 개혁을 통해 대중적인 지지를 확대해 나갔다.

위기를 느낀 마오쩌둥은 1963년 '공산주의 교육운동'을 주창했고, 이를 통해 자신의 지지 세력인 '홍위병'을 양성할 수 있는 기반을 만들었다. 그리고 마오쩌둥의 부인인 장칭江靑이 〈해서파관海瑞罷官〉(해서가 파면되다)이라는 희곡에 대해 비판하면서 문화대혁명이 본격적으로 시작되었다. 마오쩌둥이 한국전쟁의 영웅이었던 펑더화이를 파면한 것을 풍자한 연극이 바로 〈해서판관〉이라는 것이었다. 이후 마오쩌둥의 모든 저작과 말은 곧 지켜야만 하는 법이 되고, 그의 정책에 대해 조금이라도 반대하거나 비판하는 사람들은 모두 '우파' 또는 '반당 분자'로 고발되었다. 여기에서 '우파'는 실질적으로 대약진운동 사업을 비판했던 류샤오치와 덩샤오핑을 겨냥한 것이었다. 류샤오치는 유배되었다가 사망했고, 덩샤오핑은 재교육 과정을 거쳐 공장 노동자로 일해야 했다. 이후 중국 전역에서 지식인들과 문화인들에 대한 대대적인 숙청이 진행되었다.

위 : 문화대혁명은 중국의 전통문화를 없애고 사람들에게 억지로 무신론 사상을 주입하였다. 이 사진은 1966년 11월 23일 조반파造反派(반대에도 이유가 있다는 홍위병을 뜻함)가 공묘孔廟(공자를 모신 사당)의 물건을 불 지르는 모습이다.
아래 왼쪽 : 문화대혁명 포스터. "낡은 세계를 타파하고 새로운 세상을 만들자"라는 문구가 보인다.
아래 오른쪽 : 마오쩌둥의 공산주의 교육운동은 학교에 다니는 어린 학생들을 대상으로 전개되었는데, 몇 년 뒤 이 학생들은 마오쩌둥이 주된 지지 세력인 홍위병으로 자라났다.

5월 : 잔인한 5월 | 159

문화대혁명은 홍위병의 적극적인 지지 위에서 시작되어 노동자, 농민, 병사들이 참여하는 전국적 규모의 대중운동으로 확산되었다. 문화대혁명은 네 개의 낡은 것, 즉 낡은 사상, 낡은 문화, 낡은 풍속, 낡은 관습을 척결하는 것을 목표로 했다. 이 때문에 이 기간 동안 중국의 오래된 유물들이 홍위병들에 의해 대거 망실되었다. 낡은 것들 가운데는 종교도 포함되었으므로 이 시기에 절, 서원, 교회, 수도원 등이 모두 약탈과 파괴의 대상이 되었다. 문화대혁명이 시작된 뒤 3개월 동안 베이징에서 1,700명이 넘게 살해되고, 상하이에서는 700명이 자살하고 500여 명이 살해되었다. 그러나 중국 정부는 홍위병들의 무자비한 폭력을 막지 않았다. 1968년 12월부터는 상산하향上山下鄕운동(산으로 올라가고 고향으로 내려가자는 운동)을 전개하여 많은 지식인으로 하여금 농촌으로 내려가 육체노동에 종사하도록 했다. 문화대혁명은 진시황 때와 같이 지식과 문화의 발전을 철저하게 통제했던 것이다.

마오쩌둥의 건강이 악화되면서 1973년부터 그의 부인을 중심으로 한 4인방(장칭, 야오원위안, 왕훙원, 장춘차오)이 권력을 장악했다. 이들은 모든 권력을 장악하고자 했지만, 대중의 신임을 받고 있던 저우언라이周恩來의 사망과 덩샤오핑의 재등장으로 실패하고 말았다. 특히 1976년 9월 9일 마오쩌둥의 사망은 4인방의 몰락과 함께 문화대혁명의 종말로 이어졌다.

문화대혁명은 중국의 역사를 10년 이상 뒤로 돌려놓았다. 대약진운동의 실패 직후 류샤오치와 덩샤오핑이 추진한 개혁이 모두 중지되었고, 수천 년 동안 간직해온 문화유산과 유적은 망가지거나 폐허가 되었다. 그뿐 아니라 이 기간 동안 약 300만 명이 사망한 것으로 추정되고 있다. 비록 1972년 마오쩌둥이 닉슨과의 만남을 통해 국제사회에 문을 열 것 같은 태도를 보였지만, 결과적으로 중국의 개혁·개방은 덩샤오핑이 집권한 1978년 이후에 가서야 가능했다.

이렇게 문화대혁명이 중국에 커다란 상처를 남겼음에도 불구하고, 밖에서 바라보는 시각은 달랐다. 특히 베트남전쟁으로 인해 미국 중심의 자본주의 체제와 전쟁을 비판적으로 바라보았던 지식인들에게 문화대혁명은 하나의 모델이 되기도 했다. 이는 마치 1950년대 후반 미국이 인도에 적극적인 원조를 시작한 이유가 중국의 대약진운동이 성공했다고 판단했기 때문이었던 것과 같다. 대약진운동은 실패했지만, 정보가 차단된 상황에서 미국 정부는 중국 공산당의 선전을 그대로 믿을 수밖에 없었던 것이다. 문화대혁명은 파괴적 속성을 갖고 진행되었음에도, 밖에서 보는 사람들에게는 그것이 혁명으로 비쳤던 것이다. 역사에서는 '사실'도 중요하지만, 그 '사실'에 대한 '인식' 역시 그 못지않게 중요하다는 점을 보여준다.

# 처벌 조항이 추가된 가정의례준칙
## 국가의 가정의례 개입, 끝내 흐지부지

1952 부산정치파동
1956 제3대 정부통령 선거
1964 팔레스타인해방기구 조직
1966 문화대혁명
1973 개정된 '가정의례준칙' 발표

　1973년 5월 17일 '가정의례준칙'과 '가정의례에 관한 법률 시행 규칙'이 발표되었다. 이는 1969년 3월 5일 제정된 '가정의례준칙'을 개정한 것이다. 1969년의 '가정의례준칙'이 4개장 71개조로 혼례·상례·제례를 간소화하는 방안만을 상세하게 규정하고 있다면, 1973년의 개정안은 전체 조항을 24개조로 단순화하고 처벌 조항까지 담고 있다.

　특히 주목되는 것은 처벌 조항이다. 청첩장이나 부고장을 돌리거나 장식물의 진열 및 사용, 답례품의 증여, 굴건 착용, 만장 사용, 경조 기간 중 주류 및 음식물 접대 등의 행위에 대해 50만 원 이하의 벌금형에 처하도록 했다. 처벌하는 것이 법률과 규칙을 사회적으로 확산시키기 위해 가장 효율적인 방안이라고 판단했던 것이다.

　유신 정부는 '근대화'라는 명분을 내세워 문화와 관습, 그리고 생각까지도 위로부터의 강제를 통해 바꾸려고 했다. 이는 마치 일본과 독일의 군국주의가 수단에 지나지 않는 군사력을 국가의 주된 목표로 삼고, 국민 생활의 모든 행위를 전쟁과 그것의 준비에 집중하는 것과 크게 다르지 않다. 이 시기 한국에서 '조국 근대화'는 일종의 전쟁이었으며, 이를 수행하는 사람들은 '산업 전사'였다. 유신 시대를 살아온 사람들에게는 '산업 전사'가 결코 낯선 용어가 아니다. 유신이 선포된 직후 1973년 2월에 개정된 '경범죄처벌법' 역시 생활문화를 통제하고자 했던 속셈이 깔려 있었고, 가정의례준칙과 그 궤를 같이하는 정책이었다.

실상 당시 의례를 간소화하자는 사회적 요구가 없었던 것은 아니다. 복잡한 의식의 가정의례를 간소화함으로써 서민의 부담을 줄이고, 전통적인 의식을 사회적인 변화에 따라 적합한 형태로 바꾸어야 할 필요가 있었다. 또한 근대화 과정에서 빈부 격차가 커지면서 관혼상제의 의례도 부의 정도에 따라 그 내용과 형식에서 많은 차이가 나타났고, 이러한 차이는 사회적 위화감을 조성했다. 게다가 관혼상제에 따른 부조금이 직위를 이용한 부정부패의 수단이 되기도 했다.

그러나 가정의례준칙은 쉽게 정착되지 않았다. 1973년의 개정법에 처벌 조항을 덧붙인 명분은 이른바 '사회 지도층'의 허례허식이 끊이지 않는다는 점이었다. 정부는 1973년 이후 매년 강력한 단속 의지를 천명했고, 위반자 명단을 공개하기도 했다. 그러나 발표된 위반자 명단만으로는 그들이 누구인지를 알 수 없었고, 그래서 '사회 지도층'을 어떻게 규정할 것인가를 놓고 논란이 일기도 했다. 유신 체제 기간 동안 '사회 지도층 정화'라는 말이 지겹게 등장했다는 사실만으로도 가정의례준칙이 그다지 효과적으로 작동하지 않았음을 보여준다.

가정의례준칙이 쉬 정착하지 못한 데는 수백 년간 계속되어온 관습을 정부의 강제적인 정책으로 간소화하는 일이 쉽지 않았기 때문이다. 게다가 현실적이지 못한 규정도 문제가 되었다. 당시 가정의례준칙의 내용을 보면 약혼식은 '호적등본과 건강진단서를 첨부한 약혼서를 교환'하는 것으로 대신히고, 혼례식은 '가정'이나 '공회당'에서 하며 청첩장을 보내지 않는 것으로 규정했다.

현실에 맞지 않는 정부의 강권적 추진은 마치 일제 강점기 총독부의 정책을 재생해 놓은 것 같았다. 총독부는 몇 차례에 걸쳐 의례 개정을 추진하고, 1912년과 1934년 상례 및 혼례 절차의 개정을 시도한 바 있다. 굴건 대신 검은 양복에 완장을 차고 5일장을 치르는 장례 방식은 일제 강점기에 시작된 것이다. 일제 강점기에 시작되어 유신 시대까지 계속된 정부 주도의 강압적인 의례 간소화 정책은 사회적 동의 없이 강제적으로 시행됨으로써 제대로 정착하지 못했다.

많은 논란 끝에 가정의례준칙은 1997년 '건전 가정의례의 정착 및 지원에 관한 법률'과 '건전 가정의례준칙'으로 대체되었다. 관습에 대해 국가가 강제하는 것이 더 이상 효과적이지 못하다고 판단한 결과다. 하지만 대중매체를 통한 허례허식의 확산은 서민들로 하여금 심각한 소외감을 느끼게 하고 있다. 1980년대 이후 이혼 사유의 상당수가 혼수 문제로 발생했으며, 좋은 신랑감을 얻기 위해서는 '열쇠 3개'(아파트 열쇠, 자가용 열쇠, 사무실 열쇠)를 준비해야 한다는 풍문이 돌기도 했다. 그뿐 아니라 부조금이 뇌물의 통로 역할을 하는 풍토는 근절되지 않았으며, 호화 호텔에서 진행되는 결혼식 역시 '건전' 가정의례준칙을 비웃고 있다.

## 5월을 보내며

## 다시 인간으로 돌아가자

5월에 무슨 무슨 '날'이 많다 보니 '관계'에 대해 언급하지 않을 수 없다. '관계'는 개인 사이에만 있는 것이 아니다. 가족 사이에도 있고, 공동체 사이에도 있고, 지역 사이에도 있고, 국가 사이에도 있다. 그리고 인간 개개인과 그들을 둘러싼 가족, 공동체, 지역, 국가와의 관계도 있다. 모든 학문에는 인간과 인간을 둘러싼 환경 사이의 관계를 밝히려는 목적이 있다. 인문학이 이 관계를 인간의 생각과 행위를 통해 풀어내려고 했다면, 사회과학은 이른바 '과학'의 이름으로 이 관계들에서 나타나는 법칙을 찾아내고자 했다. 자연과학과 의학은 인간 자체와 인간을 둘러싼 환경을 밝히고자 했고, 공학은 환경을 인간에게 유리하게 바꾸기 위한 학문이다.

이렇게 모든 학문은 인간 및 인간을 둘러싼 환경에 대한 연구에서 시작되었기 때문에 원래 학문적 구분이 없었다. 그래서 고대의 철학자들은 수학의 영역을 넘나들었고, 다빈치는 과학자면서 동시에 화가였다. 자본주의 사상의 창시자인 애덤 스미스는 신학을 먼저 공부했다. 현대 학문의 관점에서 본다면 이들은 분과 학문의 영역을 넘나든 천재지만, 학문 본연의 목적에서 본다면 이들은 그저 해야 할 공부를 했을 뿐이다.

그런데 인간 사회가 복잡해지면서 인간을 좀 더 잘 분석하기 위해서는 불가피하게 학문의 분야를 나누어야 했다. 근대 학문의 체계는 여기에서 시작되었다. 근대 이후 대학 체제의 변화는 이를 잘 보여준다. 문과와 이과가 나뉘었고, 인간의 생활을 윤택하게 하기 위해 의학이나 법학, 경영학 같은 전문 분야도 나타났다. 기초 학문을 묶어 놓았던 문리대학도 인문대학, 사회과학대학, 자연과학대학으로 나뉘었으며, 각 단과대학 안에서는 다시 세밀한 분야의 학과들이 나타났다. 이제 더 이상 의술에 능한 철학자나 예술에 능한 과학자를 찾기가 쉽지 않다. 혹 예술을 하는 과학자가 나타나면 언론의 주목을 받는 세상이 되었다. 과거에는 너무나 당연했는데……

문제는 이렇게 학문 분야가 나뉘자 두 가지 편향이 나타나기 시작했다는 점이다. 하나는 각 학문 분야가 절대화되면서, 그 분야에만 뛰어난 학자들이 인정받기 시작했다는 점이다. 이들은 자신의 학문 분야에서 전문가로 자리 잡았고, 전문가로서 해당 학문 분야의 벽을 높이 쌓았다. 더 이상 다른 분야에서 건드릴 수 없는 언터처블untouchable이 되었다.

더 심각한 문제는 모든 학문 분야가 '과학'을 표방하기 시작했다는 점이다. 과학은 근대 학문의 꽃이다. 과거 신화가 자리하던 곳에 과학이 들어섰다. 이제는 과학만이 근대적 이성을 대표하게 되었다. 인간이 모여 사는 사회에 대한 분석은 '사회과학'의 이름으로 연구되고, 인간으로 구성된 가족을 분석하는 학문은 '가정학'에서 '생활과학'이 되었다. 어쩌면 얼마 뒤에는 인문학도 '인문과학'이 될지 모른다. '과학'이 없다면 모든 학문의 객관성이 검증되지 않는 세상이 되었다.

물론 인간을 분석할 때 과학은 중요한 역할을 한다. 인간의 몸뿐만 아니라 행동, 그리고 인간을 둘러싼 환경 속에서 공통점을 찾을 수 있기 때문이다. 이러한 공통점은 현재와 미래의 인간을 분석하는 데 유용한 도구가 된다. 과학적 연구 방법을 통해 수많은 위대한 사회과학자가 배출되었고, 이들은 제각기 인간 사회를 분석할 수 있는 일정한 법칙을 제시하고자 했다. 그리고 그 법칙들은 대부분 '과학'의 내용과 방법으로 채워졌다. 자본주의를 분석한 『자본론』은 그 대표적인 경우다.

그런데 이제는 그러한 학문 방법이 극단으로 가고 있다. 사회를 분석하는 방법이 '수학'으로 채워지고 있는 것이다. 이 현상이 가장 잘 드러나는 것이 경제학이다. 오직 수학으로만 설명하려는 이 방법은 이제 전체 사회과학으로 퍼져가고 있으며, 심지어 인문학 분야에도 도입되고 있다. 최근의 역사학, 언어학, 그리고 철학의 방법론에도 계량경제학(econo-metrics)이 도입되고 있으니 말이다.

정확한 답을 이끌어낸다는 장점도 있으므로 수학적 방법을 도입하는 것이 잘못되었다고는 할 수 없다. 그러나 인간이나 인간의 행동에 의해 만들어지는 주변 환경이 단지 수학만으로 정확히 분석될 수 없다는 점이 문제다. 왜냐하면 인간 그 자체는 말할 것도 없고 인간이 살고 있는 곳에는 너무나 많은 변수가 있기 때문이다.

핵심은 그 다양한 '변수'가 주변 환경이 아니라 인간 자체로부터 발생한다는 점이다. 근대 사회과학은 '변수'를 따지지 않은 채 '인간이 합리적'이라는 명제를 절대화했다. 그러나 인간은 절대 합리적이지 않다. 어느 순간에 인간은 누구나 쉽게 반문하곤 한다. '내가 왜 그랬을까?' 이유는 간단하다. 합리적이지 않기 때문이다. 요컨대 합리적인 사람으로 바뀌어야 한다는 말이 아니라, 본성 자체가 합리적이지 않기 때문에, 불합리한 행동을 했다면 그것은 인간이 지닌 본연의 모습을 보여주었을 뿐이라는 말이다.

똑같은 품질의 제품을 놔두고 10배 이상 비싼 명품을 사는 것은 무엇 때문인가? 굉장히 더운 날에도 외투를 벗지 않는 것은 왜일까? 반드시 해야 하는 일이 있음에도 불구하고 '귀차니즘'에 빠지게 되는 것은 왜일까? 도대체

인간들은 왜 자신을 도와주었던 다른 인간의 뒤통수를 치는 것일까? 가까이 있는 사람과의 관계가 멀리 있는 사람보다 더 어려운 것은 왜일까? 역시 이유는 간단하다. 인간이기 때문에 그렇다.

포스트 모던은 모던(근대)을 넘어서, 또는 모던과는 다른 어떤 것을 추구하는 것처럼 보이지만, 실상 그것은 모던이 잃어버린 근본적인 좌표를 다시 찾아가자는 것이다. 근대의 이름 아래 전개되고 근대의 이름으로 합리화되고 있는 과학적 방법의 분석을 다시 '인간' 본연의 문제로 되돌리자는 것이다. 결국 이러한 문제의식은 점차 인문학과 사회과학, 그리고 자연과학의 융합을 통한 인문학적 문제의식의 확산으로 귀일한다. 이것은 학문 간의 벽을 넘어서 더 높은 차원의 학문으로 나아가는 것이 아니라, 학문 본연의 목표로 나아가는 것이다.

인간 사이의 관계뿐만 아니라 가족 간, 공동체 간, 지역 간, 그리고 국가 간의 관계 역시 인간이 살아가는 영역에서 그 분석 방법과 이론을 찾아야 한다. 패러다임의 전환이 필요한 것이다. 이러한 패러다임의 전환은 근대 자본주의 사회가 한계에 부딪히고 있다는 사실에서도 그 필요성이 절실히 요구된다. 보이지 않는 손에 의한 시장과 자본의 무정부주의적 팽창이 인간의 생활 영역인 가족, 공동체, 지역, 국가를 파괴하고 있는 것이다. 그 영역에 살고 있는 인간들이 인간답게 살지 못하는 것은, 결국 사회를 분석하는 패러다임뿐만 아니라 사회가 운영되는 패러다임이 인간보다는 이른바 '과학'으로 위장된 현실을 합리화하는 틀 속에서 이루어지기 때문이다.

이제 인간과 인간관계의 문제로 다시 눈을 돌려야 한다. 학문 분야 사이의 벽을 낮추어야 한다. '과학'에 갇혀 살았던 세상과는 다른 세상에 살고 있는 새로운 세대에게 시대에 맞는 새로운 인간 분석의 방법을 열어주어야 한다. '과학'을 무시하자는 말이 아니다. 인간이 성취한 과학의 성과 위에서 잃어버렸던 학문의 본성을 되찾자는 것이다.

　자신을 대통령으로 만들어준 이범석을 내치고, 자신이 임명했던 농림부 장관을 공산주의자라는 이유로 처형하고, 자신이 미국에 넘겨준 군대의 작전통제권을 스스로 거둬들였던 이승만의 행동을 어떻게 과학으로 설명할 수 있겠는가? 한편으로는 자주와 자존을 주장하면서, 다른 한편으로는 미국과 손잡기 위해 클린턴 대통령의 북한 방문을 만류한 아라파트를 어떻게 이해할 수 있겠는가?

　그런데 이보다 더 중요한 사실은 이러한 인간의 본성이 인간 사회의 진보와 발전을 이끌고 있다는 점이다. 가정의례준칙은 허례허식을 버리고 자기 분수에 맞게 살 것을 강요했다. 그러나 인간은 그러한 강요를 싫어한다. 과거로부터 해왔던 대로 살아가려고 한다. 한국에서 전근대사회는 물론이고 근대사회에서도 '경제성장'이나 '국가 안보'라는 이름 아래 인간의 자유와 권리가 제한되었다. 그러나 인간은 그것을 참지 못했다. 통제를 거스르는 행동이 자신에게 불이익을 입힐 것이라는 사실을 잘 알면서도 분연히 들고일어났다. 바로 그 본성이 현대사회의 진화를 이끌어가고 있는 것이다.

# 6월
## 무언가 불안한 6월

오키나와 전투
중앙은행으로서의 한국은행 출범
남한 침략에 합의한 김일성과 스탈린
한일협정 반대 격화, 6·3사태
피격퍼 제안, 6·23선언

**6월을 보내며** : 오판과 오산이 부른 비극

6월은 여름의 시작을 알린다. 습하고 무더운 한국식 여름의 맛을 조금씩 느낄 수 있다. 한국의 여름은 습하기로 유명하다. 한국보다 기온이 더 올라가는 매우 더운 나라에서도 그늘에만 들어가면 시원한 지역들이 많다. 습기가 없기 때문이다.

우리 조상들은 어떻게 이 더위를 보냈을까? 과거 양반들이 살던 한옥집에 가 보면 위로 들어 올릴 수 있도록 만든 문을 볼 수 있다. 방문을 천장까지 들어 올리면 바람이 잘 통해서 습하고 무더운 여름을 보낼 수 있는 구조이다.

그러나 6월이 완전한 여름은 아니다. 아직은 본격적인 무더위가 시작되지 않았다. 아침저녁으로는 선선함이 느껴지고, 장마 전까지는 습도도 그리 높지 않다. 날씨가 변화무쌍하다. 완전히 여름이 온 것 같다가도 때로는 봄 같은 날도 느낄 수 있다. 아직은 봄 점퍼를 집어넣으면 안 된다. 게다가 6월 말부

무언가
불안한 6월

터 장마의 조짐이 보이기 시작한다. 남쪽으로부터 올라오는 장마전선은 7월 중순까지 한반도에 머물기도 한다. 장마라고 하면 줄곧 내리는 비가 연상되지만, 마른장마도 있다. 비는 오지 않는데, 날은 흐리고 습도는 높다.

그래서 6월의 날씨는 항상 예측 불가능하다. 여름이 온 것 같은데 완전한 여름이 아니고, 무더위가 오다가 장마가 온다. 이러한 불안정한 날씨는 불안감을 고조하곤 한다. 한국사 사건 중 세계적으로 가장 널리 알려진 역사이자, 가장 큰 불행한 역사로 기억되는 6·25전쟁은 바로 이런 6월에 시작되었다. 아마도 전 세계의 역사책에서 예외 없이 나오는 한반도 관련 역사가 있다면, 그 하나가 러일전쟁이고, 다른 하나가 6·25 즉 한국전쟁일 것이다. 6·25가 한반도에서 벌어진 유일한 전쟁이 아님에도 불구하고, '한국전쟁(Korean War)'이라는 고유명사로 불리는 것도 이 때문일 것이다.

6월에는 큰 사건들이 적지 않다. 1987년 6월 민주화 항쟁은 그 대표적인 사건이다. 6월 항쟁과 6·29선언은 민주주의의 승리라고는 하지만, 승리를 얻는 순간 사람들은 불안했다. 야당의 지도자들인 양 김씨(김영삼과 김대중)가 과연 단일화를 통해 승리의 성과를 이어갈 수 있을지에 대한 불안감에 휩싸인 것이다. 그리고 그 불안감은 그해 12월의 대통령 선거로 현실화되었다.

또 다른 불안은 정전 체제의 불안정으로부터 왔다. 1999년과 2002년 6월 서해교전이 일어난 것이다. 6월만 되면 '호국의 달'이라고 해서 사람들의 마음을 무겁게 하는데, 남과 북 사이에 실질적 교전이 일어나고 말았다. 긴급 속보를 통해 서해교전의 발생을 바라보는 시민들은 무엇을 느꼈을까? 이러다 또 전쟁이 일어나는 것은 아닐까? 시민들의 마음은 더욱 무거워졌을 것이다.

1973년의 6·23선언도 시민들의 마음을 무겁게 했다. 이 선언은 미·중·러·일의 남북한 교차 승인이 추진되는 시기에 나왔다. 미국은 데탕트하에서 남북한 교차 승인을 통해 한반도의 긴장을 완화하고, 이를 통해 동북아시아에 주둔하고 있는 미군의 규모를 줄이려 했다. 6·23선언은 남북한이 유엔에 동시에, 그러나 서로 다른 국가로 가입하자는 것을 핵심 내용으로 했다. 이는 통일을 바라는 시민들을 불안하게 만들었다. 분단이 고착화될 수도 있기 때문이다. 게다가 당시 한국 사회는 유신에 꽁꽁 묶여 있었고, 1973년 초 베트남에서 한국군이 철군하면서 베트남이 곧 공산화될 것이라는 불안감이 사회 전체에 번지고 있었다.

그렇다고 6월에 꼭 불길한 일만 있었던 것은 아니다. 2000년의 6·15선언은 반세기가 넘는 분단의 벽을 정면으로 돌파했다. 1990년 독일 통일 이후 서독이 지불한 '통일 비용'에 대해 알게 되고 1997년의 외환 위기를 거치면서, '통일'에 대한 시민들의 반응에도 변화가 있었다. 그 때문인지 6·15남북정상회담에 대한 사회적 반응이 과거에 비해 상대적으로 뜨겁지 않았다. 1972년 7·4남북공동성명, 1985년 남북 적십자사의 상호 방문, 그리고 1991년의 남북기본합의서가 가져온 사회적 반응과 비교해보라. 그러나 6·15선언은 남과 북의 최고 지도자가 직접 만나서 합의한 것이며, 두 정상의 만남에 대해 세계적 반응도 뜨거웠다. 그리고 마침내 이 선언이 계기가 되어 한국에서 처음으로 노벨상 수상자가 나왔다. 1999년에 비해 2002년의 서해교전에 대해 시민들이 그다지 불안해 하지 않았던 것도 결국 6·15선언의 영향이 크지 않았을까?

# 오키나와 전투
## 교과서 왜곡과 미군 기지 문제

1945
오키나와 전투

1950
한국은행 출범
한국전쟁 발발

1964
6·3사태

1973
6·23선언

제2차 세계대전에서 미국이 일본 점령을 위한 최후의 전투로 삼은 오키나와 전투가 1945년 6월 23일 미국의 승리로 막을 내렸다. 미군은 오키나와를 점령하고, 여기에 일본 본토 점령을 위한 사령부를 설치하고자 했다. 일본 본토에서 가까운 오키나와에 공군기지를 설치할 경우 일본을 공격할 수 있는 폭격기들이 좀 더 수월하게 출격할 수 있기 때문이었다.

당시에는 폭격기의 비행 거리가 짧았기 때문에 가까운 공군기지 없이는 폭격을 수행하기 어려웠다. 태평양전쟁 말기에 가장 많이 사용된 폭격기가 B-29였는데, 유럽에서 사용된 B-17은 항공모함에서 발진이 가능했지만 B-29는 60톤에 달했으므로 항공모함에서 발진시키기 어려웠다. 중국 청두나 괌에서 발진할 수도 있지만, 거리상으로 너무 멀었다. 따라서 미국은 일본 본토 상륙을 위한 전초기지로서 오키나와가 필요했다.

이러한 상황을 잘 아는 일본은 무슨 수를 써서라도 오키나와를 뺏기지 않으려고 저항했다. 이 때문에 오키나와에서는 3개월간 피의 전투가 계속되었다. 이 전투로 일본 측 사망자와 행방불명자는 188,136명에 이르렀으며,

가미카제 특공대에 공격당한 USS 벙커힐

이 중 오키나와 출신이 122,228명이었다. 또한 이 전투로 인한 민간인 사망자도 94,000명에 달했다. 미군 역시 사망자와 행방불명자가 12,520명, 부상자가 72,000명으로 피해가 적지 않았다.

미군의 본토 상륙을 저지하기 위해서 일본은 전투기를 이용한 자살 특공대인 가미카제뿐만 아니라 인간 어뢰라고 하는 가이텐 특공대까지 조직했다. 천안함 사건 보도 초기에 추측성 기사로 나와 논란을 불러일으킨, 이른바 인간 어뢰의 기원이라고 할까?

그런데 최근 일본에서 오키나와 전투를 둘러싸고 논란이 벌어졌다. 2007년 가을 오키나와에서 주민 10만여 명이 참여한 가운데 일본 역사 교과서 왜곡을 비판하는 대규모 시위가 열린 것이다. 이 시위에는 1995년 미 해병의 여학생 성추행 사건에 대한 항의 시위 때보다도 더 많은 사람이 모였다. 이렇게 대규모 시위가 열린 것은 2007년 3월에 발표된 문부과학성의 교과서

미군 잠수함의 어뢰에 맞아 대폭발을 일으키며 침몰하는 일본의 야마토함

수정 의견 때문이었다. 즉, 고등학교 역사 교과서에 오키나와에서 벌어진 '집단 자결'이 일본군의 명령·강제에 의한 것으로 서술되어 있는데, 문부과학성은 이를 삭제 또는 수정하라는 의견을 냈던 것이다(『경향신문』 2007. 10. 1).

집단 자결은 1945년 오키나와 전투에서 미군의 공격이 압박해오자 주민과 가족들이 서로를 죽이면서 발생했다. 당시 생존자들에 따르면 주민들이 동굴 등의 은신처에서 일본군으로부터 받은 수류탄을 터뜨려 자결하거나 서로 목 졸라 살해했는데, 이는 모두 일본군의 명령과 강제에 따른 것이었다. 그런데 일본 정부가 이 내용을 교과서에서 삭제하자는 의견을 내놓은 것이다. 이는 곧 집단 자결에 일본군의 명령과 강제가 없었다는 것을 주장하려는 속셈이었다. 내용의 진위 여부도 중요했지만, 정부의 역사 서술 개입 시도도 큰 반향을 불러일으켰다. 이 문제는 아직도 완전히 해결되지 않은 채 일본 사회에서 논란이 계속되고 있다.

한국 사회 또한 일본과 마찬가지로 사회의 모든 분야에 정부가 개입하는 것에 익숙해져 있다. 그러나 정부의 개입이 필요하고 효율적인 분야가 있는가 하면, 정부의 개입이 오히려 사회적 통합을 해치는 경우도 적지 않다. 역사 인식이나 서술과 같은 학술적 분야에 대한 정부의 개입은 역사 인식의 객관성을 침해할 가능성이 더 크다. 역사에 대한 정치적 개입이 크면 클수록 학생들은 역사의 흥미를 잃는다. 일본과 유사한 교과서 검정 시스템을 갖고 있는 우리에게 오키나와 주민들의 반발은 결코 남의 일이 아니다.

오키나와와 관련하여 또 하나 주목할 점은 미군 기지의 문제다. 오키나와는 동아시아 지역에서 한국과 마찬가지로 미군 기지가 있는 지역이다. 이 지역에서는 미군의 범죄 문제가 끊임없이 사회적 문제로 대두되고 있다. 그런데 미국의 동아시아 전략에 변화가 있을 때마다 한국 정부는 오키나와의 미군 기지를 제주도로 이전할 것을 미국 정부에 제안하고 있다. 1960년대 말 미국이 오키나와를 일본에 반환할 때, 한국 정부는 닉슨 행정부에게 미군 기지의 이전을 제안한 바 있다(『제민일보』 2005. 8. 27).

오키나와의 미군 기지가 제주도로 이전된다면 한국의 안보에 큰 도움이 될 것은 분명하다. 그러나 다음과 같은 몇 가지 문제에 확실한 답을 해주어야 한다. 중국이 위기를 느낄 때 가장 먼저 겨냥할 곳은 어디일까? 평화의 섬, 관광의 섬으로 중국인 관광객 특수를 누리고 있는 제주도가 미군 기지가 이전된 뒤에도 그런 역할을 할 수 있을까? 미군 기지가 들어섬으로써 발생할 새로운 형태의 범죄 문제에 대해서는 어떻게 대처할 것인가? 미국 정부가 지속적으로 주장하고 있는 주둔비 부담의 증가 문제는 어떻게 해결할 것인가? 군사 안보의 관점에서만 접근할 것이 아니라, 좀 더 큰 그림을 그리면서 외교 관계를 풀어갔으면 좋겠다.

# 중앙은행으로서의 한국은행 출범
## 독립적인 중앙은행의 필요성

1945
오키나와 전투

1950
한국은행 출범
한국전쟁 발발

1964
6·3사태

1973
6·23선언

성리학 연구 분야에서 세계적으로 유명한 투웨이밍杜維明 하버드대학 교수는 한국에 부러운 것이 하나 있다고 털어놓았다. 한국 지폐에 그려진 인물이 모두 학자라는 것이다. 어느 나라든 화폐에 등장하는 초상화는 대체로 독립이나 건국의 영웅이 차지하고 있는데, 한국의 경우에는 거의 학자로 채워져 있으며, 그나마 유일한 정치인인 만 원권의 세종대왕 역시 한국인들에게 군주의 이미지보다는 한글을 창제한 학자의 이미지가 강하다는 것이다. 중국의 화폐에는 마오쩌둥이, 북한의 지폐에는 김일성이 그려져 있다. 미국의 지폐에는 독립전쟁의 영웅들, 영연방 국가의 지폐에는 여왕의 얼굴이 그려져 있다.

그런데 우리도 처음부터 지폐에 학자를 그려 넣지는 않았다. 전쟁 중에 발행된 첫 지폐인 1000원권에는 이승만 대통령이, 100원권에는 광화문이 그려져 있다. 1952년 10월 10일에 새로 발행된 500원권 지폐의 앞면에도 이승만 대통령이, 뒷면에는 탑골공원이 그려져 있다. 투웨이밍 교수가 대한민국 정부 수립 직후에 발행된 한국의 지폐를 보았다면, 그리 부러워하지 않았을

1950년 7월 22일에 발행된 천 원권과 백 원권 지폐. 한국은행 최초의 발행 지폐인 천 원권 앞면에는 이승만의 초상이 그려져 있었다.

것 같다.

사실 처음 지폐를 발행할 때는 지폐의 도안을 깊이 생각할 여유가 없었다. 일제 강점기의 조선은행을 중앙은행인 한국은행으로 개편한 것이 1950년 6월 12일이고, 13일 뒤에 전쟁이 터졌으니 말이다. 전쟁으로 인해 한국은행은 그 창립 목적인 건전 통화의 유지와 정치적 중립성 보장이라는 중앙은행 고유의 정책 자체를 실행할 수 없었다.

특히 문제가 된 것은 유엔 대여금이었다. 유엔군은 전쟁에 필요한 돈을 한국 정부에서 대여했다. 전쟁 기간 중 군인들이 사용할 돈을 지급하기 위해서다. 한국의 시장에서는 달러를 사용할 수 있지만, 영국의 파운드나 태국의 바트를 쓸 수는 없었다. 게다가 당시에는 신용카드도 없었다. 그렇다면 한국 정부가 유엔군에게 돈을 빌려줄 수 있는 방법은 지폐를 새로 찍어내는 수밖에 없다. 이렇게 돈을 찍어내다 보니 통화량이 증가했고, 그 결과 한국은행은 인플레이션을 막거나 안정된 환율을 유지하는 역할을 할 수 없었다.

그나마 한국은행의 주요 업무 중 하나인 외환 관리마저 1961년 이후 재무부로 넘어가면서 그 역할은 더욱 축소되었다. 이로 인해 한국은행은 1997년의 외환 위기까지 중앙은행으로서 역할을 제대로 하지 못했다. 한국은행뿐 아니라 나머지 은행들도 모두 국유화 또는 공유화되어 있는 상황에서 한국은행만 특별하게 중앙은행으로서의 역할을 할 필요도 없었다.

따라서 외부에서 볼 때 한국은행은 가장 큰 은행이며, 좋은 직장이고, 기념주화를 발행하는 은행에 지나지 않았다. 1997년까지 발행된 다양한 기념주화는 한국은행의 정치성을 나타내는 상징적 증거였다. 1970년 반만년 역사 기념주화를 시작으로, 1978년 세계사격선수권대회 기념주화, 1981년 5공화국 수립 기념주화, 1982년과 1983년 2차에 걸친 올림픽 유치 기념주화 등의 발행은 민주화 이전에 정부가 요구하는 대로 남발했던 서울대학교의 명예박사학위와 비슷하게 오히려 '기념'의 가치를 떨어뜨렸다.

1980년대 후반 한국은행법을 개정하여 정부로부터 독립을 되찾고자 하는 논의가 있었지만, 1997년 금융 위기라는 극약 처방을 받고서야 중립적인 중앙은행의 역할을 할 수 있도록 한국은행법이 개정되었다. 이에 따라 금융통화위원회가 다시 설치되었으며, 여기에는 정부 내 경제 부처 장관의 참여를 배제시켰다. 중앙은행이 정부의 경제정책에 보조를 맞추는 일도 필요하지만, 더 중요한 것은 성장을 추진하기 마련인 정부의 경제정책을 견제함으로써 더 이상 심각한 경제 위기를 겪지 않도록 보수적인 시장 안정 정책을 추진하는 일이다. 민주주의의 상징은 '투명성'과 '견제'인데, 이를 실행할 수 있는 경제 대통령이 필요하지 않을까?

그래서 한국은행장과 금융통화위원회 위원에는 대통령이나 경제 부처 장관과 가까운 인물이 임명되어서는 안 된다. 경제에 관한 큰 그림을 갖고 안정적인 경제체제를 유지할 수 있는 혜안을 지닌 인물이 임명되어야 한다. 그럴 때라야 중앙은행으로서 한국은행이 제 역할을 할 수 있다.

# 남한 침략에 합의한 김일성과 스탈린
## 지도자의 오판과 오산이 부른 한국전쟁

1945 오키나와 전투

1950 한국은행 출범
한국전쟁 발발

1964 6·3사태

1973 6·23선언

    1950년 3월 말 김일성이 부수상 겸 외상인 박헌영과 함께 소련을 방문하여 스탈린을 만났다. 이 자리에서 김일성은 전쟁을 통해 한반도 전역으로 영향력을 확대하겠다는 의사를 밝혔고, 스탈린은 이를 허가했다. 스탈린은 단순한 허가뿐만 아니라 옹진 지역에서부터 전쟁을 확대해 나가는 방안을 제시하기도 했다.

    1949년 봄 김일성과 만났을 때는 전쟁에 반대했던 스탈린이 왜 1년 만에 자신의 주장을 바꾸었을까? 스탈린과 김일성의 대화록을 통해 보면, 먼저 1949년 6월 주한 미군 철수가 중요한 요인으로 작용했다. 1949년 스탈린은 북한 군대가 충분히 강하지 않으며, 주한 미군이 남쪽에 주둔하고 있다는 이유를 들어 전쟁에 반대했다. 그러나 1949년 6월 말 주한 미군이 철수했다.

    또 다른 요인은 소련의 핵무기 개발과 중국의 공산혁명에 따른 자신감이었다. 스탈린은 미국 내에서 외부의 일에 개입하지 말자는 분위기가 확산되고 있다고 말했는데, 김일성 역시 그렇게 보고 있었다. 스탈린은 소련이 원자탄을 개발한 이상 미국이 전쟁을 하더라도 소련으로부터 핵무기 보복을

1949년 3월 모스크바에 도착하여 도착 성명을 읽고 있는 김일성. 앞줄 왼쪽에서 두 번째에 홍명희 부수상과 그 옆에 박헌영(왼손에 가방 들고 있는 사람)의 모습도 보인다. ⓒ『민족 21』

받을 수 있다는 점을 고려할 것이라고 판단했다. 실제로 미국이 한국전쟁 기간 중 핵무기 사용을 자제한 이유 중 하나는 소련이 핵무기를 갖고 있었기 때문이다.

중국의 혁명 과정에 미국이 개입하지 않았다는 사실 역시 중요한 이유 중 하나였다. 한반도는 중국에 비해 그 중요도가 현저히 떨어지는 지역이다. 중국처럼 큰 나라가 공산화되었음에도 미국이 꿈쩍 안 했는데, 한국에서 전쟁이 일어난다고 미국이 개입할까? 그것도 1년 전에 미군이 스스로 철수했는데?

그러나 이 같은 스탈린의 생각은 심각한 오판이었다. 1949년 이후 미국은 대외 전략을 수정하여 세계의 어느 곳에서도 패해서는 안 된다는 강력한 개입 정책으로 전환하고 있었다. 미국 국가안보회의 문서 68호(NSC-68)는 그러한 미국의 대외 전략 변화를 잘 보여준다. 1950년 1월 국무장관 애치슨이 미국의 태평양 방위선에서 한반도와 타이완을 제외함으로써 공산주의자들로 하여금 전쟁을 일으킬 빌미를 주었다는 주장도 있지만, 사실 애치슨 선언에는 방위선 이외의 지역 중 미국이 원조한 지역에 대해서는 유사시 유엔을 통해 개입하겠다는 점을 밝혀 놓았다.

스탈린과 김일성의 대화에서 주목되는 또 다른 중요한 점은 대화록의 마지막에 있는 박헌영의 언급이다. 박헌영은 남한에 20만의 공산주의자들이 있으며, 전쟁이 시작될 경우 이들이 봉기를 일으킬 것이라고 언급했다. 38선이 뚫렸는데, 후방에서 봉기가 일어난다면 어떻게 되겠는가? 피난 갈 곳이 없게 될 테니, 미군의 참전 여부와 관계없이 전쟁은 쉽게 끝나버릴 것이다. 그러나 1950년 초까지 남한에 있던 대부분의 공산주의자들은 숙청되거나 체포되었고, 유격대의 활동도 한국 정부의 토벌 작전으로 큰 타격을 입은 상황이었다. 따라서 박헌영의 그 말은 당시 남한의 상황에 대한 또 다른 심각한 오판이었다.

물론 이러한 스탈린, 김일성, 박헌영의 오판이 모두 '실수'가 아니라 '의식적'으로 전쟁의 이유를 합리화하려 했던 발언일 수도 있다. 최근에 스탈린이 체코의 대통령에게 보낸 편지가 발굴되었는데, 이 편지에서 스탈린은 미국의 관심을 유럽에서 아시아로 돌리기 위해 한반도에서 '실험'을 했다고 밝혔다. 이 편지는 유엔안전보장이사회에 소련 대표를 참석시키지 않은 것을 합리화하기 위해 쓰여졌으므로 전적으로 신뢰할 수는 없다. 어떤 이유가 되었든 전쟁 중 그리고 전후에도 미국의 주요 관심이 유럽에 있었던 점을 고려한다면, 이 역시 스탈린의 오산을 보여주는 중요한 예라고 할 수 있다. 한국전쟁이 발발하자마자 미국이 가장 먼저 취한 일은 독일의 미군을 증강하고 타이완 해협에 제7함대를 파견한 것이었다.

한국전쟁의 발발 과정은 지도자의 판단이 얼마나 중요한가를 보여주는 대표적인 사례다. 지도자의 오산과 오판은 전쟁으로 바로 연결될 수도 있다. 그들이 어리석기 때문에 오판을 내린다기보다 그들의 전쟁 결정을 지지하는 사회적 분위기가 형성되어 있기 때문이다. 따라서 지도자가 판단을 내릴 때 사회적 분위기도 중요하다. 이러한 역사적 경험은 한국전쟁 뒤 60년 이상이 지난 오늘, 지금도 전쟁이 계속되고 있는 상황에서 우리에게 중요한 시사를 던져준다. 오판으로 전쟁을 결정할 수도 있는 지도자를 뽑아서야 되겠는가?

Special Record

# 스탈린이 고트발트에게 보낸 편지(1950. 8. 27)

— 최고비밀문서

프라하, 소련 대사.

고트발트(체코 대통령)에게 다음의 메시지를 구두로 전달하시오. 만약 그가 글로 쓴 문서를 원한다면, 그에게 복사본을 하나 주어도 됩니다. '6월 27일 소련이 (유엔)안전보장이사회에서 대표를 철수한 일에 대해, 그리고 그것이 초래한 결과에 대해서' 우리는 고트발트 동지의 의견과는 다른 견해를 갖고 있습니다.

우리가 안전보장이사회에 참여하지 않은 데는 네 가지 이유가 있습니다. 첫째, 소련과 새로운 중국의 연대를 분명히 하기 위해서입니다. 둘째, 그들이 국민당 정부의 허수아비를 안전보장이사회의 대표로 인정한 반면 중국의 진정한 대표가 이사회에 들어오는 것을 허락하지 않았기 때문에, 미국 정책의 부조리함을 강조하기 위해서입니다. 셋째, 거대한 두 나라의 대표가 부재함으로써 안전보장이사회의 결정이 합법적이지 않음을 분명히 하기 위해서입니다. 넷째, 미국이 다수의 지지를 받고 있음을 이용해서 자유롭게 미친 짓을 하도록 놔두고, 이를 통해서 세계 여론으로 하여금 미국 정부의 진정한 얼굴을 볼 수 있도록 하기 위해서입니다.

나는 이러한 모든 목적이 이미 달성되었다고 믿습니다.

우리가 안전보장이사회에서 철수한 이래로 미국은 한국의 군사적 사태에 개입함으로써 수렁에 빠져버렸고, 군사적 도덕적으로 그 위신을 깎아먹고 있습니다. 현재로서는 미국이 한국에서 무력을 사용하는 적이자 침략자라는 점과 함께, 그들의 군사적 힘이 그들이 보여주고 있는 것만큼 대단하지 않다고 여기는 사람들이 많습니다. 이러한 점과 동시에 미국이 그들의 관심을 유럽에서 극동으로 옮겼음이 분명합니다. 전 지구적 힘의 균형이라는 관점에서 볼 때 이것은 우리에게 이익이 아니겠습니까? 물론 그렇습니다.

미국 정부가 계속해서 극동에 묶여 있고, 한국의 해방을 위한 투쟁과 독립을 위한 싸움에 중국이 끼어들어간다면, 이로 인해 어떠한 결과가 나타나겠습니까?

무엇보다도 미국은 다른 나라와 마찬가지로 중국과 같이 거대한 군대를 갖고 있는 적수가 되지 못합니다. 이 전쟁에서 미국은 스스로 힘없는 존재가 될 것입니다. 둘째 단기적으로 볼 때 미국이 여기에 묶여 있다면 제3차 세계대전은 무기한 연기될 테고, 유럽은 사회주의를 공고화하는 시간을 얻을 수 있습니다. 미국과 중국의 전쟁이 아시아와 극동 전체에서 혁명을 불러올 것이라는 점을 다시 언급할 필요는 없습니다. 세계적 차원의 힘의 균형이라는 관점에서 본다면 이 모든 것이 우리에게 이익이 되지 않을까요? 당연히 그렇습니다.

소련이 안전보장이사회에 참여하지 않은 일이 자연스럽게 예상되지 않으며, 또한 단순한 문제가 아니라는 것도 자명한 사실입니다.

결론적으로 '민주주의 진영이 안전보장이사회를 떠날 필요가 없다'라고 말하는 것이 합리적이라고 할 수 있습니다. (그러나) 떠나느냐, 남느냐의 문제는 특별한 상황에 따라 결정됩니다. 우리는 안전보장이사회에서 다시 떠날 수도 있고, 또는 다시 돌아갈 수도 있습니다. 이는 전적으로 국제적인 상황에 따라 달라질 것입니다.

어떤 사람들은 우리가 왜 다시 안전보장이사회에 참여했는가에 대해서 묻습니다. 그 이유는 미국이 자신의 침략 행위를 숨기기 위해 안전보장이사회의 빛나는 깃발을 이용하지 못하도록 하려는 목적이 있습니다. 미국이 한국전쟁에 이미 개입한 이상 안전보장이사회를 통해 그들의 목적을 더 용이하도록 할 것입니다. 이것은 분명하며, 더 이상의 설명이 필요하지 않다고 나는 생각합니다.

필로프(스탈린의 필명) 1950. 8. 27.
— 사회정치사를 위한 러시아 국가기록원, fond. 558, opis. 11, delo. 62, listy. 71~72.

### 해설  스탈린의 진심은?

한국전쟁이 발발하자 미국은 한국 문제를 유엔안전보장이사회에 상정해서 유엔군을 조직했다. 미국이 유엔군을 조직할 수 있었던 것은 이 회의에 소련의 대표가 불참했기 때문이다. 만약 소련의 대표가 참여했다면 그가 거부권을 행사했을 것이므로 한국전쟁에 유엔군이 파견되지 못했을 것이다. 또한 북한을 침략군으로 규정하는 결의안 역시 채택되지 못했을 것이다. 따라서 전 세계적으로 볼 때 소련의 유엔안전보장이사회 불참과 유엔군의 결성은 소련이 북한을 배후에서 조종하여 전쟁을 일으켰고, 북한이 일으킨 전쟁은 '정의의 전쟁'이 아니라는 점을 증명하는 것이었다.

이에 대해 당시 체코슬로바키아의 대통령 고트발트가 스탈린에게 항의했다. 안전보장이사회에 대표를 참석시키지 않은 스탈린의 결정은 명백한 실수라는 것이다. 또한 결정적일 때 대표를 불참시켰다가, 이후 다시 안전보장이사회에 소련의 대표를 참석시킨 이유 역시 분명하지 않다는 점을 지적했다.

그러나 스탈린의 생각은 달랐다. 스탈린은 앞의 편지를 통해 소련의 대표가 안전보장이사회에 참여하지 않은 이유를 설명했다. 먼저, 기존에 알려진 사실과 같이 중국의 대표가 타이완에서 대륙의 공산당 대표로 바뀔 때까지 소련 대표의 안전보장이사회 참여를 거부한다는 입장을 표명했다. 또한 세계적 상황에 따라 소련의 안전보장이사회 참여 여부를 결정할 것이라는 점도 밝혔다.

그런데 이 편지에서 가장 주목할 사실은 한국전쟁을 통해 소련이 얻고자 하는 것이다. 스탈린은, 유엔군의 결성을 통해 미국이 한국전쟁에 개입할 경우 미국의 관심이 아시아로 기울어질 것이므로 자신들이 가장 중요하게 생각하는 유럽에서 유리한 상황을 조성할 수 있다고 설명했다. 그뿐 아니라 중국의 개입을 통해서 미국이 군사적으로 패배할 수도 있다는 점을 지적했다. 여기에서 중요한 점은 이 편지가 쓰여진 8월 말의 시점이 아직 인천상륙작전 이전이며, 중국 역시 참전하기 전이었다는 사실이다.

만약 스탈린의 이러한 언급이 모두 사실이라면, 한국전쟁의 발발 원인에 대한 연구는 다시 시작되어야 한다. 소련이 미국을 아시아로 유도하여 벌어진 전쟁이 곧 한국전쟁이라는 설명이 가능해지기 때문이다. 이렇게 되면 한국전쟁에 대해 미국에 의한 '남침 유도설'이 아니라 소련에 의한 '미국 개입 유도설'이 제기되어야 한다. 이제 한국전쟁 연구는 새로운 자료에 따라 다시금 새로운 시작을 알리는 것인가?

아직까지는 더 이상 밝혀진 자료가 없기 때문에 이 편지의 내용은 스탈린의 '변명'일 가능성이 높다. 왜냐하면 당시 스탈린은 소련에서뿐만 아니라 전체 공산주의권에서 숭배의 대상이었기 때문에 그에게는 '오류'가 있어서는 안 되었다. 스탈린으로서는 자신의 오류를 절대로 인정하고 싶지 않았을 것이다.

그럼에도 불구하고 만약 이를 뒷받침할 다른 문서가 발굴된다면, 한국전쟁 연구는 또 다른 관점에서 다시 시작될 가능성이 있다. 이것이 스탈린의 '롤백'을 의미하지는 않겠지만, 스탈린의 함정에 미국이 빠져버린 것이 곧 한국전쟁이었음을 증명하는 작업이 다시 시작될 수도 있다.

# 한일협정 반대 격화, 6·3사태
## 두 마리 토끼를 잡은 미국

1945
오키나와 전투

1950
한국은행 출범
한국전쟁 발발

1964
6·3사태

1973
6·23선언

　박정희 정부는 1964년 6월 3일 오후 6시 30분 비상계엄령을 선포하고 시위 금지와 진압, 언론 검열, 대학 휴교 등을 선언했다. 비상계엄령은 1964년 봄부터 시작된 한일협정 반대 시위를 진압하려는 목적으로 선포되었다. 이에 따라 시위의 배후 세력으로 지목된 학생과 언론인 등 1,120여 명이 검거되었다. 이 6·3사태 뒤 5개월이 지난 동년 11월 3일, 그때 구속되었던 학생들이 6·3동지회를 결성했는데 전 대통령인 이명박이 초대 회장을 맡았고, 2007년에는 이재오(2013년 현재 새누리당 국회의원)가 회장을 맡았다.

　학생들의 시위를 막으려고 비상계엄령까지 선포했다는 사실은 언뜻 이해하기 힘들다. 그러나 이는 당시 박정희 정부와 미국이 얼마나 큰 위기감을 느끼고 있었는지를 방증한다. 박정희 정부는 학생들이 정권을 붕괴시키는 것을 궁극적인 목적으로 하고 있다고 인식했던 것 같다. 유엔군 사령관은 박정희 정부를 지지했으므로 시위 진압을 위해 군대 이동을 허가할 수도 있다고 판단했지만, 학생들의 시위가 제2의 4·19혁명으로 이어지지 않을까를 우려했다. 그만큼 당시 한일협정 반대 시위에는 학생들뿐만 아니라 시민들도

한일 국교화에 반대하여 시위를 벌이는 학생들과
이를 저지하는 전투경찰(1964. 6. 3)

광범위하게 참여했다. 이러한 사회적 분위기로 인해 만약 '친미' 쿠데타가 일어나 박정희 정부를 붕괴시킨다면, 유엔군 사령관은 이를 승인할 가능성도 염두에 두고 있었다(미 합동참모본부의 1964년 9월 21일자 문서). 한일협정 반대 시위를 진압하기 위해 한국군 이동의 승인을 받으려고 박정희 대통령이 브라운 주한 미국 대사를 따로 만나 만취할 때까지 술을 마셨던 것을 보면, 당시 한일협정 반대 시위가 박정희 정부에게 얼마나 큰 위기로 다가왔는지를 알 수 있다.

이렇게 위기감이 고조되는 가운데 야당은 미국이 이 기회에 박정희 정부를 교체할 것이라고 믿고 있었다. 심지어 일부에서는 야당이 새로 수립될 정부의 내각 명단을 만들고 있다는 소문도 돌았다. 그러나 이는 야당의 잘못된 판단이었다. 당시 주한 미국대사관의 문서를 보면 미국은 한일협정 체결에 대한 야당의 무책임한 태도를 비판했다. 한일협정의 조속한 체결이 당시 미국의 한국 정책에서 핵심적인 목표 중 하나였기 때문에, 미국 정부가 한일협정에 반대하는 야당을 지지할 이유가 없었다. '떡 줄 사람은 생각도 안 하는데 김칫국부터 마시는' 격이었다. 미국은 결국 '귀찮은 지역에서 민주주의보다는 독재를 참는 편이 낫다'는 결론을 내리고 시위를 막기 위해 군대의 동원을 승인했다.

6·3사태에서 주목되는 또 다른 사실은 미국이 이 사건을 계기로 김종필을 정점에서 끌어내리려 했다는 점이다. 최근 공개된 미국의 문서들을 보면 사뮤엘 버거 주한 미국 대사는 '지난 3년간(1961~1963) 대부분의 문제가 김종필로부터 나왔다'고 판단했다. 이미 군사정부 시기부터 주한 미국대사관은 군사정부의 강한 민족주의적 경향과 4대 의혹 사건(증권 파동, 워커힐 사건, 파친코 사건, 새나라 자동차 사건)을 비롯한 모든 문제의 원인이 김종필과 그를 둘러싼 그룹에 있다고 판단했다. 주한 미국대사관은 6·3사태의 해결을 돕는 대가로 김종필을 정권의 핵심에서 밀어내라고 박정희에게 압력을 가했다. 결국 김종필은 1963년 민정 이양을 둘러싼 파동 직후 타의에 의해 외유를 갔다 온 지 1년도 되지 않아 6·3사태가 일어난 뒤 두 번째 외유를 떠나야 했다.

결과적으로 비상계엄령을 선포함으로써 박정희 정부는 시위의 확산을 차단할 수 있었다. 그리고 다음 해 한일협정의 체결이 이루어졌다. 미국은 6·3사태를 통해 빠른 시일 내에 한일협정을 체결한다는 대한(對韓) 정책, 그리고 군사정부 기간에 끊임없이 김종필을 권력의 정점에서 끌어내리려고 시도한 일이 모두 성공했다. 두 마리 토끼를 한번에 잡은 셈이다.

그러나 이는 역으로 이후 한국 정부 내에서 박정희 대통령을 견제할 세력이 사라졌음을 의미하기도 했다. 김종필은 5·16쿠데타의 실질적 지휘자였으며, 군사정부 내에서 가장 큰 파벌을 갖고 있었다. 박정희의 조카사위이면서 동시에 그를 견제할 수 있는 유일한 인물이었던 것이다.

박정희를 중심으로 한 권력 강화는 결국 1969년 삼선개헌 이후 박정희 개인에게 집중되는 권력을 그 누구도 견제할 수 없는 상황으로 만들었다. 이러한 상황에서 미국은 1970년대 이후 인권 문제, 코리아게이트, 핵 문제 등으로 인해 한미 관계의 갈등이 심화될 때 한국 정부를 통제할 수 없었다. 미국이 지원했던 탈레반과 후세인이 결국에는 미국과 갈등을 일으켰던 상황과 연결 지으면 너무 비약인가?

Special Record

# 김종필과 미국의 악연

● 기본적인 문제들은 김종필과 대한민국 중앙정보부의 힘이다. (중략) 대한민국 중앙정보부는 이상하게 조직되었다. 한 파트는 일상적인 활동에 종사한다. 두 번째 파트는 정치적, 경제적, 입법, 그리고 공공 정보 부문으로 구성되어 있다. 이 조직의 사람들은 스스로 주요한 정책 문제에 개입하고 있다. 고용되어 있는 직원의 수는 두 번째 파트에 더 많다. 우리는 그들에게 접근할 수 있는 통로가 없다. 그리고 그들 중 몇몇 핵심적인 사람들은 과거 공산주의 또는 좌파 조직에서 일했던 경력을 갖고 있거나 극단적인 반미적 견해를 갖고 있다. 게다가 대한민국 중앙정보부는 '모든 곳' 안에 있다. — 그들의 직원들을 신문사나 기업에 임명하거나 머물게 하고, 다양한 정보를 통해서 증권시장부터 사업 거래에 이르기까지 수입을 이끌어내고 있다. (중략)

"Telegram From the Embassy in Korea to the Department of State", July 27, 1962, *FRUS 1961~1963* vol. XXII, p. 589~591.

● 버거는 김종필을 대단히 싫어한다. 개인적인 숙원이 있는 것처럼 보인다. 박정희가 김종필을 쫓아낼 수 있을까에 대해서는 의문이 있지만, 그렇게 하지 않고서는 민주공화당 내에서 분열의 요소를 해결할 수 없을 것이다.

이러한 모든 요소가 한일 간의 협상을 어렵게 하고 있다. 김종필은 한일협상의 가장 중요한 지지자다. 야당이 한일 간의 협상 타결에 반대하는 것은 김종필을 제거하기 위한 수단이다. 한국 정부는 계엄령을 고려 중이다.

"Memorandum From Robert W. Komer of the National Security Council Staff to the President's Special Assistant for National Security Affairs (Bundy), Washington", April 21, 1964. *FRUS 1964~1968* vol. XXIX, PART 1, KOREA, DOCUMENT 8.

## 해설 미국은 왜 김종필을 견제하려고 했을까?

미국 정부는 5·16쿠데타 이후 딜레마에 빠졌다. 쿠데타에 참여한 세력은 케네디 행정부의 새로운 개발도상국 정책에 부합하는 세력이었다. 케네디 행정부는 개발도상국에 대한 원조의 효율성을 높이기 위해서는 전근대적 생산관계에서 자유로운 새로운 세력이 정권을 잡아야 한다고 보았다. 즉, 지주나 전근대적 자본가가 중심이 된 체제에서는 부패가 만연하기 때문에 원조의 효율적 사용을 통한 자본주의화가 어렵다고 판단했던 것이다.

5·16쿠데타 세력은 1950년대 이승만 정부하에서 기득권을 지닌 군인들로부터 소외된 장교들이었다. 특히 4·19 시기 부패한 장군들에게 반기를 들어 정풍운동을 추진하다가 하극상의 이유로 군에서 불명예제대를 했던 영관급 장교들이 주축이 되었다. 쿠데타 세력의 지도자 박정희 역시 1949년 숙군 과정에서 공산당 세포 혐의로 사형선고를 받은 적이 있고, 1950년대에 군의 핵심에서 소외되었다. 게다가 박정희는 농촌의 가난한 집안 출신으로 기득권 세력에 불만을 갖고 있었다.

미 행정부는 미국의 정책에 부합하는 새로운 세력의 정권 장악을 원하긴 했지만, 그렇다고 쿠데타 세력을 그저 반길 수만 없었다. 무엇보다 그들은 강한 민족주의적 성향을 띠고 있으며, 사회주의적 성향도 강했기 때문이다. 당시 월트 로스토우의 주장에 근거를 둔 케네디 행정부의 새 정책에 따르면 개발도상국의 경제개발은 미국의 거대 자본과 긴밀한 연결을 맺고 있어야 하며, 이를 통해서 원조 수혜국이 미국 중심의 제1세계에서 벗어나지 못하도록 해야 했다. 그런데 박정희를 비롯한 5·16쿠데타 세력은 국내 자본의 이용과 국가의 경제정책에 대한 과도한 개입 및 사회 개혁을 추진하려고 했다.

미국은 이 딜레마를 어떻게 극복하려 했을까? 미국은 '선택적 지지' 정책을 취했다. 박정희에 대한 지원을 계속하되, 쿠데타 세력 중에서 민족주의적이고 사회주의적 성향이 강한 세력을 박정희로부터 분리해내는 것이다. 그리고 이들 대신에 친미적인 관료들과 군인들로 박정희의 새로운 측근 세력을 구축하고자 했다.

이 문제의 중심에 서 있는 사람이 김종필이었다. 미국은 한국의 군사정부 시기에 정치자금 마련을 위한 4대 의혹 사건뿐만 아니라 통화개혁 등 사회주의적 경제정책 입안의 중심에 김종필이 있다고 판단했다. 특히 사뮤엘 버거 주한 미국 대사는 박정희에게서 김종필을 분리해낸다면 쿠데타 세력을 좀 더 쉽게 통제할 수 있다고 생각했다.

위의 첫 번째 문서는 김종필과 그가 조직한 중앙정보부를 한미 관계에 가장 큰 걸림돌로 파악하고 있음을 보여주는 문서이다. 두 번째 문서는 버거 대사가 1964년의 6·3사태 때도 김종필을 제거해야 할 필요성을 거듭 제기하자, 미 국무부에서 혹시 버거가 개인적으로 김종필과 무슨 악연이 있는 것은 아닌가에 의문을 제기하는 문서이다. 물론 미 국무부는 버거 대사의 판단에 전적으로 의존했기 때문에 김종필을 제거해야 한다는 그의 주장에 반대하지 않았다.

 1969년 박정희가 삼선개헌을 추진할 때 김종필은 원칙적으로 그것에 반대하는 입장이었다. 박정희가 그만두면 김종필 자신이 대통령에 당선될 수도 있기 때문이었다. 그러나 미국의 입장에서 김종필은 전적으로 믿을 수 있는 인물이 아니었다. 그럼에도 불구하고 1970년대 이후 미국은 김종필과 우호적 관계를 유지했다. 김종필의 입장이 바뀐 것인지, 아니면 김종필에 대한 미국의 평가가 변화한 것인지는 정확히 알 수 없다. 하지만 2000년까지 40여 년간 한국 정치의 2인자로 활약한 김종필을 무시하면서 한미 간의 정상적 외교 관계를 유지하기 어렵다고 판단했던 것은 아닐까?

# 파격적 제안, 6·23선언
## 북한을 국가 실체로 인정한 것인가

1945
오키나와 전투

1950
한국은행 출범
한국전쟁 발발

1964
6·3사태

1973
6·23선언

1973년 6월 23일 박정희 대통령은 6·23평화통일외교선언(6·23선언)을 발표했다. 6·23선언은 7개항으로 이루어졌다. 1항은 평화적 통일이 민족의 지상 과업이라고 규정했으며, 2항은 남북한이 서로 내정에 간섭하지 않고 침략하지 않아야 한다는 점을 명시했고, 3항은 7·4남북공동성명에 입각하여 남북대화를 계속해야 한다고 제안했다. 4항과 5항은 국제기구와 유엔에 남북한이 함께 참여할 수 있다는 점을, 6항은 공산국가와의 수교도 가능하다는 점을, 그리고 7항은 기존 우방과의 유대 관계를 더 강화할 것임을 선언했다.

이 선언은 제안이라기보다는 일방적인 선언에 가까웠다. 그래서 북한과 합의하에 발표한 1972년의 7·4남북공동성명과는 차원이 달랐고, 현대사에서도 거의 주목받지 못했다. 그러나 이 선언은 매우 중요한 두 가지 내용을 담고 있다. 이는 단지 남북 관계에만 관련된 것이 아니라 이후 한국사의 변화와도 관련 있다.

먼저 주목되는 것은 5항이다. 5항은 "유엔의 다수 회원국의 뜻이라면"이라는 전제 위에서 "북한과 함께 유엔에 가입하는 것을 반대하지 않는다"라고 선언하고 있다. 4항의 '국제기구' 차원에서 남북한의 공동 참여를 규정한 것을 넘어 유엔 동시 가입을 제안했다는 사실은 당시 상황으로서는 몹시 충격적인 일이었다. 1항에서 말하고 있는 것처럼 당시 한국 사람들에게 "조국의 평화적 통일은 우리 민족의 지상 과업"이었다. 그런데 남과 북이 유엔에 동시 가입하자는 것은 분단을 인정함과 동시에, 다른 한편으로 북한을 하나의 국가로 인정하겠다는 뜻이다. 유엔은 '국가'가 아니면 가입할 수 있는 자격을 부여하지 않는다. 게다가 한국에는 '국가보안법'이 있다. 당시 국가보안법상 북한은 국가가 아니다. 단지 '불법 단체'일 따름이다. 그렇다면 박정희 대통령이 '국가보안법'을 위반하는 발언을 한 것인가?

6항도 주목된다. 6항에서 "모든 국가에 문호를 개방할 것"이라고 하면서 "이념과 체제를 달리하는 국가들도 우리에게 문호를 개방할 것을 촉구한다"라고 하여, 우리가 그들에게 다가가는 것을 넘어서서 우리한테 문을 열어달라고 제안했다. 한국은 당시 냉전의 최전방에 위치했다. 냉전 체제하에서 열전을 치른 곳은 한국과 베트남뿐이고, 한국과 이념·체제를 달리하는 곳은 한국전쟁 당시 북한을 지원했던 국가들이었다. 그뿐만 아니라 한국은 이념과 체제를 지킨다는 명분으로 우리와는 아무런 이해관계도 없던 베트남에 전투부대를 파견한 상태였다. 6항에서 말하는 '이념과 체제를 달리하는 국가'에는 북한과 베트남을 지원하는 소련과 중국까지 포함하고 있었.

당시 이러한 파격적인 제안이 나올 수 있었던 배경은 무엇일까? 그 배경 중 하나는 미국의 데탕트 정책에 따른 세계 정세 변화와 한반도 정책의 변화였다. 미국은 베트남전쟁으로 인해 악화된 재정 상태를 견디지 못하고 달러의 금 태환을 정지시켰다. 일정량의 금을 보유하지 않고도 달러를 더 발행할 수 있도록 한 것이다. 이는 세계의 기준 통화로서 달러의 지위를 포기한 셈이었다. 그리고 재정지출을 줄이기 위해 해외 개입을 자제해야 했다. 키신

저의 '현실 정치(Real Politics)'는 대외 정책의 원칙을 이데올로기에 두지 않고 국가의 이익과 관련된 현실적인 문제에 두겠다는 것이며, 기존에 이데올로기에 기준을 두고 개입했던 지역에 대해서는 더 이상 개입하지 않겠다는 것을 의미했다.

미국 정부는 아시아 문제는 아시아인이 해결해야 한다는 닉슨독트린을 발표한 직후 주한 미군 1개 사단을 감축했고, 중국 방문을 통해 북베트남에 대한 지원을 하지 않겠다는 마오쩌둥의 언질을 받은 뒤 베트남에서 철군을 단행했다. 그리고 중국과의 관계 개선과 동시에 소련과 핵무기 감축에 합의했다. 동서 화해의 데탕트 시대가 문을 연 것이다. 세계적으로 냉전적 갈등이 완화되면서 미국은 군사비를 감축했고, 동시에 공산주의의 확산을 막기 위해 그간 개입해왔던 지역에서 철수도 단행했다.

이러한 미국의 정책에서 핵심적인 지역 중 하나가 한반도였다. 주한 미군의 감축과 철수를 둘러싼 논란은 이미 정전협정 직후부터 계속된, 오래된 논란이었다. 그러나 논란이 있을 때마다 북한군의 전력이 남한보다 더 강하며, 북한이 군사 도발을 할 경우 중국이 도와줄 수도 있다는 상황 때문에 주한 미군의 감축이나 철군 계획은 번번이 실행되지 못했다. 여기에 더해 한국의 베트남 파병은 주한 미군의 감축 또는 철군을 어렵게 했다. 한반도의 공산화는 미국의 가장 중요한 파트너인 일본을 위협할 수 있기 때문이다.

그러나 미국의 악화된 재정 상황은 더 이상 주한 미군의 유지를 어렵게 했다. 그렇다면 주한 미군의 감축 또는 철수는 어떻게 해야 가능할까? 이는 한반도와 그 주변 지역 상황의 긴장을 완화하면 되는 일이다. 남북 관계가 좋아진다면, 미중 관계가 좋아진다면, 그리고 소련과 중국이 북한에 지원하지 않는다면, 주한 미군을 감축하거나 철수하고도 한반도에서 안정을 유지할 수 있다.

따라서 이 상황에서 미국이 추진한 것은 두 가지였다. 하나는 남북대화를 통해 한반도 내부에서 긴장을 완화하는 것이었다. 미국은 박정희 정부의 남북대화 추진을 격려했으며, 적극 찬성했다. 다른 하나는 교차 승인을 통해 주변 상황을 안정시키는 것이었다. 즉, 미국과 일본은 북한과 수교를 맺고, 중국과 소련은 남한과 수교를 맺는 것이다. 바로 이러한 미국의 두 가지 정책하에 6·23선언에서 밝힌 유엔 동시 가입과 공산국가와의 수교라는 제안이 가능했다.

남북한이 유엔에 동시 가입한 것은 1991년에 가서야 가능했지만, 공산국가와의 접촉은 이미 1970년대에 시작되었다. 한국 정부는 1973년부터 소련에 접근하기 시작하여 재계 대표단의 방문을 추진했고, 해외 공관을 통해 소련의 외교관들과 접촉했다. 그해 8월 모스크바에서 열린 유니버시아드 게임에는 한국 선수들이 참여했다. 오히려 북한이 항의의 뜻으로 불참했다. 어쩌면 6·23선언 이후에 진행된 일련의 과정은 노태우 정부 시기 '북방 정책'의 기원인지도 모른다.

6·23선언은 1990년대 초에 가서 결실을 맺는다. 남북한의 유엔 동시 가입과 함께 북방 정책을 통해 소련·중국을 비롯한 동유럽 국가와 수교가 이루어진 것이다. 탈냉전과 더불어 한반도에도 냉전 해빙의 기운이 조금씩 확대되었다. 그 시기뿐만 아니라 지금도 남북한의 유엔 동시 가입에 대해서는 비판적인 견해가 적지 않다. 유엔 동시 가입은 곧 북한을 국가로서 인정하는 것으로, 북한에게 기회를 줬다는 주장이 바로 그것이다. 만약 그렇다면 박정희 대통령의 6·23선언은 어떻게 해석해야 할까.

# 6월을 보내며

## 오판과 오산이 부른 비극

6월을 불안하게 만드는 가장 큰 이유는 아무래도 6·25의 경험인 것 같다. 1950년 6월 25일을 묘사한 모든 기록과 다큐멘터리, 영화들에서 너무나 평화로운 아침에 갑자기 전쟁이 발발한다. 한국군 장교들은 6월 24일에 파티를 벌이고, 장병들은 휴가를 나간다.

하지만 1950년 6월의 상황은 영화〈태극기 휘날리며〉가 묘사하고 있는 것처럼 한가롭지만은 않았다. 긴 호흡에서 보면 전쟁 발발 한 해 전인 1949년에는 38선에서 남북 간에 치열한 분쟁이 끊임없이 일어났다. 이 분쟁은 때로 국지적 충돌을 넘어서는 수준의 전투로 이어지기도 했다. 남과 북이 각각 상대방 지역으로 1km 이상 진격하기도 했다. 게다가 김일성은 국토완정론을 내세우며 전쟁으로 남한을 통일하겠다고 주장하고, 이승만은 북진 통일을 외치고 있었다. 1949년 세계를 뒤흔든 소련의 핵실험 성공, 중국 공산당의 혁명 성공 등과 함께 한반도는 소용돌이에 휘말리고 있었다. 그리고 1949년 6월 김구가 암살당하고, 주한 미군이 철수했다.

1950년 6월의 상황만 보더라도 전쟁 발발 한 달 전에 치러진 5·30선거는 태풍의 핵이었다. 1948년의 5·10선거와 달리 1950년의 선거에는 중도파들이 참여했다. 안재홍과 조소앙, 윤기섭과 원세훈 같은 독립운동가 출신의 중도파 정치인들은 단독정부 수립에 반대하여 1948년 선거에는 참여하지 않았지만, 1950년 선거에는 참여했다. 선거에 참여한 중도파는 수적으로 많지는 않았지만, 돌풍을 일으켰다. 조소앙은 서울 성북구에서, 미군정 때 경찰수장을 지낸 조병옥에게 승리했다.

이 시기 중도파의 국회 진출이 주목되는 또 다른 이유는 1948년 처음 구성된 국회에는 지도급 인사가 부재했다는 사실 때문이다. 조봉암을 제외하면 식민지 시기부터 활동한 유명한 지도자들이 제헌국회에 없었다. 그래서 조소앙의 경우 5·30선거에서 당선되자마자 본인의 거부에도 불구하고 곧바로 국회의장 후보로 부상했다. 5·30선거를 통해 당선된 국회의원 중 이승만 대통령을 지지하는 세력은 대한국민당 24명, 대한독립촉성국민회 14명, 대한청년단 10명, 기타 6명 등 총 54명에 불과했다. 전체 국회의원 수가 210명이고, 이들의 선거를 통해 대통령을 뽑는다는 사실을 고려한다면, 이승만 대통령은 다음 대통령 선거에서 떨어질 수밖에 없는 위기에 처해 있었다. 이승만 대통령이 1952년 전쟁 중의 상황에서 부산정치파동이라는 무리수를 던진 것은 바로 이 때문이다.

1950년 1월 12일에는 전미국신문기자협회에서 애치슨 미 국무장관이 애치슨 라인을 발표했다. 애치슨 라인은 미국이 지켜야 할 방위선을 의미하는데, 애치슨 장관의 발표에 따르면 한반도는 미국의 핵심적 방위선에 포함되지 않았다. 애치슨 장관은 일본에서 오키나와를 지나 필리핀으로 이어지는 선이 가장 중요한 방위선이라고 발표했다. 물론 미국이 원조한 나라에 대해서는 유엔을 통해 개입하겠다는 의사도 동시에 밝혔지만, 핵심 방위선 안에 한국과 타이완이 포함되지 않는다는 발표는 그 자체로서 큰 충격이었다. 한국 정부는 당장 장면 대사를 통해 미국 정부에 항의했다.

이렇듯 한국전쟁이 발발하기 직전의 상황은 이승만 대통령에게 위기의 순간이었다. 1950년 초에 실시한 재정안정계획 덕분에 인플레이션이 잡히고, 한국은행법이 통과되어 경제적으로 어느 정도 안정적인 상황이 조성되었지만, 그렇다고 사회적 정치적 안정까지 이루어진 것은 아니었다. 이런 상황에서 전쟁이 터졌다.

한국전쟁의 발발 원인을 설명하는 글들에서는 모두 전쟁이 발발할 수밖에 없는 불가피성에 대해 지적한다. 세계사적으로 1949년의 거대한 변화(소련의 핵 개발과 중국 혁명)와 함께 38선 주변에서 남과 북의 잦은 충돌, 그리고 1950년의 사회정치적 불안이 전쟁의 배경이 되는 것이다. 그러나 이것으로 모든 설명이 끝나지 않는다. 왜 하필 1950년인가? 왜 하필 6월이고, 그것도 25일인가? 6월 25일이면 장마를 앞두고 있는, 전쟁을 하기에는 적절하지 않은 때인데도 말이다.

위기만 놓고 보더라도 1950년 상황에서 한국만 위기였는가? 오히려 더 많은 사람은 타이완해협에서 전쟁이 일어날 것이라고 생각했다. 한반도의 위기가 1950년에만 있었는가? 1967년 1년간 군사분계선(휴전선) 부근에서 400회가 넘는 충돌이 일어났고, 동년 말에는 유엔군 사령관과 중앙정보부장이 제2의 한국전쟁이 터질 거라는 경고를 했음에도 전면전은 일어나지 않았다. 1976년 이른바 '판문점 도끼 만행 사건'의 위기, 2010년 연평도 사건의 위기 때도 전쟁은 일어나지 않았다. 그런데 어째서 1950년 6월 25일, 그것도 한반도에서 전쟁이 일어났을까?

대공황 극복을 위한 경제 이론을 만들어낸 경제학의 대가 케인스는 말했다. "사람들은 너무 구조에 매달린다. 그러나 생각했던 것보다 사람의 생각이 갖고 있는 힘은 크다." 구조를 다루는 경제학자가 이렇게 말했으니, 정말 관심을 갖고 주목해야 하는 말이다. 평생 구조적 변화만을 다루다 보니 거기에서 모든 정답을 찾을 수 없음을 깨달은 것일까?

왜 전쟁이 그 시점, 그 장소에서 발생했는가의 물음에 대한 답은 바로 사람의 생각에서 찾을 수 있다. 그 시점, 그 장소에 있던 사람들이 여러 가지 문제를 바로잡을 수 있는 방법은 '전쟁'밖에 없다고 생각했다는 것. 그것이 바로 전쟁의 원인이다. 국내외의 구조적 상황이 아무리 전쟁이 발발할 수밖에 없는 위기의 상황이라고 하더라도, 사람들이 전쟁을 통해서는 어느 것도 해결할 수 없다고 생각한다면 전쟁은 일어나지 않는다. 굳이 전쟁을 하지 않아도 될 상황인데도 전쟁이 필요하다는 생각이 사회 전체를 감싸고 있다면 전쟁은 일어난다.

1950년의 상황에서 남과 북의 지도자들은 전쟁을 통해 분단을 극복해야 한다고 생각했다. 그렇기 때문에 언젠가는 전쟁이 발발할 수밖에 없는 상황에서 먼저 공격하는 것이 승리를 가져올 수 있다고 생각했을 가능성이 크다. 어쩌면 최근 이라크와 아프가니스탄에 대한 미국의 공격을 일컫는 '선제공격(preemptive attack)'이라는 용어가 이 상황에 들어맞을 수도 있겠다. 특히 이런 생각은 김일성에게 더 강했던 것 같다. 그리고 이런 생각은 그의 오판과 오산으로부터 나왔다.

1950년 봄에 소련을 방문한 김일성이 스탈린과 나눈 대화는 이를 잘 보여준다. 이들은 공통적으로 오판을 했다. 첫 번째 오판은 미국이 개입하지 않을 것이라는 판단이다. 두 번째 오판은 남한에 수십만의 공산주의자들이 있으므로 전쟁이 발발하면 남쪽에서 곧바로 북한을 지지하는 폭동이 발생할 것이라는 판단이다. 전쟁에서 승리할 수 있다는 전제로 판단한 이 두 가지가 모두 틀린 생각이었다. 하지만 결국 북한은 전쟁을 통해 소기의 목적을 달성하고자 했고, 그로 인해 북한뿐만 아니라 한반도 전역을 폐허로 만들었다.

우리가 생각하는 것보다 '사람의 생각'은 큰 힘을 갖고 있다. 사람이 어떻게 판단하고, 어떠한 생각을 갖고 있는가는 결국 정책을 만드는 데 결정적 역할을 한다. 현재의 상황이 위기인가 아닌가를 판단하는 것 역시 사람의 몫이다. 1964년 한일협정 반대 시위가 학생들과 시민들의 평화적 시위였음에도 불구하고, 쿠데타가 발발하거나 정권 몰락을 가져올 정도의 위협이 될 수 있겠다는 판단은 박정희와 유엔군 사령관의 몫이었다. 결국 이들이 내린 결론은 위수령이었다. 이를 통해 시내에 군대를 동원했다.

1971년의 교련 반대 투쟁과 같은 해 12월 긴급사태 선포 역시 마찬가지의 예라고 할 수 있다. 미국은 박정희 정부에 항의했다. 과연 무슨 위기가 있느냐고. 당시 남한과 북한은 적십자회담을 진행하는 중이었다. 그럼에도 박정희 정부는 미국의 주한 미군 1개 사단 철수 결정과 함께 학생들의 교련 반대 투쟁이 사회적으로 엄청난 위기를 몰고 오고 있다고 판단했다. 그래서 위수령을 내리고 긴급사태를 선포한 것이다. 동일한 상황에서도 한국과 미국의 판단은 서로 달랐고, 처방 역시 달랐다. 한쪽이 동서 냉전을 녹이려는 데탕트를 추진했다면, 다른 한쪽은 체제 강화를 위해 유신을 준비했다.

사회적 분위기도 중요하지만, 정책 결정자들의 생각도 중요하다. 민주적인 사회에서 정책 결정자들의 생각은 사회적 분위기에 따라 좌우된다. 사회가 전쟁을 원하지 않는다면, 정책 결정자는 전쟁을 일으킬 수 없다. 그러나 정책 결정자가 민주적 절차에 따라 당선되었다면, 그의 생각을 사회적으로 반대하는 일은 쉽지 않다. 실제로 합법적 절차를 통해 지도자가 된 히틀러나 도조 히데키東條英機의 전쟁 결정에 대해 사회적으로 반대하는 일은 쉽지 않았다. 그만큼 지도자를 잘 뽑아야 한다.

이 대목에서 한 가지 떠오르는 기억이 있다. 김대중 대통령이 2006년 강연에서 했던 말이다. '전쟁이 나면 40대 이상을 전쟁터에 내보내야 한다. 전쟁 결정은 40대 이상이 하는데, 왜 전쟁터에는 20대들이 나가서 죽어야 하는가?' 20대들도 투표를 통해 전쟁을 일으킨 지도자를 선출했기 때문에 이들 역시 전쟁에 책임이 있다. 그러나, 그렇다고 해도 이들이 전쟁에 나가서 죽어야 할 만큼 책임을 지고 있는 것은 아니다.

더 이상 전쟁의 두려움 속에서 살고 싶지 않다. 다른 나라에서 하는 전쟁에 휘말리지도 말자. 우리 후손에게 어떤 대한민국을 물려줄 것인가를 고민하자.

# 7월
## 휴식이 필요해

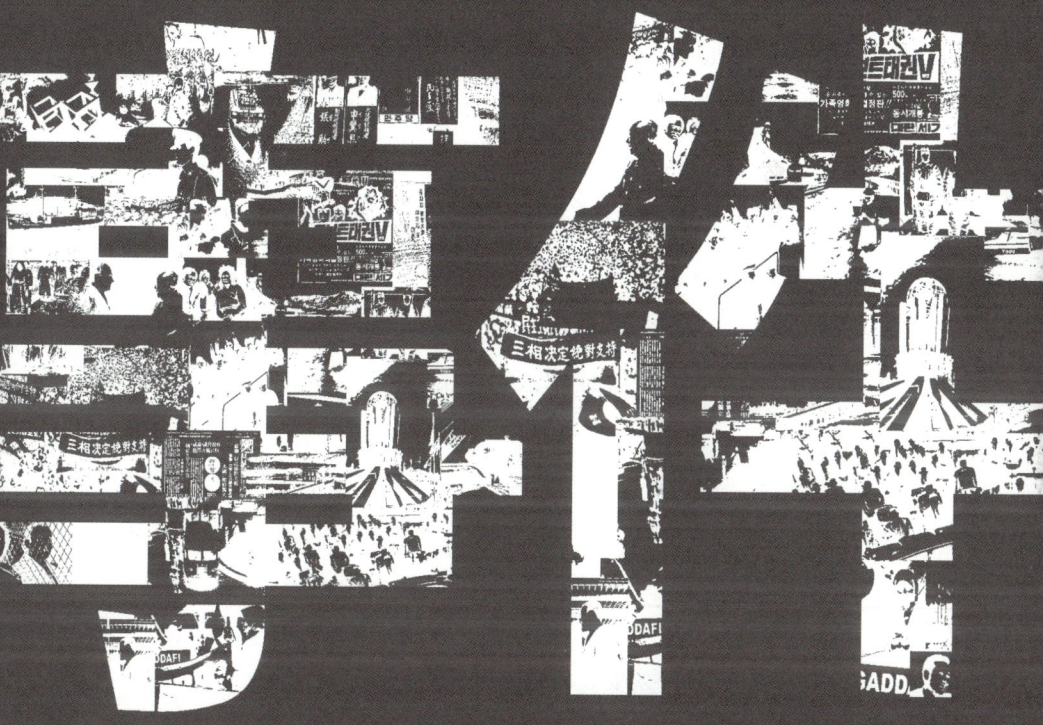

세계 최초의 핵실험

2년간 계속된 정전협상

NPT 서명

〈로보트 태권 V〉 개봉

베트남사회주의공화국 수립

**7월을 보내며** : 군자대로행(君子大路行)

7월은 방학과 휴가의 계절이다. 7월이 되면 휴가 계획을 짜기에 정신없다. 아이들이 없는 집에서야 언제 휴가를 내도 문제없지만, 학교에 다니는 아이들이 있다면 반드시 7월 중순에서 8월 중순 사이에 휴가를 내야 한다. 더위를 피해 좀 더 시원한 곳을 찾아 떠나야 하기 때문이기도 하지만, 방학 기간을 이용해서 아이들과 함께 휴가를 보낼 수 있는 유일한 시간이기 때문이기도 하다.

휴양지마다 사람들이 넘쳐 나고, 바가지를 쓰고, 정신이 없지만, 그래도 휴가 여행을 떠난다. 공연히 덤터기를 쓰기 싫은 사람들, 여행을 떠날 여유조차 없는 사람들은 아이들을 데리고 영화를 보러 간다. 아이들을 겨냥한 극장용 만화영화 〈로보트 태권 V〉와 〈태권동자 마루치 아라치〉가 개봉한 것도 바로 여름방학이 시작되는 7월이었다.

# 7월
## 휴식이 필요해

사실 휴가를 이렇게 보내는 데는 한국의 방학 제도 특징에서 기인한다. 다른 나라와 달리 한국의 학교는 여름방학과 겨울방학이 있다. 다른 나라들은 대체로 방학이 한 시즌에 몰려 있으며, 상대적으로 길다. 미국과 유럽, 일본에서는 1월에 1주일 정도의 짧은 휴식 기간만 있는 반면, 여름에는 2~3개월 정도의 긴 방학 제도를 갖고 있다. 동남아시아 국가들은 가장 더운 3~5월 사이에 긴 방학이 있다. 그래서 베트남은 더위가 한풀 꺾인 7월에 사회주의 공화국 수립을 선포했을까?

어쨌든 한국의 여름방학과 겨울방학은 모두 한 달이 넘는 긴 기간이다. 한 달이 넘어서 길다고 하지만, 그래도 막상 지내 보면 그리 긴 기간은 아니다. 방학이 2~3개월이라면 무언가 계획을 세울 법도 하지만, 한 달 정도의 기간으로는 제대로 쉬기도 어렵고, 그렇다고 체계적인 계획을 세워서 공부를 하거나 일을 하는 것도 어렵다. 그러나 한국처럼 천연자원이 부족한 나라에서는 겨울의 난방비와 여름의 냉방비를 줄이기 위해 불가피하게 이원적인 방학 제도를 시행할 필요가 있다.

이러다 보니 휴가의 개념 자체도 상당히 다르다. 대체로 다른 나라에서 방학 기간의 휴가 여행은 매우 길게 이루어지는 편이다. 짧게는 한 달, 길게는 두 달 정도를 다른 지역에 가서 생활하거나 일을 하다가 오는 경우가 많다. 그래서 한여름에 프랑스 파리에 가 보면 도시 전체가 거의 개점휴업 상태 같다. 이때의 파리 시내에는 프랑스 사람들보다 관광객들이 더 많은 듯한 느낌이 든다.

그러나 한국은 다른 나라에 비해 상대적으로 짧은 여름방학이기에, 휴가를 간다고 하면 길어야 일주일, 짧으면 2~3일에 끝나는 경우가 많다. 그래서 휴가를 다녀오고 나서도 무언가 모자란 것 같다. 그 때문인지 가을이고 겨울이고 봄이고 간에, 또 한 번 휴가를 다녀올 계획을 세우기도 한다. 한국의 여

행사들이 3~5일짜리 짧은 패키지 관광 상품을 많이 개발하는 것은 한편으로 가격을 낮추기 위한 목적도 있지만, 다른 한편으로는 한국인들의 휴가 개념을 반영한 것이 아닐까?

7월이 휴가의 계절이라 그런지, 이달에는 적극적인 계획을 세우거나 새로운 사업을 시작하지 않는 편이다. 또 가능하면 큰 행사도 열지 않는다. 중국에서 7월에 회의가 잡히면 좀 더 시원한 곳인 북부의 하얼빈 같은 도시에서 많이 개최하는 것처럼, 한국에서도 가끔은 제주도나 부산과 같이 바다에 인접한 곳에서 행사 등을 열기도 하지만, 큰 회의나 사업을 벌리기에 7월은 그다지 적절한 시기가 아니다.

7월에는 큰 사건이 많이 일어나지도 않았다. 3월에 시작해서 6월까지 정신없이 많은 일을 진행하고 나면, 7월에는 조금 지친다. 이제는 좀 쉬고 가야 할 것 같은 느낌도 든다. 이는 방학과도 관련이 있다. 한국의 민주화운동이나 사회운동이 대체로 학생들에 의해 주도되었기 때문에, 이들이 학교에 나오지 않는 7월이 되면 대체로 휴지기에 들어갈 수밖에 없었다.

과거에는 대학생들이 7월을 농촌 봉사 활동 기간으로 이용했지만, 지금은 국내외로 배낭여행을 떠나는 시즌으로 활용한다. 한 달 남짓의 여름방학을 맞는 한국의 초·중·고등학생들에게 7월은 극장도 가고 쇼핑도 할 수 있는 시간이다.

2년 동안 지루하게 계속된 정전 협상도 휴가철 전에 끝내려고 6월 중순에 타결을 보려고 했을까? 하지만 그 계획은 이승만 대통령의 반공 포로 석방 한 방에 날아가버리고, 7월 27일이 되어서야 마침내 정전협정이 조인된다. 날아간 휴가가 얼마나 아쉬웠으면 미국은 이승만 대통령을 제거할 계획까지 세우려 했을까?

그러나 핵 문제에 관한 한 7월은 쉬는 기간이 아니었다. 오히려 세계를 뒤흔든 사건들이 이달에 일어났다. 1945년 7월 세계 최초의 핵실험이 있었으며, 1968년 7월에는 핵확산금지조약(NPT)이 조인되었다. 인간사가 그런가 보다. 조금도 숨 돌릴 틈을 주지 않는구나.

# 세계 최초의 핵실험
## 인류를 핵 공포의 시대로 이끌다

**1945**
세계 최초의 핵실험

**1951**
정전 협상 시작
(1953. 7. 27. 조인)

**1968**
NPT 조인

**1976**
〈로보트 태권 V〉 개봉
베트남사회주의
공화국 수립

    1945년 7월 16일 뉴멕시코에서 맨해튼 프로젝트로 진행된 핵실험이 최초로 실시되었다. 맨해튼 계획은 제2차 세계대전 중 핵무기를 개발하기 위해 수립된 프로젝트다. 이 계획은 1939년 루스벨트 대통령에게 전해진 아인슈타인과 실라르드의 편지로부터 시작되었는데, 그들은 이 편지에서 독일의 나치보다 미국이 먼저 핵무기를 개발해야 한다고 강조했다. 그러나 핵무기뿐만 아니라 핵 자체가 적국은 물론이고 민주국가에서 사용된다 할지라도 엄청난 재앙을 불러들일 수 있다는 점에 대해서는 어느 누구도 예상하지 못했다.

    핵무기는 1930년대 초 영국에 의해 처음으로 그 개발이 추진되었다. 중성자의 존재와 핵분열을 통한 엄청난 폭발력이 과학계에 알려지면서 독일과 일본 역시 핵무기 개발을 추진했다. 그러나 자금의 부족과 함께 전황이 급박해지면서 영국, 독일, 일본은 모두 핵을 개발하지 못했다. 미국과 달리 당시 이 세 나라는 모두 자기 영토에서 전쟁을 치르는 상황이었다. 결국, 참전은 했지만 자국 영토에서 직접 전쟁을 치르지 않은 미국이 가장 먼저 핵무기를

위 : 인류 최초의 핵무기인 트리니티의 실험을 미국 뉴멕시코 앨라모고도에서 진행했다. 위 두 개의 사진은 핵실험을 준비하는 모습(1945. 7. 16).
아래 : 1945년 8월 6일 원자폭탄이 떨어진 뒤 도시 전체가 폐허로 변해버린 히로시마

제조했고, 이를 실제로 사용한 불명예마저 얻게 되었다.

1945년 5월 오펜하이머, 페르미, 로렌스, 콤프턴 등 4명의 과학자는 핵폭탄의 사용을 결정했다. 이들은 핵폭탄이 비록 죽음의 무기지만, 역으로 전쟁을 끝내고 인류에게 평화를 가져올 수 있다는 결론을 내렸다. 그리고 핵무기 실험만으로는 효과를 볼 수 없으며, 실전에 투입해야 한다는 결정을 내렸다.

실상 이 결정은 논란이 될 수 있는 부분이다. 미국이 히로시마와 나가사키에 핵폭탄을 떨어뜨리자 일본은 곧바로 항복했다. 이로써 미군은 더 이상의 피해자를 줄일 수 있었다. 어쩌면 미군의 상륙작전이 이루어지지 않았기 때문에 일본인의 더 큰 피해도 줄일 수 있었는지 모른다. 그러나 오늘날까지 원폭 후유증으로 고통받고 있는 피폭자들의 문제를 고려한다면, 핵무기 사용으로 인한 피해는 그때만의 문제가 아니라 지금도 계속되는 문제이기도 하다. 또한 일본의 빠른 항복이 핵무기 때문인지, 아니면 소련의 참전 때문인지를 구분하는 것도 명확하지 않다. 일본 정부는 일본 열도가 소련군에 점령당하는 것을 원하지 않았던 것이다. 과연 당시 핵무기 사용 결정은 올바랐다고 할 수 있는가?

맨해튼 계획으로 세 개의 폭탄이 제조되었는데, 첫 번째(트리니티 Trinity)가 7월 16일의 실험에 사용되었고, 두 번째(리틀 보이 Little boy)는 8월 6일 히로시마에 투하되어 14만여 명의 희생자를 냈다. 마지막 폭탄(팻맨 Fat Man)은 사흘 뒤 8월 9일 나가사키에 투하되었고 이로 인해 7만여 명이 다치거나 죽었다.

그러나 역설적이게도 반인류적 무기를 만드는 데 공헌한 과학자들은 평화를 위해 만든 노벨상을 받았다. 핵무기의 원리를 발견한 채드윅, 페르미, 한은 물론이고, 맨해튼 계획에 직접 참여한 맥밀런, 파인만, 램지 등도 노벨상을 수상했다. 물론 이들이 모두 핵무기의 실전 사용에 찬성한 것은 아니며, 독일과 일본의 전쟁 의지를 억제하기 위해 핵무기를 개발해야 한다고 주장했지만, 현실은 과학자들의 바람과는 반대 방향으로 움직였다. 페르미는 수소폭탄 개발에도 결정적인 공헌을 했다. 맨해튼 프로젝트의 책임자였던 오펜하이머는 이후 핵무기 개발을 후회했고, 결국 매카시즘에 의해 희생되었다. 나중에 출간된 오펜하이머의 평전에는 불을 인간에게 주었다가 고통을 당한 그리스 신화의 '프로메테우스'라는 제목이 붙었다.

냉전 시대에 핵무기는 군사적 수단이 아닌 정치적 수단으로서 역할을 했다. 또한 전쟁을 억지하는 역할도 했다. 핵무기를 사용할 경우 인류 전체가 멸망할 수 있다는 사실을 잘 알고 있었기 때문이다.

그러나 맨해튼 계획은 전범국인 일본에게 면죄부를 주었으며, 일본이 가해자가 아니라 피해자라는 인식을 갖도록 만들었다. 핵무기를 어렵지 않게 만들 수 있기 때문에 무분별한 개발을 막고자 핵확산금지조약(NPT: Nuclear Non-Proliferation Treaty)을 만들었지만, 인도, 파키스탄, 이스라엘에 이어 북한과 이란에 이르기까지 핵무기 개발에 대한 논란이 끊이지 않고 있다. 또한 탈냉전 이후 핵을 이용한 테러의 위협 역시 높아가고 있다.

그런데 핵의 또 다른 위협은 전쟁이 아니라 핵을 이용한 발전 시설로부터 오고 있다. 1986년 체르노빌 원자력발전소 사고는 말할 것도 없고, 2011년 일본의 후쿠시마 원자력발전소 사고는 전 세계를 핵 위험의 공포에 떨게 했다. 어쩌면 핵무기보다 핵발전소가 더 큰 재앙을 불러오고 있는지도 모른다. 100% 안전이란 불가능하기 때문이다. 화석에너지의 고갈과 핵에너지의 평화적 사용이 원자력발전소 설립의 명분이라지만, 그 결과는 참담하다. 그렇다면 핵의 사용은 전쟁 억지 역할을 했던 냉전 시대보다 탈냉전 이후 인류에게 더 큰 위협이 되고 있는 것은 아닐까?

## 2년간 계속된 정전 협상
협상 중에도 수많은 군인은 죽어가고……

1945
세계 최초의 핵실험

1951
정전 협상 시작
(1953. 7. 27. 조인)

1968
NPT 조인

1976
〈로보트 태권 V〉 개봉
베트남사회주의
공화국 수립

　1951년 7월 10일 개성에서 정전 협상이 시작되었다. 인천상륙작전 이후 전쟁을 쉽게 끝낼 것이라 생각했던 한국군과 유엔군은 중국군의 참전으로 오히려 38선 근방까지 밀리게 되었다. 중국군의 참전 이후 38선 부근에서 공방이 계속되자, 한국전쟁 참전국들은 일방적인 승리가 어렵다는 판단을 내리고 전쟁을 끝내기 위한 협상에 들어갔다. 미국은 비밀리에 소련에게 정전 협상을 제안했고 소련이 이를 받아들여, 유엔 내 소련 대표를 맡고 있는 야코프 말리크가 공식적으로 정전을 제안함에 따라 협상이 시작되었다.

　협상은 치열한 신경전으로 시작되었다. 유엔군과 공산군은 정전 협상에 참여하는 양측 대표의 차량에 백기를 달기로 했는데, 공산군 측이 백기를 매단 유엔군 차량의 사진을 유포하면서 유엔군이 항복했다고 선전하기도 했다(『경향신문』 1952. 3. 30). 또, 유엔군이 공산군보다 키가 크기 때문에 공산군은 유엔군과 앉은키를 맞추고자 유엔군 대표들이 사용할 의자의 다리를 짧게 자르는 해프닝도 벌였다(『경향신문』 1988. 12. 15). 협상 과정에 들어간 뒤에는 유엔군 비행기가 회담장 주변에 폭격을 했다며 공산군 측이 계속 항의하기도 했다.

정전 협상이 시작되자 사람들은 곧 전쟁이 끝날 것이라는 희망을 품었지만, 협상 과정은 간단하지 않았다. 개성에서 시작된 협상장은 판문점으로 옮겨졌으며, 이후 2년에 걸쳐 협상이 계속되었다. 협상에 들어간 뒤 군사분계선과 정전협정 위반 여부를 감시하는 중립국감독위원단 문제로 몇 달 간 논쟁이 이어졌는데, 실제로 가장 논란을 빚은 것은 포로 문제였다.

공산군 측의 유엔군 포로(11,000여 명)가 예상보다 너무 적은 것도 문제였지만, 북한이 남한을 점령하고 있을 때 강제로 동원한 남한 출신의 북한군 포로, 즉 반공 포로가 가장 중요한 쟁점으로 떠올랐다. 여기에 더해, 자원한

정전 협상 중 어느 날 유엔군 측 장교가 높게 쌓인 협상 기록 옆에 서 있다. 이렇게 많은 기록은 2년 동안 치열하게 진행된 오랜 협상의 과정을 보여준다.

사람들로 구성되어 있다는 중국군 포로 중에서 본토로 가지 않고 타이완으로 가겠다는 반공 포로가 14,000여 명에 이르면서 포로 송환은 더 복잡한 국제적인 문제로 비화했다. 포로수용소에서는 반공 포로와 공산 포로 사이에 또 다른 전쟁이 진행되기도 했다.

그러나 정전 협상이 진행되는 시기에 무엇보다 안타까웠던 사실은 지금의 군사분계선 부근에서 수많은 군인이 희생당했다는 점이다. 남과 북으로 밀고 밀리는 상황이 전체 3년간의 전쟁 기간 중 1년도 되지 않은 반면, 정전

협상 과정 중에 일어난 고지 전투는 2년에 걸쳐 진행되었다. 이 기간에 유리한 고지를 차지하기 위해 유엔군과 공산군은 치열한 전투를 벌였고, 수많은 젊은이가 아까운 삶을 마감했다.

영화 〈배달의 기수〉와 〈태극기 휘날리며〉, 그리고 〈고지전〉에서 묘사된 치열한 전투는 전쟁을 끝내기 위한 협상을 하는 과정에서 벌어진 모순의 현장이었다. 전쟁을 끝내자고 시작한 협상이건만, 실상 그 과정에서 더 많은 희생자를 만들어냈던 것이다. 남북으로의 공방전이 1년간 진행되었다면, 협상이 협정으로 결론을 맺는 데는 2년이 넘는 시간이 걸렸고 수많은 사상자를 양산했다.

왜 이런 상황이 발생했을까? 문제는 미국과 중국의 협상 전략이었다. 먼저 미국의 입장을 보자. 미국은 19세기 말 이후에 처음으로 완전히 승리하지 못한 전쟁을 한반도에서 치르고 있었다. 중국의 참전으로 승리가 어려워지자, 미국 정부는 '적에게 최대한 피해를 입히면서 명예롭게' 전쟁을 끝내는 것으로 전쟁 전략을 전환했다. 이를 위해서는 협상 기간 동안 폭격을 통해 공산군에게 최대한 피해를 입혀야 하며, 포로 석방 과정에서 공산주의를 싫어하는 더 많은 반공 포로를 만들어내야 했다. 중국이 생각하는 핵심적인 문제 역시 반공 포로였다. 중국 본토로 귀환하지 않겠다는 반공 포로가 나올 경우, 이는 '자원한 군인'이라고 선전한 중국 정부가 거짓말을 한 꼴이 되는 것이었다.

결국 중국과 미국의 자존심 싸움은 더 많은 젊은이의 피를 흘리게 했고, 1년도 안 되어 끝날 수 있는 전쟁을 3년이나 끌고 간 중요한 원인이 되었다. 2년간의 전투 끝에 성립한 남과 북 사이의 새로운 경계선도 38선에서 큰 변동이 없었다.

미국은 한국전쟁 때 구사한 정전 협상의 전략을 베트남전쟁 때 파리 평화협상으로 다시 가져갔다. 한국전쟁 때 협상과 폭격을 병행한 전략이 성공적이었다고 판단했기 때문이다. 실상은 그렇지 않았는데도 말이다. 한국전쟁으로부터 잘못된 교훈을 얻은 미국은 캄보디아로 폭격을 확대했음에도 불구하고, 결국 베트남전쟁에서 쓰라린 패배를 맛보았다. 역사적 사실도 제대로 알아야 '교훈'이 된다.

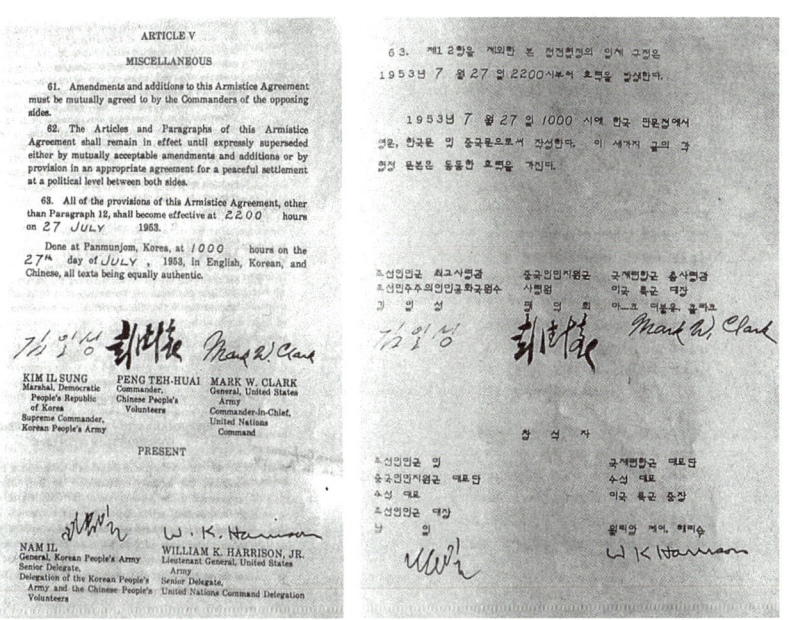

정전협정 문서. 북한 측의 김일성, 중국 측의 펑더화이, 유엔군 측의 마크 클라크 서명이 보인다.

# NPT 서명
## 평화 공존을 위한 긴 여정의 시작

1945
세계 최초의 핵실험

1951
정전 협상 시작
(1953. 7. 27. 조인)

1968
NPT 조인

1976
〈로보트 태권 V〉 개봉
베트남사회주의
공화국 수립

　1968년 7월 1일 워싱턴과 런던, 그리고 모스크바에서 핵확산금지조약(NPT)에 대한 서명이 이루어졌다. 핵무기를 갖고 있는 나라와 갖고 있지 않은 나라들이 참여하여 핵무기뿐만 아니라 핵무기 제조에 필요한 기술과 원료의 이전을 금지하는 조약에 서명한 것이다. 냉전 시대의 무정부적인 핵무기 개발 경쟁이 궁극에는 인류의 멸망을 가져올 것이라는 위기감에 공감한 결과였다.

　그러나 NPT에 대한 반발도 적지 않았다. 핵의 비확산, 핵 군비 축소, 핵 기술의 평화적 사용이 조약의 핵심 내용임에도 불구하고, 핵 보유국의 핵무기 감축에 대한 구체적인 의무 조항이 없는 반면 핵 비보유국에 대한 제한이 주요 내용으로 설정되어 있기 때문에 불평등조약이라는 비판이 계속 제기되었다. 또한 핵 보유국과 동맹을 맺고 있는 지역과 그렇지 않은 지역 사이의 형평성도 논란이 되었다. 핵 보유국과 동맹을 맺은 국가는 핵우산의 보호를 받을 수 있지만, 그렇지 않은 국가는 핵무기의 위협에 고스란히 노출될 수밖에 없기 때문이다.

또 다른 문제는 유엔 가입국이 모두 이 조약에 가입할 의무는 없기 때문에, 조약에 가입하지 않고 핵무기를 개발할 경우 비난 외에는 이를 실질적으로 막을 수 있는 장치가 없다는 점이다. 한국의 정전협정과 마찬가지로, 협정을 위반했을 때 이에 대해 제재하거나 벌칙을 가할 수 없다. 최근 북핵 사태에서 보는 바와 같이, 단지 유엔안전보장이사회의 결의에 따라 일정한 형태의 경제제재를 할 수 있지만, 이 경우도 그 효과는 제한적일 수밖에 없다.

이와 함께 조약 내용 중에 자의적 해석이 가능한 부분이 있다는 점도 문제로 지적되었다. 조약 중에는 "본 조약상의 문제에 관련되는 비상사태가 자국의 지상 이익을 위태롭게 하"는 경우에 가입국이 탈퇴할 수 있도록 한 규정이 있다. 그런데 '비상사태'를 어떻게 규정할 것인지의 문제와 '자국의 이익을 위태롭게 하는' 부분은 자의적으로 해석될 가능성이 농후했다. 결국 이러한 문제들로 인해, 인도, 파키스탄, 쿠바, 이스라엘 등은 핵무기를 개발했거나 개발을 추진했음에도 불구하고 NPT에 가입하지 않고 있다.

이렇듯 문제점이 있긴 하지만, NPT의 긍정적인 역할까지 부정할 수는 없다. NPT는 핵 확산을 방지하는 가장 중요한 조약으로 작동하고 있다. 현재 전 세계적으로 189개국이 NPT에 가입해 있으며, 유엔 상임이사국인 미국, 중국, 러시아, 프랑스, 영국 등 5개국만 핵 보유국으로 인정하고 있다.

NPT는 한반도에서도 중요한 관심거리다. 남한은 1975년 4월 NPT의 정식 비준국이 되었고, 북한은 1985년 12월에 가입했다. 그런데 문제는 남한에서 먼저 일어났다. 1970년대 중반 박정희 정부가 독자적으로 핵 개발을 추진하면서 NPT 조항을 위반한 것이다. 이는 한미 관계에도 갈등의 원인이 되었다. 핵무기 개발이 본격화되기 이전인 1973년, 한국은 이미 미국과 원자력협정을 통해 핵의 평화적 사용 외에 핵무기 제조가 가능한 핵 재처리를 하지 않기로 합의했기 때문이다. 당시 미국 정부는 한국이 핵 개발에 민감하게 대응했다. 한국의 핵 개발이 곧 북한과 일본의 핵 개발로 이어질 수 있다고 판단했기 때문이다. 일본이 핵을 개발할 경우 중국은 그에 대한 대응으로 핵전력을 강화할 가능성이 컸다. 그렇다면 이는 당시 군비 증강을 자제하고 있던 미국에게 재정적 부담을 안길 수 있었다.

미국이 한국의 핵 개발에 부정적이었던 또 다른 이유는 박정희 정부에 대한 불신이 컸기 때문이다. 1953년 반공 포로 석방과 1968년 북한에 의한 푸에블로호 납치 사건을 경험하면서 미국은 한국 정부가 유엔군 사령관의 승인을 받지 않고 단독으로 무력을 사용할 가능성을 경계했다. 한국 사회가 민주적이지 않은 이상, 미국은 한국의 핵 개발을 용인할 수 없다고 판단했다. 한국 정부의 핵 개발은 유신 체제가 무너지면서 더 이상 문제가 되지 않았다. 전두환 정부가 핵 개발 중지에 관해 미국 정부와 합의했기 때문이다.

1990년대 초 이후에는 북한의 핵 개발이 세계적인 관심사로 떠오르기 시작했다. 한반도가 핵 문제를 둘러싸고 다시 뜨거워지고 있는 것이다. 역설적이게도 1991년 남과 북이 '한반도비핵화공동선언'을 채택하고, 1992년 남한의 주한 미군에 배치된 핵무기를 모두 철수한 시점에서 핵이 또다시 문제가 되었다. 북한은 2003년 최초로 NPT 탈퇴국이 되었다. 1994년 이후 현재에 이르기까지 북한의 핵 개발을 둘러싼 논쟁이 계속되고 있지만, NPT나 IAEA만으로 이 문제를 해결하지 못하고 있다.

인류의 공멸을 막기 위해 마련된 NPT는 평화공존을 위해 중요한 조약임이 분명하다. 그러나 인류가 핵의 위협으로부터 자유로워지려면 핵 감축 및 핵 개발 금지에 대해 더욱 강화된 의무나 제재 조항이 필요하다. 또한 NPT 조항의 공정한 적용을 위해서는 핵 보유국들의 과감한 핵무기 감축 또는 폐기가 필요하며, 인도와 파키스탄, 이스라엘과 북한에 대한 적극적 감시와 제재도 필요하다.

# 〈로보트 태권 V〉 개봉
## 한국 애니메이션의 큰 족적

**1945**
세계 최초의 핵실험

**1951**
정전 협상 시작
(1953. 7. 27. 조인)

**1968**
NPT 조인

**1976**
〈로보트 태권 V〉 개봉

베트남사회주의
공화국 수립

    1976년 7월 24일에 극장용 만화영화인 〈로보트 태권 V〉가 개봉되었다. 〈로보트 태권 V〉는 1970년대 재밋거리를 찾지 못해서 〈아톰〉, 〈황금박쥐〉, 〈마징가 제트〉 등 일본 TV용 애니메이션에 빠져 있던 어린이들의 눈을 사로잡았다. 이 만화영화의 성공은 1970년대에 초등학생이라면 누구나 예외 없이 접한 태권도를 소재로 삼았기 때문이기도 했다. 당시 버스비가 20원, 짜장면 값이 100원이던 물가를 감안하면 500원이나 하는 〈로보트 태권 V〉의 영화표 값은 상당히 비쌌지만, 그때로서는 적지 않은 20만 이상의 관객을 동원했다.

    〈로보트 태권 V〉는 완성도 면에서도 꽤 수준 높은 만화영화였다. 이 영화는 단순히 일본의 로봇 만화영화를 표절한 것이 아니라, 한 단계 높은 수준의 로봇을 만들어냈다. 일본이 만들어낸 '마징가 제트'가 조정사의 명령에 따라 수동적으로 움직이는 로봇이었다면, '태권 V'는 조종사와 정신적 육체적으로 혼연일체가 되는 새로운 차원의 로봇이었다. 어쩌면 〈아바타〉의 아이디어도 〈로보트 태권 V〉에서 그 기원을 찾을 수 있지 않을까.

왼쪽 : 1976년에 개봉된 〈로보트 태권 V〉 포스터
오른쪽 : 7월 24일 개봉을 앞두고 신문에 게재된 〈로보트 태권 V〉의 광고(『동아일보』 1976. 7. 23). '500원'이라는 영화 요금도 보인다.

'태권 V' 시리즈는 표절 시비에 시달리기는 했지만, 한국 애니메이션 역사에 큰 족적을 남겼다. 1976년 〈로보트 태권 V〉 극장판이 최초로 개봉된 이래 24년간 6편의 속편이 발표되었다. 1970년대 초등학교를 다닌 사람 중에 태권 V를 모르는 사람은 없을 듯하다. 영화와 함께 그 주제곡도 선풍적인 인기를 끌었다.

그러나 1980년대 이후 제작된 '태권 V' 시리즈는 성공을 거두지 못했다. 1970년대 후반 이후 〈스타워즈〉나 〈죠스〉와 같이 만화에서나 가능한 내용이 실제 인물들을 등장시킨 영화로 개봉되면서, 만화를 통한 대리 만족이 줄

어들었기 때문이다. 그 영화들은 더 이상 만화를 보지 않아도 현실 세계에서도 만화와 같은 일이 일어날 수 있다는 생각이 들도록 했다. 게다가 1978년부터 개봉된 〈똘이 장군〉처럼 만화 속에 과도하게 냉전적 사고가 반영되면서 작품의 완성도가 떨어지기 시작했다. 이것은 다양한 사고 없이 일원적이고 냉전적인 정치 지향하에서는 훌륭한 예술 작품이 나올 수 없다는 평범한 진리를 보여준다. 사실 〈로보트 태권 V〉 역시 냉전적 사고로부터 자유로웠다고 할 수 없다. 특히 선과 악의 단순 구분, 북한을 연상시키는 적에 대한 묘사는 그러한 한계를 드러냈다. 또한 일본의 로봇 영화와 유사한 구성 등에서 벗어나지 못한 한계도 있었다.

태권 V의 성공은 〈태권동자 마루치 아라치〉로 이어졌지만, 1980년대 이후 극장판 애니메이션은 사양길을 걸었다. 한국 애니메이션의 계보는 오히려 TV용 만화영화로 이어져 〈아기공룡 둘리〉와 〈달려라 하니〉가 성공적인 평가를 받았고, 최근에는 극장이나 TV가 아닌 컴퓨터 게임으로 그 계보를 이어가고 있다. 그러나 한국적 애니메이션은 더 이상 발전하지 못하고 있는 상황이다. 다만 〈뽀로로〉 정도가 그 계보를 잇고 있다고나 할까?

보편적 정서와는 일정한 차이가 있지만 일본 식의 독특한 내용으로도 세계적인 애니메이션을 만들어내고 있는 이웃 나라 일본, 개인의 창조성과 다원성을 최대한 발휘하고 있는 유럽, 그러나 새로운 것을 창출하지 못하고 한류의 성공에 안주하면서 기존의 것을 재생산하는 데 그치고 있는 한국.

지금 한국의 대중문화가 한류의 붐을 타고 해외로 확산되고 있다. 드라마와 아이돌 가수에서 시작된 한류는 이제 영화와 '강남 스타일'을 통해 새로운 변화의 시기에 들어섰다. 이러한 흐름 속에서 태권 V의 전통을 이을 새로운 한국적 애니메이션을 기다려본다.

# 베트남사회주의공화국 수립
## 한반도에 불똥이 튄 베트남 통일

| | |
|---|---|
| | **1945**<br>세계 최초의 핵실험 |
| | **1951**<br>정전 협상 시작<br>(1953. 7. 27. 조인) |
| | **1968**<br>NPT 조인 |
| | **1976**<br>〈로보트 태권 V〉 개봉<br>**베트남사회주의<br>공화국 수립** |

    1976년 7월 2일 베트남에 사회주의공화국이 수립되었다. 1884년 프랑스의 식민지가 된 이후 약 100년에 걸친 전쟁이 종지부를 찍은 것이다. 1973년 미군과 한국군을 포함해서 모든 외국 군대가 철수한 뒤 3년이 채 지나지 않은 1975년 4월 30일 남베트남이 북베트남에 점령되면서 베트남은 전쟁의 소용돌이에서 벗어났다.

    베트남은 한국과 매우 유사한 역사적 전통을 갖고 있다. 베트남에 독립 왕조가 세워진 것은 10세기로, 한국보다 역사가 짧다. 그러나 식민지와 분단, 전쟁으로 이어지는 역사는 한국의 근현대사와 유사하다. 전근대 시기에 중국과 조공 관계를 맺었으며, 중국으로부터 유학을 적극적으로 수용했다는 것 역시 한국과 비슷하다. 지금도 하노이에는 과거 한자 문화권의 유물들이 많이 남아 있다. 조선의 지식인들 역시 이러한 베트남의 존재를 알고 있었기 때문에 1884년 베트남이 프랑스의 식민지로 전락하자 큰 충격을 받았다. 그래서 『월남패망사』라는 책이 19세기 말부터 20세기 초 한국에서 근대 민족주의의 형성에 큰 영향을 미쳤다.

1975년 4월 30일 오전 11시 30분, 북베트남의 탱크가 남베트남의 대통령궁 철문을 부수고 진입했다.

베트남전쟁은 1945년 태평양전쟁 직후 본격적으로 시작되었다. 1945년 이후 많은 식민지가 해방되었지만, 당시 패전국이 아닌 프랑스는 베트남을 포기하지 않았다. 프랑스 식민지 치하에서뿐만 아니라 일본 군국주의 점령 하에서도 해방운동을 전개해왔던 호치민의 베트남독립동맹은 프랑스의 그 같은 시도에 적극적으로 저항했고 1954년 디엔비엔푸 전투에서 결정적인 승리를 거두었다. 호치민이 승리할 수 있었던 이유 중의 하나는 1953년 한국전쟁에서 벗어난 중국이 베트남에 지원을 집중했기 때문이기도 했다.

호치민에게 패배한 프랑스는 베트남에서 철수할 수밖에 없었지만, 그렇다고 그냥 물러나지도 않았다. 베트남 문제를 미국에 떠넘긴 것이다. 이에 1954년 열린 제네바 회담에서 베트남의 분단을 결정하고, 향후 2년 내에 총선거를 실시할 것을 결의했다. 그러나 미국의 지원을 받고 있던 남베트남 정부는 총선거 실시를 거부했고, 결국 이는 남베트남에서 본격적인 게릴라 전쟁이 시작되는 원인이 되었다.

1964년 미국이 대규모 파병을 시작하면서 베트남전쟁이 본격화되었다. 이 전쟁은 10년이 넘는 긴 기간 동안 계속되었다. 그 10년간 미국은 베트남 전쟁이라는 늪에서 빠져나오지 못했고, 베트남은 초토화되었다. 게릴라를 상대로 한 전쟁에서 이기기 위해 미국은 네이팜탄이나 고엽제와 같은 비인간적인 무기들을 사용했다. 1973년 마침내 미군이 철수했고, 곧 베트남은 사회주의 국가로 통일을 이룩했다.

베트남의 통일은 한국 사회에도 큰 영향을 미쳤다. 남베트남이 패망한 1975년은 한국에서 유신 체제 반대운동이 한창 전개되던 시기였다. 야당에서도 김영삼 총재의 지도하에 적극적으로 민주화 투쟁이 진행되고 있었다. 그런데 이 와중에 남베트남이 패망하고 베트남사회주의공화국이 수립되자, 유신 정권은 이를 적극적으로 이용했다.

먼저 박정희 정부는 영수 회담을 통해 야당의 투쟁을 무력화시켰다. 양자 사이에 구체적으로 어떠한 이야기가 오갔는지는 정확히 알 수 없지만, 박정희 대통령이 베트남 패망으로 인한 안보 위기에 대해 야당에 적극 협조를 구했을 가능성이 크다. 특히 남베트남 패망 직전인 1975년 4월 18일 김일성이 중국을 방문했다는 사실 때문에 더욱 안보에 대한 불안이 컸을 것이다. 당시 김일성은 남베트남 패망을 계기로 제2의 한국전쟁을 일으키겠다는 구상을 했다고 한다. 이는 결국 야당의 유신 반대 투쟁이 한풀 꺾이는 계기가 되었다.

박정희 대통령은 '시국에 관한 특별 담화문'을 발표하고, 반공과 총화를 더욱 강조하기 시작했다. 1975년은 민청학련 사건과 이른바 인민혁명당 사건이 발생한 지 1년밖에 지나지 않았고, 유신에 반대하는 사회적 공감대가 널리 형성되고 있는 시기였기 때문에, 남베트남의 패망은 박정희 정부에게 중요한 기회가 되었다. 남베트남이 패망하기 직전인 1975년 4월 8일 긴급조치 7호를 내려 고려대학교에 휴교령을 내렸고, 동년 5월 13일에는 악명 높은 긴급조치 9호를 발동했다. 또한 학생회 조직을 학도호국단으로 바꾸었으며, 동년 7월 9일에는 사회안전법과 민방위기본법 등을 발효했다.

베트남전쟁은 한국의 대외 관계에도 변화를 가져왔다. 특히 한일 관계에 큰 영향을 미쳤다. 당시 한일 관계는 1973년 김대중 납치 사건과 1974년 문세광 사건(재일 교포 문세광이 8·15 기념식장에서 박정희 대통령을 저격하려다가 영부인 육영수가 피격되어 사망한 사건)으로 인해 최악의 상황으로 치닫고 있었다. 그러나 남베트남이 패망하면서 양국은 모두 큰 위기감을 느꼈다. 결국 대외적 환경의 변화에 따라 양국은 '반공'이라는 공동 목표 아래 서로 협조하는 방향으로 정책을 전환했다. 이와 관련하여, 두 사건을 한일 양국 정부가 정치적으로 이용했고, 미국이 한일 간의 갈등을 조정하려는 상황에서 남베트남의 패망이 한일 양국에 정책 전환의 중요한 계기를 만들어주었을 뿐이라는 주장이 있는데, 이것이 사실에 더 가까울 수도 있다.

사회주의 국가 베트남은 1980년대 후반 도이머이 정책(베트남식 개혁·개방 정책)을 통해 본격적인 개방에 나섰다. 그리고 지금은 한국뿐 아니라 미국과도 경제적으로 중요한 관계를 맺고 있다. 최근에는 미국과 베트남이 군사 협력을 모색한다는 뉴스도 나오고 있어 격세지감이 느껴진다.

그러나 우리는 베트남 역사에서 통일된 베트남 사회가 현재까지도 안고 있는 사회적 문제를 직시하는 것이 필요하다. 베트남의 통일이 북베트남의 주도로 이루어진 만큼 통일 이후에도 남북 베트남 사이에는 갈등이 상존하고 있다. 이러한 예는 독일에서도 나타난다. 이러한 사회적 갈등 문제는 통일을 대비하는 한반도에도 많은 시사점을 준다. 역사를 통해, 다른 나라의 경험을 통해 미래를 기획해보자.

Special Record

# 1975년 김일성의 중국 방문

— 중화인민공화국 주재 동독대사관의 평가보고서

**1** 김일성이 1975년 4월 18일부터 26일 사이 중국을 방문했다. 베이징과 난징에 머물렀다. 주로 공장과 인민 모임들, 명승지와 역사 유적지를 방문했다. 군대를 방문했다는 보고는 없다.

4월 19, 20, 21일, 그리고 25일에 베이징에서 공산당 및 정부 관계자 사이에 회의가 있었다. 대표단은 김일성과 덩샤오핑을 대표로 했다. 4월 26일에 공동 성명에 합의하고 28일에 발표했다.

공동 성명과 연설은 모두 김일성의 중국 방문을 역사적으로 중요하고 위대한 사건이라고 칭송했다. 공동 성명에 따르면 정치 협상은 혁명적이고 우호적인 분위기 속에서 진행되었으며, 완벽한 합의를 이루었다고 한다.

김일성의 중국 방문에 대한 중국 지도부의 답방에 대해서는 어떠한 보고도 없었다.

**2** 중국은 김일성의 방문 때 특별하다고 할 정도로 최대한의 호의를 베풀었다. 베이징 역에서는 호화로운 영접이 있었다.

김일성은 조선 혁명에서 마르크스-레닌주의의 진정한 영웅이며, 조선 인민의 위대한 영웅으로 불리었고, 현명한 지도자, 중국 인민의 진정한 친구이자 가장 가까운 동지로 칭송되었다.

김일성은 4월 19일 마오쩌둥 및 주더朱德와 회의를 갖고, 20일에는 저우언라이周恩來와 중요한 회의를 했다. 김일성은 1971년 6월 차우셰스크가 중국을 방문한 이래 4년 만에 첫 번째로 방문한 공산권의 지도자이다. (중략) 베이징에 있는 캄보디아의 대표단이 모든 공식 행사에 참여했다. 김일성이 이끄는 북한의 대표단은 캄보디아의 시하눅 왕자를 두 번 만났고, 양자의 관계는 매우 좋아 보였다.

**3** 연설과 공동 성명은 양자 간의 이슈에 포커스가 맞춰졌다. 이들은 서로의 정책이 올바르다는 점을 칭송했다. (중략)

그뿐 아니라 중국은 북한이 제2차 세계대전 이후 미제국주의를 처음으로 이긴 국가로 표현하면서 반제국주의 투쟁의 빛나는 모범으로 칭송했다. 동시에 천리마운동이나 3대 혁명과 같은 북한 국내 정책의 성공에 대해서도 높이 평가했다. 북한 측은 중국의 문화혁명과 반유교反儒敎·반린뱌오反林彪 캠페인이 중국 프롤레타리아 독재를 공고화했다고 칭송했다.

**4** 김일성이 방문한 기간에 벨기에의 총리 레오 틴더만스가 방문했다는 사실을 보건대 이번 방문은 짧은 기간 동안 급하게 조율되었음을 알 수 있다. 김일성의 방문 배경에는 최근 인도차이나 인민들의 위대한 승리가 있다. 북한의 지도자는 이러한 상황에서 남한에 대한 정책을 어떻게 이끌어가야 하는가의 질문에 직면했다. 한반도 문제는 이번 양국 간 협상의 중심이며, 이것이 연설과 공동 성명에서 다른 방식으로 반영되었다.

중국 측의 성명은 처음부터 관행적인 내용을 담고 있다. 중국은 특히 김일성이 "한국의 독립적이고 평화적인 통일을 추진하고 있으며, 조국의 평화적 통일을 위해 반복적으로 정확하고 합리적인 제안을 하고 있다"라고 강조했다. 또한 7·4남북공동성명과 1973년의 5개항 제안에 대해서도 강조했다. 아울러 주한 미군 철수를 지지하고 박정희의 두 개의 한국 정책에 대해 비판했다.

김일성은 4월 19일의 연설에서 통일에 대해 언급했다. 그는 한국의 통일이 "세계적 차원에서 반제국주의 해방 투쟁의 사슬에 연결되어 있다"라고 하면서 극단적인 군사적 성격의 연설을 했다. 김일성은 "적에 의해서 전쟁이 시작된다면 우리는 경계선을 잃겠지만, 조국의 재통일을 얻을 것"이라고 말했다.

4월 26일의 공동 성명은 주로 중국 측의 입장을 담고 있다. 북한의 입장은 나타나지 않고 있다. 또한 북한은 중국 측에 감사를 표시하지 않았다. 이러한 분석을 감안할 때 북중 사이에서 통일 문제와 관련하여 완벽한 동의는 없었던 것으로 보인다. 중국의 대내외 정책을 감안할 때 중국의 지도자들은 한국의 군사적 상황에 끌려 들어갈 준비가 되어 있지 않은 것으로 보인다.

5 김일성의 방문 기간 동안 몇몇 국제적 이슈에 대한 중요한 성명들이 있었다. 4월 19일 덩샤오핑의 성명을 포함해서 대체로 소련과 제3세계, 그리고 새로운 세계전쟁에 대한 문제들을 언급하고 있다.

양국은 제3세계의 위상과 역할을 놓고 일정한 차이가 있다. (중략)

물론 덩샤오핑이 거대한 반소비에트주의에 대해 연설한 내용을 김일성이 수용하지 않았고, 오히려 방문 기간 동안 김일성은 그러한 내용에 대해서 언급하지 말 것을 요청했다. (중략)

6 (중략) 김일성의 방문 기간 동안 앞으로 중국과 북한 관계의 진전에 대한 확실한 언급은 없었다. 상대적으로 협의 기간이 길었음에도 불구하고 북한 대표단이 난징을 방문하는 동안 대외무역장관과 대외경제관계장관이

베이징에 머물러 있었다는 점을 감안한다면, 경제적인 문제는 중요한 논제가 아니었던 것으로 보인다. (중략)

7 결론 : 이번 방문은 북한과 중국 사이에 서로 다른 견해와 풀리지 않은 문제들이 있었음을 보여준다. 이 점은 사회주의 사회에서 북한에 대한 정책을 수립하는 데 중요한 힌트를 주고 있다.

비틱 대사

— 중화인민공화국 주재 동독대사관의 평가보고서,
「김일성의 중국 방문에 대한 요약된 보고서(1975년 4월 18일부터 26일까지)」,
1975. 5. 6, 베를린에 있는 연방외무정치기록관(PolA AA), MfAA, C 6857.(요약문)

## 해설  제2의 한국전쟁이 발발했을 가능성은?

한국현대사에서 한국과 베트남은 많은 인연이 있다. 두 나라 모두 분단을 경험했고, 냉전 시기에 '열전'을 경험했다. 중국의 주변 국가로 국경을 접하고 있으면서 한국과 베트남은 냉전 시기에 아시아에서 중요한 지정학적 위치로 세계적인 주목을 받았다.

1945년 이후 한국과 베트남의 인연은 1954년부터 시작되었다. 한국에서 정전협정이 체결되자 중국은 베트남에 지원을 늘렸고, 이는 디엔비엔푸 전투에서 북베트남이 프랑스에 승리하는 결정적 계기가 되었다. 1965년 한국의 베트남 파병은 한반도에 안보 위기를 불러오는 직접적인 원인으로 작용했다. 그리고 1975년 남베트남의 패망은 베트남과 한반도 사이에 또 다른 인연을 불러올 뻔했다.

앞의 자료는 1975년 베이징 주재 동독대사관이 본국에 보낸 전문이다. 이 자료에 따르면 북한의 김일성 주석은 1975년 4월 18일부터 26일까지 중국을 방문하여 마오쩌둥과 덩샤오핑 등 최고위 지도자와 면담을 가졌다. 남베트남의 대통령궁이 북베트남에 함락된 1975년 4월 30일로부터 정확히 12일 전이다.

김일성은 왜 중국을 방문했을까? 동독대사관의 보고에 따르면 김일성은 남베트남의 함락과 함께 제2의 한국전쟁을 계획했을 가능성이 크다. 닉슨독트린 발표 이후 미국은 한반도에서 주한 미군 1개 사단을 철수했고, 1973년 베트남에서 미군을 모두 철수했다. 닉슨 대통령의 중국 방문 직후에는 유엔 한국통일부흥위원단이 해체되었고, 중국이 타이완 대신 안전보장이사회의 대표로 참여했다. 이제 한반도에서 어떤 상황이 발생해도 미국이 참전할 가능성은 높아 보이지 않았다. 또한 중국이 있는 한 미국이 유엔군을 통해 한반도 개입을 하는 일은 더 이상 가능할 것 같지 않았다.

이 대목은 마치 1950년 봄 김일성과 박헌영이 스탈린을 만났을 때를 연상케 한다. 스탈린과 김일성은 한국전쟁이 발발하기 3개월 전 한반도에서 전쟁이 일어난다고 해도 미국이 군대를 파견하지 않을 것이라는 점에 의견 일치를 본 바 있다.

그러나 다행스럽게도 1975년 시점에서 북한과 중국은 의견의 일치를 보지 못했던 것 같다. 중국은 1972년 이후 미국·일본과의 유화 정책을 실시해 왔고, 문화대혁명은 거의 막바지를 향해 가고 있었다.

1975년, 베트남과 한국의 인연은 제2의 한국전쟁으로 이어질 뻔했다. 그러나 다행히 전쟁은 발발하지 않았다. 그리고 1976년 7월 2일 베트남은 사회주의공화국 수립을 선언했다. 이로부터 16년이 지난 1992년 한국은 베트남과 수교를 맺고, 이제 군사적이 아닌 경제적 관계를 강화하고 있다. 한국은 베트남에 해외직접투자(FDI)를 많이 하는 나라 중 하나다. 어제의 적이 오늘의 친구가 되었으며, 하노이와 호치민 시의 전쟁박물관에 전시된 한국군에 의한 민간인 학살 관련 사진은 모두 사라졌다.

## 7월을 보내며

### 군자대로행 君子大路行

태평양전쟁 말기에 미국은 왜 원자탄의 사용을 결정했을까? 원자탄을 사용하지 않고도 미국은 일본에 승리할 수 있었다. 미국이 원자탄을 사용한 1945년 8월 초는 이제 껍데기만 남은 일본에게 최종 항복만 요구하면 되는 시점이었다. 어쩌면 봉쇄만 하고 있어도 일본은 그냥 무너질 수 있는 상황이었다. 게다가 독일 항복 이후 소련은 태평양전쟁 참전을 약속했다. 무엇이 이렇게 미국으로 하여금 반인류적인 결정을 하도록 만들었을까?

예측할 수 있는 가장 큰 이유는 미국이 두 가지 문제를 해결하고자 했던 것 같다. 첫째, 가급적 전쟁을 빨리 끝냄으로써 미군의 사상자 수를 줄이는 것이다. 유럽 전선에서도 이미 많은 미군이 희생당했지만, 태평양전쟁은 유럽에서보다 더 힘든 전쟁이었다. 일본군들은 죽을 각오로 덤벼들었다. 항복을 하지 않고 자살을 선택하는 군인이 있는가 하면, 비행기를 몰고 미군의 해군 함정에 그대로 돌진하는 자살특공대도 있었다. 바로 가미카제다. 원래 가미카제는 원나라가 고려의 해군과 함께 일본을 침공했을 때 대한해협에 불었던 바람을 일컫는 말로, '신의 바람'이라는 뜻이다. 그 바람이 없었다면 일본은 전쟁에서 질 수도 있었다. 그래서 일본은 태평양전쟁을 치르면서 불쌍한 젊은이들을 자살특공대로 동원하여 몽골군을 이겼던 그 바람을 다시

금 일으키고자 했다.

이들을 상대해야 하는 미군은 얼마나 두려웠겠는가? 죽기를 각오하고 덤비는 사람과 싸워야 하는 상황을 상상해보라. 게다가 미군이 일본 본토에 상륙작전을 시작할 경우엔 어떤 상황이 발생할지 예측하기 어려웠다. 이 위험에서 미군을 구하려면 하루라도 빨리 전쟁을 끝내야 했다. 이럴 때 원자탄을 사용한다면 일본의 조기 항복을 받아낼 수 있을 것이다.

미국의 루스벨트 대통령이 전쟁을 빨리 끝내려고 구상한 또 하나의 방안은 소련에 참전을 종용한 것이다. 만약 소련군이 만주 지역에서부터 남하해 온다면 일본군은 생각보다 빨리 붕괴할 수도 있다. 만주에 있던 일본의 관동군은 일본 제국 내 최강의 육군이었다. 만약 소련군이 관동군을 맡아준다면 일본 제국은 쉽게 무너지리라고 판단했을 것이다.

이러한 방안은 루스벨트의 전후 구상과도 관련이 있었다. 그는 '말썽쟁이' 일본과 독일을 무력화하기 위해 소련과 함께 전후 세계를 양분할 생각을 갖고 있었다. 그러나 그의 구상은 미국과 소련이 냉전적 대결 구도를 통해 세계를 양분한다는 생각은 아니었다. 오히려 미국과 소련의 '협조'로 평화로운 세계 체제를 만들겠다는 의도를 갖고 있었다.

그런데 이러한 상황이 원자탄을 사용하게 된 두 번째 이유를 제공했다. 소련은 생각보다 빨리 남하했다. 일본의 최강 육군으로 여겨진 관동군이 힘없이 무너진 것이다. 소련은 참전한 지 며칠이 지나지 않아 만주를 거쳐 한반도로 진격해 들어왔다. 미국이 오키나와에 머물러 있으면서 일본 본섬에 대한 본격적인 상륙작전을 전개하기도 전에, 소련은 한반도 전체를 점령하고 일본으로 상륙작전을 전개할 수도 있는 상황이었다.

이때 루스벨트가 급서하고 트루먼 부통령이 대통령직을 승계하여 태평양전쟁을 끝내는 역할을 맡게 되었다. 트루먼은 루스벨트와 다른 생각을 갖고 있었다. 그는 소련에 호의적이지 않았다. 전후 소련과의 협조보다는 공산주의의 확산을 막기 위한 봉쇄 정책이 더 필요하다고 생각했다. 트루먼은 가급적 소련이 태평양전쟁에 참전하는 것을 막고자 했다. 그리고 이를 위해 원자탄의 사용을 허가했다. 그러나 공교롭게도 원자탄이 히로시마에 떨어진 다음 날 소련은 참전을 시작했고, 빠르게 남하했다.

미국에 항복하느니 모두 자살하자고 주장한 일본 왕과 군국주의자들 역시 다급한 입장이 되었다. 잘못하면 일본의 일부 또는 전체가 소련군에게 점령당할 수도 있다고 판단했다. 공산주의자들의 점령하에서 재기 불능의 국가가 되느니, 빨리 항복해서 미국의 아래에 있어야 한다고 판단했을 것이다. 일본은 1945년 이전 식민지 독립운동을 지원했던 소련에 대해서 잘 알고 있었다. 소련의 반자본주의적 입장은 일본의 미래를 위협할 것이라 생각했다. 그래서 체면이고 뭐고 할 것 없이 일본 왕은 항복을 택했다. 당시 일본은 소련과 불가침조약을 맺은 상황이기 때문에 소련이 참전하지 않을 것이라 믿고 있었고, 오히려 미국과 일본 사이의 전후 중재를 소련에게 요청하려 했었다고 한다.

그러나 미국은 원자탄을 사용함으로써 큰 타격을 입었다. 태평양전쟁에서 거둔 미국의 승리는 상처뿐인 승리였다. 미국은 인류 역사상 반인륜적 무기를 사용한 최초의 국가가 되었다. 게다가 전쟁 책임이 있는 일본은 태평양전쟁의 가해자가 아니라 원자탄의 피해자로 스스로 자리매김했다. 미국은 군사적으로뿐만 아니라 도덕적으로도 완전하게 승리할 수 있는 기회를 스스로 날려버렸다.

미국은 '꼼수'를 썼다. 만약 미국이 소련에 참전을 요청하지 않았다면 어떠한 결과가 나타났을까? 미국은 소련의 참전 없이도 일본에 승리할 수 있었다. 또한 소련이 참전한 상황에서 원자탄을 사용하지 않았더라도 미국은 일본의 항복을 받아낼 수 있었다.

　전쟁을 빨리 끝내고자 소련에 참전을 요구했던 미국의 '꼼수'는 결국 소련에게 만주와 한반도 38선 이북을 내주는 결과를 초래했다. 원자탄 사용이라는 또 다른 '꼼수'는 일본이 '가해자'가 아니라 '피해자'라는 인식을 갖도록 만들었다. 이는 이후 동북아시아에서 한·중·일 간에 역사 교과서 문제를 둘러싼 논란이 끊이지 않는 중요한 이유 중 하나가 되었다. 일본의 극우 세력은 지금까지도 식민 통치와 태평양전쟁 도발에 대해 반성은커녕 근대 문명을 전파하고 서구 제국주의 국가들로부터 아시아를 지키기 위한 전쟁을 했던 것이라고 주장하고 있다.

　국제 관계에서 이런 '꼼수'는 적잖게 보인다. '꼼수'는 결코 좋은 결과를 가져오지 않는다. 군자대로행君子大路行이요, 대도무문大道無門이라 했다. 군자는 큰 길로 가고 마땅히 도리를 지키며 큰 생각을 갖고 나아가야 한다는 뜻이다. 다시 말해 작은 이익을 위해 약삭빠른 짓을 하지 않는다는 뜻이다. 국제 관계에서 쓰는 '꼼수'는 결국 상대방이 그 본질을 파악하게 되므로 상호 간의 '신뢰'를 무너뜨리는 결과를 가져온다. 미국이 개발도상국의 신뢰를 얻지 못하는 이유 중 하나도 바로 이것이다. 미국은 겉으로 민주주의를 외치면서 실제로는 개발도상국에서 독재를 지지하고 인권을 무시하는 경우가 적지 않았다. '민주주의'를 대외 정책의 중요한 원칙으로 내세웠지만, 실상 실리에 따라서 그 원칙을 지키지 않는 경우가 많았던 것이다.

　지금 한국은 대외적으로 영향력이 확대되고 있다. 아직 내부적으로 분단 문제를 해결하지는 못했지만, 한국 경제의 무역의존도가 높고 유엔 사무총장에 한국인이 선출되기까지 했다. 세계는 한국에 주목하고 있으며, 세계에서 한국의 역할은 점점 더 커지고 있다. 과거와 같이 미국의 요청에 따라 미국의 돈을 받고 해외에 파병할 수는 없다. 물론 평화의 재건을 위한 평화유지군(PKO) 파병에는 적극 나서야 한다. 국제적 위상이 높아진 한국이 실리를 앞세워 '꼼수'를 쓴다면 그 이미지는 어떻게 될까?

겉으로는 민주주의와 평화를 말하면서 실제로는 전쟁 특수를 노리며 들어간 이라크와 아프가니스탄에서 우리는 무엇을 얻었나? 진정 민주주의와 평화를 목적으로 파병했다면 그 목적에만 충실해야 하는데, 한국은 꼼수를 썼고 결국 아무런 성과도 얻지 못했다. 단지 미국을 도와주었다는 것 외에는. 그런데도 당시 미국의 부시 대통령은 참전국에게 감사의 메시지를 보내면서 한국만 언급하지 않았다. 그 전쟁은 정의의 전쟁이라고 할 수 없는 전쟁이었다.

단기간의 실리를 챙기다가는 장기적으로 큰 손해를 볼 수 있다. '평화'와 '민주주의' 그리고 '인권'이라는 원칙하에 대로大路와 대도大道를 추구하는 것이 궁극적으로 미래 한국에 큰 힘이 된다. 꼼수는 결국 화를 부른다.

# 8월
## 여름의 마지막 고비

수풍댐의 송전 시작

소련의 핵실험 성공

재일 조선인 북송 사업

의문의 통킹만 사건

분단 이후 첫 남북적십자회담

8월을 보내며 : 역사적 사실보다 더 무서운 것은 기억

8월 초에는 절기상 입추가 들어 있다. 그래서 '가을'이 오나 싶지만, 막상 8월은 여름의 절정이다. 8월 말까지 무더위가 계속된다. 계속되는 무더위에 지칠 때쯤이면 가끔 집중호우가 쏟아지기도 하고, 태풍이 찾아오기도 한다. 그러나 식을 것 같던 무더위는 쉽게 물러가지 않는다.

그래서 8월을 잘 넘기는 것은 매우 중요하다. 한국과 같이 전통적인 농업 국가는 특히 8월을 어떻게 넘기느냐가 꽤 중요하다. 만약 8월에 홍수가 난다면, 가뭄이 온다면, 강력한 태풍이 온다면, 한 해 농사는 그것으로 끝이다. 뜨거운 햇볕도 나야 하고 무더위도 있어야 하는 8월이 가을처럼 서늘하다면 벼가 충분히 자라지 못한다. 이렇게 중요한 8월을 넘기고 나면 일단 한숨 돌릴 수 있다. 일본은 그 8월을 버티지 못하고 1945년 8월 15일 항복했고, 한국은 해방이라는 큰 선물을 쟁취할

수 있었다.

8월은 7월보다 바쁘다. 이제 또 본격적으로 활동해야 할 가을을 맞이하는 시기이기 때문이다. 한국뿐만 아니라 미국도 그렇고, 유럽도 그렇고, 중국도 그렇고, 8월을 보낸 뒤 9월에는 기나긴 무더위를 끝내고 본격적인 활동을 다시 시작하는 때다. 그리고 학교는 개학을 한다. 개학을 맞으려면 8월에 준비를 잘해야 한다. 모든 일이든 7월에 계획을 구상한다면, 8월에는 그 계획을 구체화해야 한다. 그래야 9월에 본격적으로 일을 시작할 수 있다.

우연인지는 몰라도 8월에 일어난 일들 중에는 본격적인 사업 진행을 위한 전 단계로 이루어진 중요한 일들이 적지 않다. 1941년 8월 초 동양 최대의 규모로 건설된 수풍댐이 송전을 시작했다. 송전이 시작되었다는 것은 한편으로 수력발전소가 본격적으로 가동했음을 의미하기도 하지만, 다른 한편으로는 새로운 산업 시설을 발전시키기 위한 기반 시설이 마련되었음을 뜻한다.

1949년 8월에 실시된 소련의 핵실험은 냉전 시대 핵미사일 경쟁을 알리는 신호탄이었다. 세계적 차원의 냉전은 제2차 세계대전이 끝난 1945년에 시작되었다. 한국·독일·중국과 같은 분단 국가에서는 냉전이 일찍부터 시작되었지만, 막상 냉전의 정점에 있는 미국은 사회적으로 아직 냉전이 체감되지 않은 상황이었다. 이런 상황에서 소련의 핵실험 성공은 이제 미국을 포함한 전 세계에서 냉전이 내재화되는 본격적 계기를 만들었다고 할 수 있다.

1959년 8월 재일 조선인 중 일부가 북한으로 귀환하기 시작했다. 일본 정부로서는 재일 조선인의 북송이 5년 앞으로 다가온 도쿄올림픽을 준비하기 위한 작업이기도 했다. 그들의 시각에서는 '잠재적 범죄자'인 재일 조선인들을 돌려보낼 수 있으니 말이다. 그러나 재일 조선인의 입장에서 보면 그것은 '북송'이 아니라 '귀환'이었다.

1964년 8월에는 통킹만 사건이 일어났다. 냉전을 뒤흔든 베트남전쟁의 본격적인 확대를 알리는 준비 작업이자 신호탄이었다. 미국은 북베트남에 폭격을 시작하면서 전쟁을 베트남 전역, 더 나아가 인도차이나 반도 전 지역으로 확대했다. 베트남전쟁은 베트남이라는 작은 나라에서 일어난 제한된 전쟁이었지만, 참전국 전체를 뒤흔들어 놓았다. 또한 이 시기에 일어난 유럽의 6·8혁명이나 미국의 반전 시위, 그리고 체코의 봉기는 이제 세계로 하여금 근대를 넘어선 새로운 시대로 전환할 것을 요구했다.

1971년 8월에 제안하여 성사된 남북적십자회담은 이산가족의 만남을 준비하는 일이 시작되었음을 알렸다. 비록 이산가족의 첫 만남까지는 그로부터 14년이 더 걸렸고, 이 회담의 정치적 성격에 대해서도 따져봐야 하지만, 강제로 떨어진 가족의 만남을 위한 준비는 어떤 목적에서든 굉장히 숭고한 첫 걸음이었다.

이런 의미에서 본다면 8월은 2월과 비슷한 성격을 갖는다. 무언가 준비하고 무언가를 본격적으로 시작하기 위한 전 단계의 시기. 미국과 유럽에서는 새 학기가 9월에 시작되는 만큼 그러한 느낌이 더 강하게 다가올 것이다.

# 수풍댐의 송전 시작
## 세계 최대의 발전량을 자랑하다

**1941**
수풍댐 송전 시작

1949
소련의 핵실험 성공

1959
북송 사업

1964
통킹만 사건

1971
남북적십자예비회담

1941년 8월 5일 수풍댐이 송전을 개시했다. 1944년에 완공되기는 했지만, 1937년 식민지 조선의 총독부와 만주국이 국경 하천인 압록강 유역에 수력발전소를 건설하기로 합의하고 1938년에 착공한 지 3년 만에 송전이 시작된 것이다. 전기로 만든 질소를 이용해 비료를 생산하던 일본질소비료주식회사가 한반도에 진출하여 조선질소비료주식회사를 설립하고 장진호댐에 이어 수풍댐 건설을 주도했다. 당시 아시아에서 가장 큰 규모의 수풍댐이 건설됨으로써 1940년대 초 식민지 조선은 본국 일본보다 더 안정된 전력 시스템을 갖추게 되었다. 당시 일본에는 거대한 규모의 수력발전소가 없었다.

수풍댐 건설은 간단한 사업이 아니었다. 사업을 주도한 조선과 만주국이 서로 다른 전력 시스템을 갖고 있었기 때문이다. 당시 조선은 60Hz, 만주국은 50Hz의 전력 주파수를 사용했다. 게다가 군부가 주도하는 만주국과 관료들이 주도하는 조선의 총독부, 그리고 대기업인 조선질소비료주식회사 사이의 협력 역시 간단한 문제가 아니었다. 각각의 주체들은 동상이몽을 하고 있었다. 군사적인 목적과 행정적인 목적, 그리고 개인기업의 목적 사이에서 타

왼쪽은 수풍댐의 발전용 시설을 매설하는 작업이고, 오른쪽은 건설 직후의 수풍댐이다.

협을 이뤄내기는 쉽지 않았을 것이다.

그러나 1936년 만주산업개발 5개년 계획을 수립한 만주국의 전력 부족 문제, 그리고 만주사변 이후 만선일여滿鮮一如(만주와 조선은 하나이다)를 주장해 온 조선의 식민 통치자들의 고민이 서로 맞닿는 지점이 있었으므로 마침내 수풍댐 건설이 이루어졌다. 특히 조선의 식민 통치자들은 식민지 내에서 쌓이는 불만을 만주 진출을 통해 해결하고자 했다. 1930년대 이후 최남선, 박정희, 최규하 등 수많은 지식인과 젊은이가 출세의 욕망을 갖고 만주로 건너갔다. 조선의 기업인들에게 만주는 희망의 땅이기도 했다. 선구자가 말달리던 만주는 독립운동의 터전이기도 했지만, 식민지 지식인과 젊은이들이 출세의 꿈을 안고 건너가는 곳이기도 했다.

수풍댐 건설이 결정되기는 했으나, 막상 실제 건설에 들어가려니 기술적으로도 어려운 문제가 많았다. 수풍댐은 중력식 콘크리트댐으로, 식민지 조선의 평안북도 삭주군 구곡면 수풍동에서부터 중국 지린성 단둥시까지 약 900m를 연결하는 대공사였다. 낙차가 106.4m, 용적이 330만㎥에 이르렀다.

이 거대한 댐을 건설하기 위해 기술자들을 미국에 파견하기도 했다. 미국의 후버댐은 거대 댐 건설을 할 때 하나의 모델이었기 때문이다.

서로 다른 주파수를 해결해야 하는 일도 중요한 문제였다. 이 문제를 해결하기 위해 7개의 발전기 중 호환 가능한 발전기를 3대 설치하고, 나머지 각 2대씩을 조선 측과 만주 측 전용 발전기로 설치했다. 이렇게 완성된 수풍댐은 총 10만 kw의 발전량을 갖춘, 당시 세계 최대 수준의 발전량을 자랑했다. 비록 해방 1년 전에야 완공되었지만, 수풍댐은 식민지 문명의 상징 중 하나로 부각했다.

수풍댐은 1945년 해방 이후에 소련군이 발전기 5개를 약탈해 가면서 문제가 되기도 했다. 이유는 정확히 알 수 없지만, 소련군이 가져간 발전기는 다시 북한으로 돌아왔다. 소련의 수력발전 시스템에 맞지 않아서 다시 가지고 왔다는 소문도 있다. 어쨌든 해방 이후에도 수풍댐은 조선 전체 전기 수급의 1/3 이상을 담당했다.

그러나 1948년 미군정 측이 전기 사용료를 지불하지 않아 북한은 남쪽에 전기 공급을 중단했고, 이로 인해 남쪽에서는 더 이상 수풍댐 생산 전력을 사용할 수 없게 되었다. 한국전쟁 시기에는 북한이 미 공군의 폭격을 피하기 위해 수풍댐 근처에 유엔군 포로수용소를 설치하여 물의를 빚기도 했다. 그럼에도 폭격의 피해는 수풍댐을 피해 가지 못했다.

대규모 토건 사업은 전체주의 정권의 가장 중요한 사업이다. 조선총독부의 수풍댐 사업만 그랬던 것이 아니라 이집트의 아스완댐도 마찬가지였다. 박정희는 쿠데타 직후 자신의 책 『국가와 혁명과 나』에서 이집트의 아스완댐 건설을 근대 민족혁명의 하나로 제시했다. 그러나 실제 아스완댐은 성공적이라는 평가를 받지 못하고 있다. 그럼에도 박정희가 제시한 민족혁명을 상징하는 대규모 토건은 1973년 12월 준공된 소양강댐으로 이어졌다.

# 소련의 핵실험 성공
## 냉전이 본격적으로 시작되다

- 1941 수풍댐 송전 시작
- **1949 소련의 핵실험 성공**
- 1959 북송 사업
- 1964 통킹만 사건
- 1971 남북적십자예비회담

1949년 8월 29일 소련이 카자흐스탄의 사막에서 핵실험에 성공했다. 미국이 예상했던 것보다 빠른 성공이었다. 이로써 소련은 핵무기 보유국이자, 군사적으로 미국과 어깨를 나란히 하는 국가가 되었다. 소련의 핵 개발은 공산 정권들에게는 큰 힘이 되는 소식이었지만, 1947년 마셜플랜 이후 경제 복구와 부흥에 박차를 가하고 있던 서유럽 국가들에게는 큰 위협이 되는 소식이었다.

소련의 핵실험에 가장 큰 충격을 받은 나라는 미국이었다. 미국은 소련의 핵 개발이 1950년대나 가서야 가능할 것으로 내다보았기 때문이다. 당황한 미국은 소련에 핵 기술을 넘긴 간첩 색출에 나섰다. 로젠버그 부부의 처형은 당시 상황을 보여주는 상징적 사건이다. 미국은 이 부부가 공산주의자이며 소련에게 미국의 원자탄 제조 기술을 넘겼다고 보도했다. 이들이 정말로 소련에 기술을 이전한 간첩이었는가는 지금까지도 미스터리로 남아 있지만, 당시 서둘러 진행시킨 재판과 급기야 이들의 처형까지 감행한 사실은 미국이 소련의 핵실험에 얼마나 큰 충격을 받았는지를 보여준다.

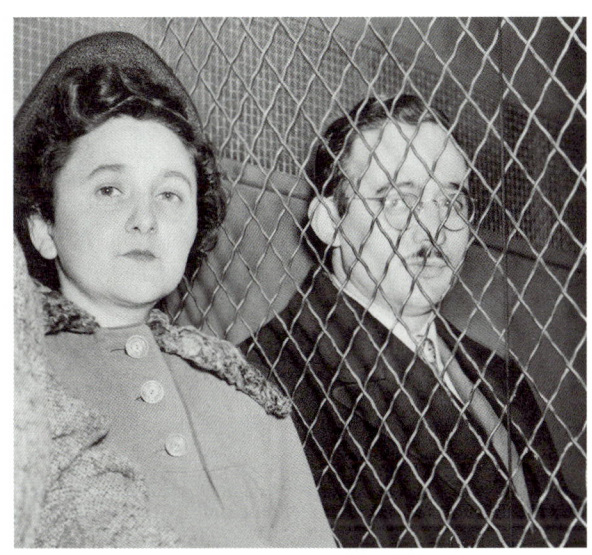

소련 핵실험 직후 소련에 핵기술을 넘긴 간첩 혐의로 처형된 로젠버그 부부

로젠버그 부부의 처형은 당시 미국의 정치사회적인 상황과도 무관하지 않다. 1950년 미국 사회에는 매카시즘의 광풍이 몰아닥쳤다. 과거 공산주의자였거나 공산주의에 동조했던 사람들을 정부뿐만 아니라 문화계로부터 몰아내기 시작했다. 소련과 협조 정책을 추진했던 과거 루스벨트 행정부의 관리들 역시 조사 대상에 올랐다. 영화 〈비공개〉나 〈굿나잇 앤 굿럭Good Night and Good Luck〉은 매카시즘하 미국 사회의 비정상적 상황을 잘 보여준다.

더 큰 문제는 군사적인 문제였다. 소련의 핵실험 성공 전까지 미국은 핵무기를 가진 유일한 국가였기 때문에 소련의 재래 무기 증강에 대해 민감하게 대응하지 않았다. 미국이 마셜플랜이라는 유럽 경제원조에 치중한 것은 핵무기의 독점이라는, 소련에 대한 군사적 우위가 뒷받침되었기 때문이다. 이 시기 미국의 군사 계획은 주요 거점만 밝혀도 소련에 대해 군사적 우위에 설 수 있다는 전략이었다.

　그러나 소련이 핵무기를 갖게 되자, 재래 무기를 포함하여 전체적인 군사력에서 미국이 열세에 몰렸다. 소련은 핵무기를 보유하지 않은 상황에서 미국과 군사적 균형을 맞추기 위해 재래 무기를 계속 증강해왔던 것이다. 이에 미국은 원자탄을 능가하는 수소폭탄의 개발에 들어갔고 전반적인 대외 전략에도 변화를 주었다. 소련의 핵 개발 이후에 세계 어느 지역에서도 소련에 밀려서는 안 된다는 적극적 봉쇄 전략으로 전환한 것이다. 이는 주요 거점뿐 아니라 소련과 중국의 주변 전 지역을 군사적으로 봉쇄한다는 정책이었다.

　이러한 전략의 전환은 냉전 시기에 미국의 대외 안보 문서의 상징으로 꼽히는 국가안보회의 문서 68호(NSC-68)로 구체화되었다. 이 문서에는 재래식 무기의 획기적 증강에 관한 내용이 담겨 있다. 또한 미국이 군사비를 확대했던 제2차 세계대전 시기에 미국 경제가 가장 호황이었다는 예를 들어, 소련의 원자탄 개발에 대응하는 군사비를 증액함으로써 전후 경제 정체를 극복할 수 있다고 판단했다. 트루먼 대통령은 군사비 증강에 따른 국민 세금의 증가를 수반하는 NSC-68호를 처음엔 승인하지 않았지만, 한국전쟁이 발발한 직후 결국 승인했다.

　그런데 소련의 핵 개발로 막상 직접적인 피해를 입은 것은 한반도였다. 소련의 핵 개발과 함께 중국의 공산주의 혁명으로 한껏 고무된 북한이 스탈린의 승인하에 남침을 감행한 것이다. 1949년 봄 김일성의 전쟁 계획에 반대했던 스탈린은 1950년에 생각을 바꾸었다. 소련의 원자탄 보유는 김일성에게 전쟁 승리에 대한 자신감을 심어주었다. 그러나 역설적이게도 소련의 핵 개발로 인한 미국의 전략적 변화는 주요 지역이 아닌 한반도에 미국이 개입하도록 만들었다. 만약 미국이 거점 방어 전략을 계속 고수했다면, 한반도는 군이 미국이 지키지 않아도 되는 지역이었을 터다.

소련의 핵무기 보유는 한국전쟁 시기에 미국이 원자탄 사용을 보류하는 데도 중요한 영향을 끼쳤다. 중국군이 참전하자 미국은 한반도와 만주에 핵무기를 사용할 계획을 세웠다. 1953년에 취임한 아이젠하워 대통령 역시 전쟁을 빨리 끝내려고 실제로 핵무기 사용을 추진했다. 그러나 미국이 한반도에서 원자탄을 사용할 경우, 이미 핵무기를 보유한 소련이 일본이나 서유럽에 보복을 가할 수 있으므로 미국으로서는 원자탄 사용을 포기할 수밖에 없었다.

소련의 핵실험 성공이 한반도를 전쟁의 소용돌이로 몰아넣었다면, 1964년 중국의 핵실험 성공은 베트남을 전쟁터로 만들었다. 중국의 핵실험 이후 그 영향력이 동남아시아로 확장될 것을 우려한 미국이 베트남전쟁에 개입했기 때문이다. 이렇게 강대국의 핵실험은 주변부에 엄청난 영향을 미쳤다. 그리고 지금, 미국은 북한과 이란의 핵 개발에 민감한 반응을 보이고 있다. 비록 강대국은 아니지만 북한의 핵실험은 또 어떤 소용돌이를 만들어낼 것인가? 한반도의 비핵화가 중요한 이유는 바로 이 때문이다.

1949년 소련의 첫 핵실험에 사용된 RDS 1 핵무기

# 재일 조선인 북송 사업
## 일본의 차별 대우를 피해 북한으로

1941 수풍댐 송전 시작

1949 소련의 핵실험 성공

1959 북송 사업

1964 통킹만 사건

1971 남북적십자예비회담

　1959년 8월 13일 일본과 북한의 적십자사가 '재일조선인송환협정'을 체결했다. 이 협정으로 1959년 12월 14일 니가타 항에서 첫 북송선이 출발한 이래 1984년까지 총 9만 3,000여 명의 재일 조선인이 북한으로 향했다. 이 가운데는 1,500여 명의 일본인 배우자도 있었으며, 1948년의 4·3사건과 여순 사건 당시 탄압을 피해 일본으로 건너갔던 남한 출신의 사람들도 적지 않았다.

　북송은 일본 정부와 북한 정부, 그리고 재일 조선인의 이해관계가 합치되면서 이루어졌다. 일본 정부는 전쟁 수행을 위해 강제 징용으로 조선인들을 끌고 갔지만, 패망 이후에는 이들의 노동력이 더 이상 필요하지 않았다. 단지 일본의 안정을 위협하는 잠재적 범죄자이거나 사회주의자로 인식했다. 그 때문에 재일 조선인들은 일본 정부로부터 심한 차별 대우를 받으며 살아야 했다. 그러나 재일 조선인들은 해방 직후 귀국하고 싶어도 그러지를 못했다. 일본의 점령 당국인 미군정이 귀환하려는 재일 조선인의 재산 유출을 금지했기 때문에, 이들이 해방된 조국으로 돌아가는 것이 쉽지 않았다. 아무것도 없이 어떻게 귀국한단 말인가?

재일 조선인들은 일본 정부의 차별 대우에서 벗어나기 위해 귀환을 원했다. 자신들의 재산을 갖고 갈 수 있도록 일본 정부가 허가만 해준다면. 이들은 일본 내에서 취직하기도 어려웠고, 정상적인 거주자로서의 권리도 인정받지 못했다. 일본 정부는 재정이 어렵다는 이유로 재일 조선인에게 사회복지 혜택을 주지 않았다. 또한 공공 기관의 행정직에도 이들의 취직을 제한했다. 이러한 상황에서 북한 정부는 재일 조선인에 대해 호의적 조치를 취했다. 이에 따라 이들은 북한에 희망을 품고 새로운 일자리를 찾아 북한으로 갔다. 재일 조선인에게는 '북송'이 아니라 '귀환'이었다.

1959년 12월 14일 975명의 재일 조선인을 태우고 일본 니가타 항에서 북한 청진 항을 향해 출발하는 북송선

북한의 입장에서 볼 때 재일 조선인의 귀환은 1958년 중국군의 철수로 인해 겪고 있던 노동력 부족 문제를 해결할 수 있는 방안이었다. 북한은 사회주의 경제체제 아래 중국의 대약진운동처럼 노동력 투입을 통한 경제성장 정책을 추진하려 했다. 1958년부터 천리마운동을 시작한 북한은 더 많은 노동력이 필요했다. 게다가 재일 조선인이 남한이 아닌 북한을 선택한다면, 냉전 체제하의 이데올로기 전쟁터에서 남한에 비해 정치적으로 유리한 입장에 설 수 있다는 계산도 했을 터다.

이러한 상황인지라 이승만 정부는 '북송' 문제에 부정적 입장을 갖고 있었다. 이승만 정부는 북송 저지를 위해 모든 방안을 강구했다. 그중 하나가 특공대의 파견이었다. 특공대로 하여금 일본에서 북송선이 뜨지 못하도록 공작을 하고자 한 것이다. 1959년 9월 재일 조선인 학도의용군 경험자 41명, 경찰 간부 시험 합격자 24명, 예비역 장교 1명 등 총 66명의 특공대가 북송 저지를 위해 일본에 파견되었다. 그러나 이들 중 12명은 밀항 중 바다 위에서 실종되었고, 25명은 작전도 수행하지 못한 채 귀국하는 과정에서 적발되어 일본에서 실형을 살아야 했다. 한국도 아닌 다른 나라에서 물리력을 행사하려 한 것부터 잘못된 일이었다. 만약 이들의 행동이 결행되었다면, 김대중 납치 사건처럼 국제적 문제로 비화했을 것이다. 최근에 와서야 이들 중 바다에서 실종된 12명의 이름이 국립묘지 위령비에 새겨졌지만, 살아난 이들은 국가와 사회의 무관심 속에서 살아야 했다.

현재 가장 심각한 문제는 북송 사업에 따라 북한에 간 재일 조선인들과 일본인 배우자들 중 다시 일본으로 돌아오고 싶은 사람이 돌아오지 못하고 있다는 사실이다. 이는 처음 일본과 북한이 협정을 맺을 때 북송에만 합의하고, 그들이 원할 경우 다시 일본으로 귀환하는 문제에 대해서는 전혀 합의를 하지 않았기 때문이다. 1959년 일본과 북한의 이해관계에 따라 인도 콜카타에서 재일 조선인 북송에 관한 협정을 맺었지만, 이 협정에서 송환 문제를 전혀 다루지 않았던 것이다. 이제 북한과 일본은 이 문제에 책임을 져야 한다. 거주 이전의 자유는 인간의 기본 권리 중 하나다. 일본 정부는 징용과 위안부 문제는 물론이고, '북송'된 재일 조선인이나 일본인의 재송환 문제에 적극적으로 나서야 한다.

# 의문의 통킹만 사건
## 정부의 정보 조작 실체

1941 수풍댐 송전 시작

1949 소련의 핵실험 성공

1959 북송 사업

**1964 통킹만 사건**

1971 남북적십자예비회담

    1964년 8월 2일 베트남 연안에서 정찰 중이던 미국의 매독스 구축함이 북베트남의 어뢰정으로부터 공격을 받았다는 내용이 보도되었다. 미 해군은 이에 적극적으로 대응했으며, 교전 결과 3대의 북베트남 어뢰정이 파괴되고 10여 명의 사상자가 나왔다는 기사도 함께 보도되었다. 미군은 한 명의 부상자도 없었다. 이틀 뒤인 8월 4일 존슨 행정부는 매독스와 터너조이 구축함이 또 한 차례 공격을 받았다고 발표했다. 베트남의 실제적인 공격은 없었지만 공격에 사용되는 수중 음파탐지기와 무선 신호를 발견했으며, 미 구축함은 이를 막기 위해 북베트남의 레이더 시설에 포격을 가했다고 설명했다.

    첫 번째 사건과 관련하여 매독스에서 먼저 공격을 했을 가능성이 제기되었지만, 존슨 행정부는 이러한 점을 전혀 고려하지 않았다. 두 번째 사건과 관련해서도 북베트남 해군 측이 매독스에 어떠한 공격도 하지 않았으며, 매복의 가능성을 제외한다면 인근 해역에 베트남 선단이 없었다는 보고가 워싱턴에 전달되었으나, 존슨 행정부는 이 또한 무시했다. 사건 발생 뒤 16시간이 지나서야, 어뢰 공격과 유사한 소리는 들렸지만 어뢰를 발견하지는 못

미 의회에서 채택한 '통킹만 결의안'에 서명하는 존슨 미국 대통령

했다는 전문이 워싱턴에 전달되었다.

2차 공격 직후 존슨 대통령은 대국민 담화를 발표했다. 그는 북베트남 어뢰정의 두 차례에 걸친 미국 구축함 공격에 대해 보복 공격이 필요함을 역설했다. 존슨 대통령의 발표는 당시의 상황 보고를 충분히 전달받지 않은 상황에서 이루어졌고, 미 하원은 8월 7일 '통킹만 결의안'을 채택하여 대통령에게 전쟁을 확대할 수 있는 권한을 부여했다. 이로써 미국은 북베트남에 대대적으로 폭격을 시작했다. 이후 미국은 10여 년 동안 베트남전쟁의 늪에 빠져버렸으며, 한국 역시 미국의 요청으로 2개 사단 이상의 전투부대를 베트남에 파병했다.

사건 발생 뒤 7년이 지난 1971년 펜타곤 보고서에 근거해 통킹만 사건에 대한 의문이 제기되기 시작했다. 그리고 17년이 지난 1981년 재조사가 이루

미 국방부장관 맥나마라가 기자회견장에서 베트남전쟁과 관련된 설명을 하고 있다.(1965. 4. 26)

어졌을 때, 사건 당시 매독스 호의 함장은 북베트남 어뢰정으로부터 어떠한 공격도 받지 않았음을 재확인했다. 심지어는 터너조이 함에서 매독스 호를 향해 함포 사격이 있었다는 주장도 제기되었다.

2005년 미 국가안보국의 역사학자는 통킹만 사건이 당시 사실에 대한 정부의 의도적인 왜곡으로 일어났다는 사실을 공개했다. 이 사실은 원래 2000년에 밝혀졌지만, 이라크전쟁이 일어난 시기에 국민의 사기를 저하시킬 수 있다는 점을 염려하여 5년간 발표가 유예되었다. 결국 미국이 본격적인 베트남 개입을 위해 고의적으로 통킹만 사건을 왜곡했음이 드러난 것이다.

이와 관련해서 한국에서도 생각해볼 문제가 있다. 대한민국 사람은 남북 간에 교전이 발생하면 으레 북한의 도발로 시작되었다고 생각하는 경우가 많다. 남북 간의 충돌과 교전에 대해서는 좀 더 세밀한 연구가 필요하겠지만, 모든 도발이 북한에 의해서 일어났다는 것은 사실과 전혀 다르다. 대표적으로 1996년의 북풍 사건을 들 수 있다. 당시 집권 여당의 일부 세력은 총선거에서 유리한 상황을 만들기 위해 북한에게 도발해줄 것을 요청했다. 이 사건은 '흑금성'이라는 남한의 공작원에 대해 다양한 억측만 남긴 채 아직까지도 실체가 제대로 밝혀지지 않고 있다.

베트남전쟁 시기에도 마찬가지였다. 1967년 1년 동안 DMZ 부근에서 일어난 남북 간의 교전 횟수는 400회가 넘는다. 이 수치는 하루에 1건 이상 교전이 일어났음을 의미한다. 당시 모든 신문과 정부 기관은 이러한 충돌이 전부 북한의 도발로 일어났다고 발표했다. 그러나 최근 공개된 미국의 자료들은 다른 이야기를 하고 있다. 많은 건수가 북한의 도발로 발생한 것은 사실이지만, 남북 간 충돌의 최소한 1/3은 남한 정부가 먼저 도발했다. 왜? 미국으로부터 더 많은 군사 무기를 얻어내기 위해서는 한반도에서 '위기'가 필요했기 때문이다. 주한 미군의 철수를 막으려고 '위기'를 만들어냈던 1949년 이승만 정부의 노력과 크게 다르지 않다.

그런데 여기서 중요한 점은 남한이 북한보다 먼저 도발했다는 사실을 밝히는 것이 아니다. 바로, 정부가 정보를 통제하면서 국민을 속였다는 점이다. 이 때문에 결과적으로 국민들은 북한에 더욱더 적대감을 가질 수밖에 없고, 이러한 사회적 분위기는 남북 간에 해소하기 어려운 골을 파 놓았다.

모든 것은 투명해야 한다. 역사에서 조작은 언젠가는 반드시 밝혀진다. 의도적인 조작이 아니라 실수라고 하더라도, 그것은 뒤에 엄청난 결과를 가져올 수 있다. 통킹만 사건의 조작은 미국을 베트남전쟁의 늪에 빠뜨렸고, 결과적으로 달러 중심 체제의 붕괴를 불러왔다. 독재 시기 한국 정부가 꾸민 조작은 분단 체제를 더 공고화했다. 그리고 국민들은 어디가 끝인지 알 수 없는 '분단 비용'을 계속 지불하고 있다.

# 분단 이후 첫 남북적십자회담
## 정치적 문제로 호도되어버린 인도주의

**1941** 수풍댐 송전 시작

**1949** 소련의 핵실험 성공

**1959** 북송 사업

**1964** 통킹만 사건

**1971** 남북적십자예비회담

1971년 8월 20일, 분단 뒤 처음으로 남과 북의 적십자 대표들이 한자리에 앉았다. 판문점에서 군사정전위원회가 종종 개최되었지만, 그 자리에는 남북한 군인들뿐만 아니라 공산군 측의 중국군이 함께 참여했고, 미군이 주도한 유엔군 측도 같이했다. 하지만 인도적인 문제를 해결하기 위해 남한과 북한의 민간 기관이 외국인들 없이 만난 것은 이때가 처음이었다.

1971년 8월 12일 대한적십자사의 이산가족 찾기를 위한 회담 제의를 북한 적십자사가 수락하면서 적십자회담이 이루어졌다. 몇 차례의 예비회담을 거쳐 1972년 서울과 평양에서 1, 2차 본회담이 개최되었고, 여기에서 남북 이산가족과 친척들의 주소 및 생사 확인, 자유로운 방문, 상봉, 서신 왕래, 그리고 자유의사에 의한 재결합 등 5개항의 의제가 합의되었다.

시민들은 환호하면서도 어리둥절하기도 했다. 불과 2~3년 전에 발생한 사건들이 눈에 선한데, 남과 북이 만나서 인도주의적 이야기를 나눈다고? 1968년 1월 김신조를 비롯한 북한의 특수부대 요원들이 청와대를 습격했고, 이틀 뒤 미국의 정보함 푸에블로호가 납북되었으며, 울진·삼척에 북한 특수

1971년 9월 20일에 진행된 남북적십자 제1차 예비회담. 회담은 순조롭게 진행되는 듯하다가 의견 차이를 좁히지 못해 교착 상태에 빠지고 1973년 8월 중단되기에 이르렀다. 하지만 1985년 드디어 이산가족 상봉이라는 결실을 맺었다.

요원들이 침투하기도 했다. 이듬해인 1969년에는 미국의 EC-121 정찰기가 북한에게 격추되고, 민간인들이 탑승한 KAL YS-11 민항기가 납북되기도 했다. 게다가 북한은 민항기에 타고 있던 이들 중 일부가 자발적으로 남기를 원한다면서 돌려보내지 않았다.

이렇게 남북 간의 갈등이 최고조에 달한 지 갓 1년이 지난 상황에서 평화적인 회담을 하겠다는 제안이 이루어진 것이다. 이해하기는 어려웠지만, 분단 이후 25년 만에 이산가족이 만나고 남북 간 긴장 완화를 할 수 있는 중요한 기회였다. 평화통일을 주장한 조봉암이 1959년 형장의 이슬로 사라지고, 1961년 남북학생회담을 주장한 학생들 대부분이 구속되었던 때로부터 불과 10년밖에 지나지 않았을 때다.

그러나 적십자회담은 정치적인 문제로 1972년 말 이후 더 이상 정상적으로 진행되지 못했다. 남북적십자회담과 7·4남북공동성명이 남북 간의 화해가 아니라 남한에서는 유신 체제, 북한에서는 사회주의헌법 개정으로 이어졌기 때문이다. 북한은 반공 입법의 철폐를 회담의 전제 조건으로 내세웠고, 결국 1973년 8월 김일성의 동생인 김영주의 대화 중단 선언으로 적십자회담은 단절되었다.

어쩌면 1971년의 적십자회담은 그 출발에서부터 실패가 예견되었다고 할 수도 있다. 적십자예비회담 직후 통일사회당의 김철이 반공법 위반으로 구속되고, 김종필 총리는 제주에서 '남북대화에 흥분하는 것은 금물이며 중단 사태도 예상해야 한다'고 언급했다. 남북 적십자 대표의 첫 접촉이 이루어지고 사흘 뒤 8월 23일에는 영화 〈실미도〉로 알려진 북한 침투 목적의 특수부대원들이 버스를 탈취하여 청와대로 향하던 중 자폭한 사건이 발생하는 등 뒤숭숭한 상황이 계속되었다.

이 회담과 관련하여 또 하나 중요한 사실은 남북 간의 접촉이 한반도 내

정책 결정자들의 의지로만 이루어진 것이 아니라, 데탕트라고 하는 외부 충격의 영향을 받았다는 점이다. 닉슨 행정부는 주한 미군의 감축을 추진했는데, 이는 한반도에서 긴장이 완화되지 않고는 어려운 일이었다. 그래서 미국은 남과 북에 접촉을 통한 화해를 요구했던 것이다.

적십자회담은 이후 계속해서 안팎으로 사회적 정치적 상황에 따라 진행 여부가 좌우되었다. 인도주의적 문제는 정치적 목적에서 자유로워야 하지만, 지금도 남과 북은 인도주의적 문제를 정치적 목적 아래 두려 한다. 그리고 수많은 이산가족은 여전히 죽기 전에 가족, 친지, 친우들을 만나고 싶어 하고, 고향 방문을 바라면서 마음을 졸이며 살아가고 있다.

제발 부탁이다. 인도주의적 문제를 정치적으로 이용하지 말자!

## 8월을 보내며

## 역사적 사실보다 더 무서운 것은 기억

8월에 일어난 사건이 다 중요하지만, 최근에 특히 통킹만 사건은 역사적으로 큰 주목을 받았다. 통킹만 사건은 미국이 북베트남에 폭격을 시작하는 계기가 되었다. 본래 베트남전쟁은 남베트남과 북베트남 사이의 전쟁이 아니었다. 이 전쟁은 미국의 지원을 받는 남베트남 정부와 그 정부를 반대하는 남베트남 사람들 사이에서 일어났다. 그래서 이 전쟁은 정규군 사이의 전쟁이 아니라 게릴라 전쟁이었으며, '베트남전쟁'이 아니라 '베트남에서 일어난 미국의 전쟁'으로 부르는 학자들도 적지 않다.

그런데 통킹만 사건을 계기로 전쟁이 북베트남 지역으로까지 확대되었다. 당시 미국은 북베트남의 지원 때문에 남베트남 게릴라를 진압할 수 없다고 보았다. 실제로 북베트남은 남베트남의 게릴라들을 지원했다. 북베트남에서 남베트남으로 향하는 호치민 루트가 크메르에 있던 것도 이 때문이었다. 크메르는 캄보디아의 옛 이름이다. 미국은 남베트남의 게릴라들을 약화하기 위해서는 남베트남으로 향하는 북베트남의 지원을 끊어야 한다고 생각했고, 이를 위해 북베트남으로 전선을 확대했다.

그런데 왜 갑자기 통킹만 사건에 관심이 모아졌을까? 1964년에 발생한 사건이 2010년에 주목받은 이유는 바로 천안함 사건 때문이다. 천안함 사건 발생 직후에는 그 원인에 대해 논란이 일지 않다가, 한국 정부의 사건 조사 발표 이후에 급속하게 논란이 확산되었고, 심지어 많은 사람이 이 사건의 조사 결과가 한국 정부에 의해 조작되었을 가능성을 제기했다. 이러한 상황에서 과거 논란이 되었던 사건의 기억이 되살아난 것이다.

통킹만 사건은 미국이 북베트남 지역을 폭격하기 위한 명분이었다. 정찰만 하고 있는 미국의 군함이 공격당했으니, 미국으로서는 북베트남을 공격할 수 있는 명분이 생긴 것이다. 마치 태평양전쟁 때 일본이 루거우차오蘆溝橋 사건(1937년 일본과 중국의 양국 군대가 베이징 남서쪽 루거우차오에서 충돌한 사건. 이 사건은 일본이 중국을 침략하는 명분이 되었다)을 일으켜 중일전쟁이 터졌듯이. 그런데 나중에 조사한 결과, 이 사건은 미국 정부에 의해 조작되었음이 밝혀졌다. 북베트남을 공격하려면 그에 합당한 구실이 필요한데, 그 계기를 마련하기 위해 무리하게 사건을 만들어낸 것이다.

여기에서 통킹만 사건을 논의하는 것은 천안함 사건의 진실을 밝히려는 목적이 아니다. 통킹만 사건의 기억이 다른 사건들에 어떠한 영향을 미쳤는가를 살펴보기 위해서다. 통킹만 사건 이후 많은 사람은 조금이라도 의심스러운 사건이 발생하면, 그것이 미국에 의해 조작되었을 것이라는 추측을 하게 되었다. 이런 추측에는 닉슨 대통령의 워터게이트 사건도 중요한 영향을 미쳤다. 구 소련의 문서가 공개되기 이전까지 한국전쟁이 한국군에 의한 북침이나 미국에 의한 남침 유도로 발발했다는 주장이 나온 것 역시 미국 정부의 주장에 대한 의심으로부터 시작되었다.

이렇게 역사에서 '객관적 사실'이 중요하지만, 그 '사실' 못지않게 중요한 것이 '기억'이다. 즉, 특정 사실을 어떻게 기억하느냐의 문제이며, 그 기억은 실질적으로 '역사'로서 작동한다. 통킹만 사건을 '전쟁이 확전된 계기가 된 사건'으로 기억하느냐, 아니면 '미국이 조작한 사건'으로 기억하느냐에 따라 그 사건의 성격은 완전히 달라진다. '사실'은 무수히 많고, 특정 사실은 여러 측면에서 바라볼 수 있지만, '기억'은 많은 사실 중 특정한 사실만, 그리고 특정한 사실의 특정한 측면만을 바라본다. 그래서 특정 사건에 대한 사회적 기억은 '역사'가 되곤 한다. 특정 정치 세력은 자신들의 이익을 위해 '사실'을 왜곡하거나, 이를 통해 '기억'을 조작한다. '객관적 사실' 자체는 무엇으로도 왜곡될 수 없지만, 그 기억은 쉽게 왜곡될 수 있다.

우리가 갖고 있는 '핵'에 대한 기억은 이를 잘 보여준다. 핵무기가 인류의 생사를 결정할 정도로 위험한 무기라는 사실은 삼척동자도 다 아는 사실이다. 여기서 핵무기가 중요한 이유는 한국인들이 갖고 있는 핵무기에 대한 기억 때문이다. 사실 한국 사람들은 '핵'의 위험성으로부터 무장해제되어 있다. 이는 핵무기가 처음 사용된 시점부터 이미 그렇게 되었던 것 같다. 1970년대의 기억을 되살려보면, 당시 TV를 통해서 핵미사일에 대한 수많은 다큐멘터리가 방송되었고, 그것을 보면서 우리도 저런 거 하나라도 보유하면 얼마나 좋을까 하는 환상을 갖게 되었다.

심지어 히로시마와 나가사키에 떨어진 원자탄의 버섯구름을 보면서, '저것이 우리를 일제 강점기에서 해방시켜주었구나' 하는 생각까지 품게 되었다. 그 아래서 죽어간 수많은 사람 중에는 한국인들도 있었다. 일본인이든, 징용으로 끌려갔거나 유학을 갔던 조선인이나 타이완인이든, 희생자에게 국적은 중요하지 않다. 그럼에도 불구하고 그 반인류적인 무기가 한국 사람들에게 일종의 환상을 심어주었다는 사실은 충격적이다.

그래서 한국인들은 1993년에 출간된 『무궁화 꽃이 피었습니다』라는 소설에 그토록 열광했던 것인가? 박정희 시대 핵 개발을 둘러싼 한미 간의 갈등, 그리고 그로 인한 한 과학자의 죽음을 그린 이 소설은 당시 베스트셀러였다. 물론 사람들이 이 책에 보인 열광에는 시기적인 문제도 작용했다.

1991년 남북 간에 '한반도비핵화공동선언'이 채택된 뒤 1992년 정식 발효되었고, 그해 8월에는 북한의 동맹국인 중국과 수교도 맺었다. 그러나 1992년 한국군의 평시 작전통제권이 주한 미군 사령관에서 한국군으로 이관되고, 1993년부터 북한의 핵 개발 문제가 본격화되기 시작했다. 한국도 핵무기를 가져야 한다는 생각이 사회적으로 확산되고 있었던 탓일까? 아니면 민족주의적이고 국가주의적인 생각이 한국인들의 머릿속을 사로잡고 있었던 것일까?

문제는 '기억'이다. 핵무기의 위험성을 알면서도 한국 사람들은 이 무기가 지닌 환상만을 기억한다. 아니, 어쩌면 핵무기를 개발하고 있던 박정희 정부가 다큐멘터리를 통해서 그러한 기억을 국민에게 심어주었는지도 모른다. 최근에는 3·11 일본 대지진 이후 후쿠시마 원전 사고를 가까이에서 지켜보고 있으면서도 원자력발전의 위험성에 대해 깨닫지 못하고 있다. 여기에는 또 다른 기억과 환상이 작동한다. '원자력발전을 하지 않으면 전기료가 올라갈 것이다', '원자력은 국력이다', '원자력발전은 안전하다'. 일본의 사례를 보면서도 이런 생각을 계속하는 이유는 무엇일까?

주목해야 할 또 다른 기억은 '전쟁'으로부터 나온다. 한국전쟁을 경험한 한국 사람들은 누구나 다시는 전쟁이 일어나서는 안 된다는 생각을 갖고 있다. 영화 〈태극기 휘날리며〉도 그렇고, 〈고지전〉도 그렇고, 〈작은 연못〉도 전쟁의 참혹함을 이야기한다. 전쟁은 우리가 쌓아 놓은 모든 것을 한번에 날릴 수 있다. 그런데도 북한의 도발이 있을 때마다 '본때를 보여줘야 한다'는 주장이 나오고, 이러한 주장이 지지를 얻는 것은 무엇 때문일까? 우리가 보복을 하면 북한이 감히 더 이상 남한을 괴롭히지 못한다고 생각하기 때문일까? 위협을 하면 꼼짝도 못하는 국가로 북한을 규정한다는 것 자체가 비정상적인 것은 아닐까?

그런데 더 심각한 문제는 한반도에서 벌어질 가능성이 있는 전쟁에 대한 기억이 아니라, 외부에서 벌어지는 전쟁에 대한 기억이다. 2003년 이라크 파병 때 국회에서는 파병 결정을 둘러싼 논쟁이 벌어졌다. 그 논쟁에서 가장 중요하게 지적된 문제가 바로 '베트남 파병'의 결과였다. 베트남 파병이 한국의 경제성장에 큰 도움을 주었다는 사실을 고려할 때 이라크 파병을 통해서도 전쟁 특수를 기대할 수 있다는 주장과, 그때와 지금은 다르다는 주장 사이에서 논쟁이 오갔다. 이라크 파병을 반대하는 측에서조차 베트남 파병이 가져다준 전쟁 특수에 대해서는 부정하지 못했다.

결국 이라크 파병에 반대하는 2003년 9월 중순의 첫 번째 여론조사를 누르고 이후 10월 중순에 실시된 두 번째 여론조사에서는 이라크 파병이 지지를 얻었고, 2004년 2월 이라크 파병안이 국회를 통과했다. 물론 베트남 파병에 대한 기억만으로 이라크 파병 결정을 설명할 수는 없다. 여기에는 2003년 9월 중순과 10월 중순에 각각 실시된 두 여론조사 사이에 있었던 두 가지 중요한 국제적 상황(유엔안보리에서 이라크 결정서를 결의한 것과 일본이 자위대 파병을 최종 결정한 사실)이 중요한 원인이 되었지만, 역사적 기억이 작동했다는 사실도 파악해야 한다. 즉, 베트남전쟁에 대한 기억이다.

2010년 아프가니스탄 재파병을 결정할 때도 그대로 나타났다. 아프가니스탄에 파병된 한국군이 2007년 한국 선교사 납치 사건으로 이미 철수한 상태에서 다시 추진된 재파병이었다. 그런데 당시 신문들은 공통적으로 표제 기사를 이렇게 뽑았다. "무엇을 얻을 것이 있는가?" 아프가니스탄에 가서 무엇을 도와줘도 모자랄 판에, 또 무엇을 얻어 오겠다는 것인가?

남의 땅에서 벌어지는 전쟁에서 무언가를 얻을 수 있다는 기억은 이미 베트남전쟁 이전에 형성되었다. 바로 한국전쟁 때 일본이 누린 전쟁 특수이다. 일본이 한국전쟁을 통해 경제 부흥에 성공했다는 사실은 누구나 알고 있다. 그래서일까? 2003년 이라크 파병을 둘러싼 두 차례의 여론조사 사이에 결정된 일본 자위대의 이라크 파병은 중요한 의미를 갖는다. '일본이 또다시 전쟁 특수를 누리려는 시점에 우리는 무엇을 하고 있는가?'라는 '심보'가 작동한 것이다.

전쟁 특수에 대한 기억은 조금 더 거슬러 올라가면 만주사변까지 간다. 만주사변 뒤 수립된 만주국은 일제 강점기의 일부 조선인들에게 하나의 희망이었다. 식민 치하의 조선 땅에서 일본인들의 차별을 받으며 생활한 조선인들. 일본이 마지못해 세워준 고등학교와 대학교에 들어갈 때도 조선인이라는 이유만으로 일상적인 차별을 받았다. 그러나 만주는 그렇지 않았다. 출세를 원하는 조선의 젊은이들에게 만주는 꿈의 땅이었다. 박정희도, 최규하도, 최남선도, 백선엽도 모두 출세를 찾아 만주로 갔다. 그리고 출세했다.

이러한 역사적 경험은 한국 사회에 전쟁에 대한 잘못된 기억을 심었다. 전쟁을 하면 돈을 번다? 이 기억의 악순환은 언제까지 계속될까? 만주에서 전쟁이 벌어졌을 때 피해를 본 조선의 이주 농민들과 독립운동가들은 다 잊었는가?

베트남전쟁과 만주사변에는 경제적 특수만 있었을까? 베트남 전선에서 죽어간 젊은이들과 지금까지도 고엽제 피해로 고생하는 사람들을 언급하지 않더라도, 베트남 파병을 통해 형성된 한국이라는 브랜드가 입은 피해는 왜 언급하지 않는가? 베트남 파병으로 손상된 이미지는 이후 한국이 제3세계와 관계 개선을 하는 데 상당 기간의 시간을 소비하도록 만들었다.

통킹만 사건이 그랬듯이 천안함 사건은 우리 사회에 또 다른 기억을 만들어낼 것이다. 천안함의 기억은 우리 사회를 어떤 방향으로 나아가게 할 것인가?

# 9월
## 예측 불가능한 일

한국민주당 창당

카다피의 쿠데타 성공과 몰락

주택복권이 발행되던 날

박정희의 꿈, 미사일과 핵 개발

북한의 NLL 무효 선언

**9월을 보내며** : 보수 이데올로기의 착종

봄바람보다 더 마음을 설레게 하는 것이 가을바람이다. 가을만 오면 괜히 마음이 뒤숭숭해진다. 맑고 높은 가을 하늘을 보고 있노라면, 눈물이 나올 때도 있다. 천고마비天高馬肥라고 해서 날씨가 좋으니 식욕이 늘어나고 살이 찌는 계절이라고 하지만, 마비가 말이 살찌는 '마비馬肥'가 아니라 감각이 없어지는 '마비痲痺'인 것 같다. 괜스레 멍한 상태에 빠지는 것이다.

그래도 가을은 좋다. 지리한 무더위가 물러가고 아침저녁으로 선선한 바람이 분다. 한반도에서 가장 움직이기 좋은 시기가 바로 이때다. 10월만 되도 아침저녁으로 서늘하다는 느낌이 들지만, 9월에는 때로 한여름처럼 더운 낮더위도 있지만 그 더위가 오래가지 않는다.

그러나 9월은 아직 가을이 아니라며 스스로 배신을 할 때도 적지 않다. 특히 태풍이 가장 무섭다. 태풍은 대체로 8월

에 찾아오지만 9월에 기습적으로 닥치기도 한다. 한국근현대사에서 가장 큰 태풍으로 불리는 '사라'는 1959년 9월에 한반도를 덮쳤다. 사라는 태풍 등급 중 가장 높은 5등급의 태풍이며, 일본에서는 미야시마 태풍으로 불린다. 태풍 사라로 800명이 넘는 사람들이 사망하거나 실종되었고, 재산 피해도 2000년대 중반의 화폐가치로 환산할 때 2,800여 억 원을 넘어섰다. 여름도 지났고, 태풍도 다 지나갔다 생각하고 방심했기 때문인가?

이렇게 기후와 날씨는 인간이 막거나 예측하는 것이 불가능한 경우가 많다. 최근 인도네시아 해안과 일본 동북부 지역에서 일어난 지진과 쓰나미는 자연의 힘 앞에 인간이 얼마나 초라한가를 잘 보여준다. 그래서 인간이 '종교'를 갖기 시작했을까? 인간의 지적 능력으로는 도저히 이해할 수 없는 자연의 힘은 신의 영역에서만 만들어진다고 여겨야 이해가 가능한 현상이 있기 때문이다.

자연의 힘이 큰 위력을 발휘하는 것은 예측이 불가능하기 때문이기도 하며, 예상을 뒤엎고 강력한 위력을 갖고 있기 때문이기도 하다. 사라가 한반도를 강타한 1959년 시점에서 태풍의 위력을 정확히 예측하는 일은 불가능했으며, 예측했다고 하더라도 대중매체가 발달하지 못한 탓에 이를 국민들에게 정확히 알리는 일 역시 불가능했다. 쓰나미의 경우에도 강력한 지진이 일어난다는 것은 인지할 수 있지만, 그 지진이 어느 정도의 쓰나미를 몰고 올지는 예측이 불가능하다.

이 책에서 다루는 9월의 사건들은 대체로 예측하기 힘들었던 사건이거나, 그 사건 이후의 전개를 예측하기 어려웠던 사건들이다. 1945년 해방 직후 한국민주당의 창당은 누구도 예측하지 못한 사건이었다. 일제 식민 통치에서 해방된 지 한 달이 지난 시점에서 일제에 협력한 사람들이 다시 정치 활동을 재개할 것이라고 예측하는 일은 쉽지 않다. 1969년 9월 한 국가의 군인이, 그것도 고위 장교가 아니라 위관급 장교인 카다피가 리비아에서 쿠데타를 일으켜 40년이 넘도록 집권한 일도 예측하기 어려운 사건이었다. 1970년대 중반 이후 북방한계선 문제에 대해서 입 다물고 있던 북한이 금강산 관광이 열리면서 남북 관계가 해빙되는 시점인 1999년에 이 문제를 다시 들고 나올 것이라고 누가 예측했겠는가?

박정희 시대 한국 정부의 미사일 개발은 어느 정도 예측된 일이었다. 박정희 대통령이 1968년 안보 위기 이후에 자주국방을 강조하면서 무기의 현대화를 적극적으로 추진했기 때문이다. 그러나 한국 정부의 미사일 개발이 앞으로 어떠한 상황을 초래할지는 아무도 예측할 수 없었다. 분명히 예측되는 것은 남북 관계의 긴장이었지만, 실제로 나타난 것은 한미 관계의 악화와 박정희의 죽음이었다.

그런데 뭐니 뭐니 해도 복권만큼 예측 불가능한 것은 없으리라. 누구는 좋은 꿈을 꾸어서 복권에 당첨되었다 하고, 누구는 아무 생각 없이 지나가다가 산 복권이 당첨되었다고 하지만, 어느 누구도 복권 당첨을 예측할 수는 없다. 그래도 복권을 사는 사람들은 자신이 당첨되는 꿈을 꾸곤 한다.

가을이 왔다고 생각한 9월에 전혀 예측하지 못한 일을 당하는 인간들. 과학이 발달하여 미래 예측이 어느 정도 가능하다지만, 인간의 힘으로 모든 일을 완벽하게 예견할 수는 없다. 그래서 인간에게 예상치 않은 위험이 닥치는 것은 아닐까? 그러나 다른 한편, 역사의 흥미진진한 전개는 예측 불가능성으로부터 오는 것 같다. 자연현상뿐 아니라 인간이 만들어내는 사건들, 예컨대 혁명이나 쿠데타 등은 누구도 예측하기 힘들다. 어둠의 터널을 지나고 있던 1950년대 한국의 국민들이 4·19혁명을 예측할 수 있었겠는가? 철권통치를 하던 박정희가 자신의 측근에게 총을 맞아 죽을 것이라고 예측할 수 있었겠는가? 아프리카 최고의 지도자로 자부해온 카다피가 2011년 리비아의 상황을 예측할 수 있었겠는가?

만약 과학이 고도로 더 발달해서 영화 〈마이너리티 리포트〉에서 볼 수 있는 것처럼 미래를 예측할 수 있다면, 인류 역사는 예정된 길을 걸어가는 지루한 과정이 될 것이다.

# 한국민주당 창당
## 한국 전통 야당의 기원

1945
한국민주당 창당

1969
카다피의 쿠데타
주택복권 발행

1978
NHK-1 제9호 미사일
발사 실험

1999
북한의 NLL 무효 선언

1945년 9월 16일 한국민주당이 창당되었다. 윤보선의 자택에서 창당 선언문이 채택되었다. 일제 강점기부터 주로 보수 또는 우익으로 분류되던 정치 세력이 한국민주당에 참여했으며, 송진우를 수석총무로 선출했다.

한국민주당은 창당 초기부터 친일파, 지주, 자본가의 정당으로 비난받으면서 사회적 지지를 얻지 못했다. 한국민주당을 창당한 주도 세력이 동아일보 계열의 인사들 및 식민지 시기 유명한 자본가인 김연수의 형 김성수였기 때문이다. 이 외에도 1930년대 이후 일제의 식민지 정책과 태평양전쟁에 적극적으로 동조한 사람들이 한국민주당에 참여했다. 한국민주당은 대중적 지지를 얻지는 못했지만, 지방의 유지와 자본가들로부터 지지를 받았다.

한국민주당의 주도 세력은 일제에 협력한 경력으로 인해 해방 직후인 1945년 8월에는 활동을 정지하고 있었다. 그러나 38선 이남에 미군이 진주하기 직전 여운형의 조선건국준비위원회가 조선인민공화국을 선포하자, 이에 반발하여 충칭 임시정부 지지를 선언하면서 한국민주당을 조직했다. 해방 직후에는 소련군이 남한에도 진주할 것이라는 소문이 퍼져, 친일파나 보수주의자들이 활동하기 어려웠지만, 미군의 진주는 이들에게 회생의 기회를 마련해주었다.

　1945년 9월 9일 미군이 북위 38도 이남 지역에 진주하면서 주한 미군정청이 설치되었다. 미군정은 38선 이남에서 미국의 정책에 협조할 만한, 보수적이면서도 미국에 유학한 경험이 있는 사람들을 찾았다. 정치 노선뿐만 아니라 언어 장벽 역시 중요한 문제였기 때문이다. 미군정 사령관 하지의 정치고문은 본국에 메시지를 보내면서, 당시 한국에서 가장 희망적인 것은 '소수이지만 보수적인 사람들이 서울에 존재한다는 것'이라고 강조했다. 이러한 미군정의 정책에 따라 구미 유학 경험자들이 많은 한국민주당 소속의 인사들이 미군정의 주요한 협조자가 되었다. 그 대표적인 사람이 경무부장으로 임명된 조병옥이다. 조병옥은 일제 강점기 선교사가 운영하던 공주 영명학교를 졸업하고, 미국 컬럼비아대학에서 유학한 경험을 갖고 있었다. 미군정은 고문위원회를 조직할 때도 여운형 한 사람을 제외하고는 나머지 8명을 한국민주당 소속 또는 한국민주당에 우호적인 인사로 임명했다.

　그러나 여기서 주의해야 할 점은 한국민주당을 오로지 친일파 정당으로만 파악해서는 안 된다는 사실이다. 한국민주당의 주요 인물 중 원세훈이나 이극로, 이인과 김병로는 일제 강점기 동안 독립운동을 치열하게 전개한 경력을 갖고 있었다. 원세훈은 독립운동을 할 당시 '시베리아의 호랑이'로 불렸고, 이인과 김병로는 독립운동가들의 변론을 맡아 해주었으며, 이극로는 한글 학자였다.

　일반 사람들은, 해방된 땅에서 제국주의에 협력했던 사람들이 더 이상 앞에 나서면 안 되고 독립운동을 했던 사람들이 중심이 되어 새로운 국가를 만들어가야 한다고 생각했다. 그러나 한국민주당에 참여한 인물들의 면면을 보면, 실제 상황은 사람들이 일반적으로 예상했던 것과 많이 달랐다. 독립운동을 했던 사람들 중 보수적이거나 우파에 속한 사람들, 특히 동아일보 계열의 지식인들과 친분을 맺고 있는 사람들은 좌파의 독립운동가들보다 친일파로 비난받고 있던 사람들과 결합했다. 이러한 정치 세력의 지형은 해방 직후 한국의 정치가 민족과 반민족의 구도가 아니라, 좌 – 우 또는 진보 – 보수의 대립 구도였음을 보여주며, 한국 사회에서 보수 – 개혁의 대립 구도가 이미 일제 강점기부터 뿌리 깊게 자리 잡고 있었음을 보여준다.

한국민주당은 미군정하에서 집권 여당의 역할을 했다. 그러나 이들은 곧 이승만 정부에게서 버림받았다. 먼저 미군정 시기 한국민주당을 이끌던 걸출한 지도자들이 테러를 당해 사망했다. 수석총무였던 송진우는 1945년 12월, 후임 수석총무 장덕수는 1947년 11월에 암살당했다. 또 다른 핵심 인사 백관수는 한국전쟁 중 납북되었다. 그리고 독립운동 경력을 지닌 인사들은 1948년 이전에 대부분 당을 떠났다. 보수적 성격이 강화된 한국민주당은 1948년 5·10선거에 참여한 유일한 정당이었지만, 전체 국회의원 의석 가운데 20%도 차지하지 못한 채 야당으로 전락했다.

제헌헌법이 대통령중심제를 규정해 놓았다지만, 국회에서 대통령을 선출했기 때문에 내각책임제적인 요소도 어느 정도 포함하고 있었다. 그런데 이승만은 자신을 도와 분단 정부를 수립하는 데 가장 큰 공헌을 세운 한국민주당을 외면했다. 내각을 만들면서 한국민주당 계열에서는 단지 김도연 한 사람만 등용했던 것이다. 야당으로 전락한 한국민주당은 1949년 민주국민당으로, 1955년에는 민주당으로 확대 개편되었다.

한국민주당은 오늘날 민주통합당의 뿌리라고 할 수 있다. 이렇게 보면 민주통합당은 야당이라기보다 보수적이면서도 한국 정치의 주류를 형성하고 있다고 볼 수 있다. 한국민주당은 1945년 이후 오늘날까지 수많은 정당이 명멸을 거듭하고 있는 가운데, 유일하게 그 맥을 계속 간직해온 한국 정치의 뿌리인 셈이다. 물론 한국민주당이 지금의 민주통합당으로 그대로 연결되었다고는 볼 수 없다. 60년이 넘는 세월 동안 새로운 세력이 많이 영입되었으며, 그중에는 혁신 세력이나 시민사회 세력도 있었다. 그러나 이러저러한 변화에도 불구하고 한국민주당이 본래 갖고 있던 '보수'라는 틀에서 벗어나지는 못했다.

한국 정치에서 여당만큼 보수적인 야당이 존재한다는 것은 상당히 중요한 의미를 갖는다. 이는 진보적인 정치가 설 공간이 없다는 것을 의미한다. 물론 한국민주당과 민주당의 후신인 1970년대 신민당과 1980년대 중반 신한민주당이 한국 민주화운동에 큰 기여를 했다는 사실을 부인할 수는 없다. 그럼에도 불구하고 현재까지도 민주당의 성격과 관련하여 많은 논란이 불거지는 것은 한국 정치에서 야당의 특징을 잘 보여준다.

한국민주당의 수석총무로 선출된 송진우(왼쪽)와 『동아일보』를 창간한 김성수(오른쪽). 이들은 절친한 친구 사이이며, 한국민주당 창당의 주역이었다.

# 카다피의 쿠데타 성공과 몰락
## 리비아 사태가 알려주는 교훈

1945　한국민주당 창당

**1969　카다피의 쿠데타**
주택복권 발행

1978　NHK-1 제9호 미사일 발사 실험

1999　북한의 NLL 무효 선언

　　1969년 9월 1일 무아마르 카다피가 쿠데타를 일으켜 리비아에서 왕정을 폐지하고 최고 권력자에 올랐다. 이후 카다피는 40년이 넘도록 리비아에서 무한 독재 권력을 누렸으나, 2011년 아랍 민주화의 영향을 받은 '자유 리비아군'에 의해 트리폴리가 함락되자 권좌에서 물러나 고향으로 도망갔다가, 같은 해 10월 20일 체포 뒤 사살되었다.

　　카다피는 리비아의 시르테 근처에서 출생했고 그곳에서 사망했다. 전통적인 이슬람 교육을 받으며 성장했고, 일찍부터 이집트 나세르의 영향을 받았다고 한다. 카다피는 1963년 벵가지에서 리비아대학교를 졸업한 뒤, 육군사관학교에 들어갔다. 그는 사관학교 재학 시절 동료 생도들과 함께 '자유장교단'을 조직했다. 당시 북아프리카와 아랍에서는 대부분 왕정 통치가 이루어졌는데, 이 지역의 자연 자원을 독점한 왕들이 유럽 및 미국에 협조적 자세를 보이는 것에 대해 사회적 불만이 팽배했다. '자유장교단' 역시 리비아의 왕정 타도를 목표로 조직되었다.

　　1965년 사관학교를 졸업한 뒤 영국과 그리스 등에서 군사훈련을 마치고

리비아 쿠데타를 일으켰을 때 카다피는 27세의 위관급 장교였다.

돌아온 카다피는 중위로 진급한 직후인 1969년 9월 1일 동료 장교들과 함께 수도 트리폴리를 공격하면서 기습적으로 쿠데타를 감행했다. 장군도 영관급도 아닌, 27세의 젊은 위관급 장교가 쿠데타를 감행한다는 것은 누구도 예측할 수 없는 사건이었다. 그와 동료 장교들은 국가의 중추 기관을 유혈 사태 없이 장악했고, 당시 신병 치료 차 터키에 체류 중이던 국왕 이드리스 1세는 객지에서 그대로 퇴위당해 터키로 망명했다.

카다피는 쿠데타 직후 군 총사령관에 올랐고, 이집트의 나세르를 모델로 삼아 대령으로 승진했다. 그리고 리비아 비상혁명위원회를 설치하여 비상혁명위원장을 맡으며 총리와 국방장관, 국가평의회 의장과 국가 원수를 모두 겸직했다. 쿠데타 두 달 뒤인 1969년 11월에는 새 헌법을 공포하고, 이후 신생 리비아공화국의 최고 정치기구인 혁명지도평의회의 의장에 취임했다.

최고 지도자에 오른 카다피는 곧바로 반미·반서구 정책을 실시했다. 먼저 리비아 내에 있는 미국과 영국의 군사 기지를 모두 철수시켰다. 1970년에는 리비아에 살고 있는 이탈리아인 거주자들을 모두 추방했으며, 서양식 달력을 이슬람식 달력으로 바꾸었다. 또한 모든 석유 회사에서 리비아 정부 소유의 비중을 50%에서 79%로 상향 조정했다.

1971년 4월 13일 이집트의 카이로에서 아랍의 지도자들이 만났다. 가장 왼쪽부터 순서대로 카다피, 수단 대통령, 시리아 대통령, 이집트 대통령 사다트이다.

    카다피는 1975년에 출간한 자신의 책 『그린 북 The Green Book』에서 자본주의와 공산주의를 모두 배격하는 이슬람 사회주의를 주창하면서, 동시에 인민 의회에 근거한 새로운 체제를 강조했다. 카다피 집권 이후 리비아의 문맹률은 90%에서 10%로 떨어졌고, 평균수명은 57세에서 77세로 늘어났다. 카다피는 사회복지 제도와 여성·흑인·이주노동자에 대한 차별을 없애는 등 사회 내부적으로도 많은 개혁을 실시했다. 이러한 개혁을 통해 리비아는 아프리카에서 가장 높은 국민소득을 자랑하는 국가가 되기도 했다.

    그러나 정치적으로는 카다피 정부에 반대하는 모든 사상과 움직임을 철저하게 금지했다. 2010년 기준으로 리비아의 언론의 자유 정도는 세계 180개국 가운데 165위에 위치했다. 또한 그와 그의 가족들이 상당한 재산을 축적하고, 1970년대 이후 오일 달러를 이용해 호화로운 생활을 하면서 그에 대한 내부 비판이 일기 시작했다. 이에 2008년 카다피는 정부의 모든 기관을 폐지하고 부패와의 전쟁을 선포하기도 했지만, 그의 가족들에게 집중된 권력과 부를 전부 해체하지는 못했다. 이것이 정치적으로 모든 반대 세력을 철저하게 탄압한 체제와 함께 궁극적으로 카다피를 몰락하게 만든 직접적 원인이 되었다.

카다피가 세계적으로 유명해진 것은 아랍 민족주의를 내세우고 반서구적으로 행동했기 때문이다. 그는 서구에 대항하기 위해 아랍 전체를 이슬람 근본주의에 근거한 사회주의 통일 국가로 만들어야 한다면서 시리아와 합방을 선언했지만 성공하지 못했다. 또, 이집트의 사다트 대통령과 아랍연합의 결성에 합의했지만, 사다트가 미국의 중재로 이스라엘과 종전에 합의하자 관계가 악화되었다.

카다피는 아프리카에서 반서구 정권의 수립을 지원하고, 남아프리카 공화국의 흑인해방운동과 필리핀·인도네시아·영국·오스트레일리아의 과격 이슬람 단체를 후원했다. 1985년에는 유럽이 리비아의 반카다피 세력을 지원하고 있다면서, 자신은 유럽에서 적군파와 아일랜드공화군(IRA)을 지원하겠다고 선언했다. 1986년 카다피가 서베를린의 나이트클럽 폭파 사건에 연루되자, 유럽 주둔 미 공군기가 리비아를 폭격하기도 했다.

그러나 동유럽과 러시아의 공산당 정권이 무너지면서 카다피는 서구와 미국에 화해의 손을 내밀었다. 특히 만델라와 협상을 통해 팬암 103기 폭파에 연루된 리비아 정보원을 네덜란드 법정에 인도했으며, 팬암기 폭파로 숨진 스코틀랜드 로커비 지역의 피해자들에게 보상을 약속했다. 이에 따라 2003년 유엔은 리비아에 대한 모든 경제제재를 해제했다. 또한 카다피는 2006년 핵 투명성을 보여주겠다며 핵무기 제조를 포기했음을 전 세계에 선포했고, 1980년대 IRA에게 희생된 영국인에 대해서도 보상을 약속했다. 미국도 2006년 테러지원국 명단에서 리비아를 삭제했다.

이런 와중에 2009년 2월 아프리카연합의 의장으로 선출된 카다피는 유엔총회에서 연설 뒤 유엔헌장을 던져버리는 기행을 보이기도 했다. 그러나 결국 그는 2011년 2월 시작된 반카다피 세력에 의해 축출되었으며, 10월 20일 반군의 총에 맞아 죽었다. 핵을 포기한 카다피와 후세인은 죽었고, 핵을 포기하지 않은 이란과 북한 정권은 지금도 미국에 맞서는 아이러니가 나타나고 있다.

카다피에 대한 평가는 극단으로 나뉜다. 한편으로는 서구에 대항해서 제3세계 민족주의를 고양했으며, 아프리카의 다른 독재자들과는 달리 사회 개혁을 통해 리비아 사람들로부터 일정한 지지를 얻었다는 평가가 있다. 그러나 테러 지원과 가족의 부정부패, 그리고 1990년대 이후 무원칙한 기행을 일삼음에 따라 부정적인 평가도 많다.

우리가 카다피 문제에 주목해야 하는 이유는, 리비아에 진출한 한국 기업과 카다피가 긴밀한 관계를 맺고 있기 때문이다. 2011년 2월 현재 리비아에 진출해 있는 한국의 건설업은 총 20여 개 기업, 50여 건에 107억 달러 수주에 달한다(「아랍의 봄에 침묵하는 민주화 선배」, 『한겨레 21』 854호, 2011. 4. 1). 그런데 수주액을 모두 받지 못한 상황에서 리비아 내전이 터지자 한국 기업은 큰 어려움에 봉착했다. 게다가 한국 정부가 카다피 측과 밀착 관계를 형성해왔기 때문에, 카다피 몰락 이후 수립된 새 정부가 한국 건설 사업에 어떻게 대응할지 알 수 없다. 돈을 벌어들이기 위해 해당국 내부의 민주주의 문제를 고려하지 않고 진출한 한국이 부딪힌 당면 문제다. 물론 한국뿐 아니라 모든 국가가 국익을 위해서는 해외 진출을 할 때 민주주의 문제를 고려하지 않고 있지만, 리비아 사태는 무역의존도가 높은 한국이 앞으로 해외 진출을 할 때 고려해야 할 사항에 대해 중요한 교훈을 알려준다.

# 주택복권이 발행되던 날
## 복권은 필요악인가, 사행심 조장인가

1945 한국민주당 창당

1969 카다피의 쿠데타
주택복권 발행

1978 NHK-1 제9호 미사일 발사 실험

1999 북한의 NLL 무효 선언

　　1969년 9월 15일 주택복권이 처음으로 발행되었다. 아무런 노력 없이 요행으로 부자가 되기를 바라는, 이른바 사행심을 조장한다는 사회적 비판에도 불구하고 주택복권은 1983년 3월까지 13년 7개월 동안 573회를 발매하고 올림픽복권에 바통을 넘겨주었다. 주택은행은 1,015억 6,000만 원어치의 주택복권을 팔아 410억 원의 주택자금을 조성했다고 밝혔다(『동아일보』 1983. 3. 30).

　　주택복권이 막을 내린 것은 1970년대 이후 부동산 가격이 급등하면서 주택복권에 당첨이 되어도 주택을 살 수 없게 되었기 때문이다. 부동산 가격의 상승은 복권을 판매해서 확보한 자금으로 주택 보급을 늘리겠다는 계획 역시 어렵게 만들었다.

　　복권이 처음으로 나온 것은 1962년이다. 5·16쿠데타 1주년 기념 산업박람회가 4월 20일부터 48일 동안 서울 경복궁에서 개최되었다. '사람 박람회'라는 말이 나왔을 정도로 많은 사람이 몰렸는데, 약 224만 명이 이 박람회에 다녀갔다고 한다. 일제 강점기 총독부가 경복궁 앞마당에서 개최했던 산업

국내 최초로 건립된 천호동 주택복권 아파트 전경

박람회를 연상케 하고, 조선의 왕궁을 모욕한 일로 해석될 수도 있는데, 이상하게도 이에 대한 비판은 제기되지 않았다.

이 박람회의 가장 큰 성과는 '복권' 붐을 일으킨 것이었다. 이 박람회에서 산업복권 3억 환어치를 발행했고, 그 반에 해당하는 1억 5,000만 환 상당이 복권 당첨자에게 돌아갔다. 그리고 복권에 당첨된 사람에게는 주택 융자 자금이 주어졌다(『경향신문』 1962. 6. 7).

이후 한동안 잠잠하던 주택복권 판매 계획이 다시 시작된 것은 1967년이다. 이때 주택은행의 전신인 '한국주택금고'가 설립되었고, 여기에서 주택 문제를 해결하기 위한 방책의 하나로 주택복권을 내놓았던 것이다. 서민들에게 주택 마련을 위한 융자를 해주겠다고 한국주택금고를 설립했지만, 대출의 문턱은 높기만 해서 특권 계층이 아니면 융자를 쳐다보기도 어려웠다.

그래서 고육지책으로 내놓은 것이 주택복권이었다. 어차피 융자를 받을 형편이 안 된다면, 복권으로 하루아침에 집을 마련할 수 있는 기회를 주자는 것이었다(『동아일보』 1967. 6. 1).

주택복권 발행이 현실화된 것은 이로부터 2년이 지난 1969년 9월 15일이다. 그러나 이때도 정기적인 발행을 목표로 한 것은 아니고, 9월 15일부터 29일까지 15일간 한시적으로만 발행했다. 복권 발행에 대한 사회적 비판이 워낙 심했기 때문에, 처음 복권을 발행할 때는 군경 유가족과 국가유공자 및 무주택자의 주택 건립 자금 마련을 위해서 발행한다는 명분을 붙였다.

이렇게 해서 마침내 총 상금 5,000만 원 규모의 제1회 주택복권이 9월 15일부터 29일까지 15일간 서울 특별시 일원에 한하여 일제히 발매되었다. 1등 당첨금이 "300만 원이나 되는 이번 복권"은 5,000만 원 중 2,500만 원(50.04%)을 복금으로, 500만 원을 발행 경비로, 나머지 1,998만 원(39.96%)을 주택자금으로 쓰게 했다(『동아일보』 1969. 8. 26).

첫 당첨자는 청량리 시장에서 과자 가게를 운영하는 허영만 씨에게 돌아갔다. 첫 당첨자인 허씨는 "복금 중 200만 원은 주택 채권 1년분을 사서 간접적으로 집 없는 사람을 돕고 나머지는 예금하여 결혼한 동생에게 집을 마련해주겠다"라고 말해서 세간의 화제가 되기도 했다(『동아일보』 1969. 10. 15). 10년 뒤에는 주택복권을 열 장 산 사람이 한 장은 1등에, 나머지 아홉 장은 행운상에 모두 당첨되어 총 3,540만 원을 획득하기도 했다(『동아일보』 1982. 12. 15).

이후 주택복권은 서민들에게 한탕주의를 꿈꾸게 했다. 주택복권 당첨으로 '인생 역전'을 하겠다는 심산이었다. 그래서 좋은 꿈을 꾸게 해달라고 기원도 하고, 꿈에서 특정한 동물이나 돌아가신 조상을 보면 복권을 사는 풍토도 생겨났다. 그러나 복권이 처음부터 인기를 끌었던 것 같지는 않다. 『동아일보』 1970년 6월 11일자에는 '매진 박두'라는 돌출 광고가 실리기도 했다.

주택복권은 1970년 제9회부터 1등 상금을 500만 원으로 올리고, 2등은 100만 원으로 올렸다. 1973년 10월에는 1등 상금을 다시 800만 원으로 높이고, 아차상을 신설했다. 1975년 8월에는 900만 원으로, 1978년 12월에는 1,000만 원으로 계속 인상했다. 1981년에는 1,500만 원으로(2연식의 경우 2,000만 원)으로 또다시 상금을 올렸다.

부동산 가격의 상승이 상금 인상의 주요 요인이었지만, 1970년대 지속적인 인플레이션도 크게 영향을 미쳤다. 두 차례의 오일쇼크를 거치면서 이중 가격 제도가 형성될 정도로 인플레이션이 심각했던 것이다. 1970년대 후반에는 주택복권 추첨 방송이 MBC에서 KBS로 바뀌었으며, 추첨을 할 때는 인기 가수들이 대거 동원되기도 했다.

주택복권을 둘러싼 에피소드도 적지 않았다. 인천에서 1등에 당첨된 허모씨는 기타소득세로 825,000원을 제한 4,175,000원을 받았는데, 뒤늦게 세무서로부터 종합소득세 220만 원과 무신고 가산세 등 180만 원을 포함하여 합계 400만 원의 납세 고지서가 날아들어, 결국 세금을 내지 못해 재산을 압류당했다(『동아일보』 1971. 9. 8). 이 일이 계기가 되어 1972년 12월 주택복권에 대한 종합소득세를 면제하기로 결정했으나, 1975년부터 다시 소득세에 합산하는 것으로 결정을 번복하기도 했다.

복권으로 마련한 자금이 서민의 주택 건설에 들어가고 있지 않다는 비판도 제기되었다. 신민당의 이중재, 김현기, 김용성, 진의종 의원 등은 주택은행 감사에서 주택자금이 아닌 주택은행법에 위배되는 50억 원의 일반 대출이 있었다는 사실을 밝히면서, 주택 건설이 서민을 외면하고 고급 주택만 짓기 때문에 주택난 해결에 아무런 도움이 되지 않는다고 비판했다. 또한 전주제지에 사택 대지 조성용으로 10억 원을 특혜 융자해주고, 5,500만 원을 은행 창구의 평직원이 횡령해갔다는 주장도 제기되었다(『동아일보』 1971. 11. 5).

주택복권의 좌우에 있는 번호가 맞지 않아 문제가 된 적도 있다. 대구에서 발행된 주택복권 100만 장의 좌우 번호가 일치하지 않은 것이다(『동아일보』 1972. 2. 10). 조 편성 회전판과 10자리 숫자 회전판이 서로 바뀐 채 추첨하는 바람에 당첨된 번호가 무효 처리되고, 밤에 다시 추첨을 한 경우도 있다(『동아일보』 1976. 12. 13). 1978년에는 주택복권에 그려진 5개의 태극기에서 4괘의 위치가 잘못 그려져 문제가 되었다. 이에 대해 '공문서나 마찬가지의 효력을 갖는 주택복권'에 태극기를 잘못 그려 넣고 발행했음에도 해명하지 않는다는 비판이 제기되기도 했다(『동아일보』 1978. 3. 13).

1983년에 주택복권은 올림픽복권으로 대체되었다. 올림픽복권은 한 해 동안 510억 원어치가 팔려 1982년의 주택복권 판매액 61억 원에 비해 거의 10배에 육박하는 판매고를 올렸다(『동아일보』 1983. 12. 23). 그 영향 덕에 1989년 주택복권이 재발매되고, 자동차 10대가 경품으로 나오기도 했다. 1990년에는 즉석 주택복권이 발행되기도 했다.

지금은 모든 복권을 로또가 대체하고 있다. 로또는 한 번의 당첨금이 10억에서 20억에 달하는 거금인지라 다시 서민들의 기대를 한몸에 받고 있다. 자본주의 사회의 복권, 그것은 필요악인가 아니면 단지 사행심을 조장할 뿐인가? 흥미로운 사실은 어느 누구도 복권 판매금이 구체적으로 어디에 어떻게 사용되는지에 대해서 문제를 제기하지 않는다는 점이다.

# 박정희의 꿈, 미사일과 핵 개발
## 안보의 전제 조건, 민주주의

**1945**
한국민주당 창당

**1969**
카다피의 쿠데타
주택복권 발행

**1978**
NHK-1 제9호 미사일 발사 실험

**1999**
북한의 NLL 무효 선언

1978년 9월 26일 충남 서산군에서 박정희 대통령을 비롯한 3부 요인과 존 베시 주한 미군 사령관 등이 지켜보는 가운데 NHK-1 제9호 미사일 발사 실험이 진행되었다. 실험은 성공적이었다고 보도되었다. 당시 모든 신문은 이 실험을 1면 톱뉴스로 보도했고, 1978년 KAL기의 소련 강제 착륙 사건과 함께 10대 뉴스의 하나로 선정했다.

박정희 정부는 1960년대 말 안보 위기 이후 자주국방을 내세우며 군수산업 육성에 박차를 가했다. 그동안 한국의 무기 개발이나 군수산업 육성을 제한했던 미국의 입장이 바뀜에 따라 박정희 정부가 군수산업 개발에 힘을 쏟을 수 있었던 것이다. 한국군이 베트남에 파병되면서 미국 정부는 한국 정부의 요청을 모두 거부하기가 힘들어졌다. 게다가 닉슨 행정부가 주한 미군 1개 사단을 철수하면서 한국군의 '현대화'를 약속했기 때문에 한국 정부의 군수산업 개발을 무조건 반대할 수도 없었다.

군수산업 육성은 베트남전쟁 기간 동안 미국이 M-16을 비롯한 일부 무기 기술을 한국에 이전해주면서 본격화되었으며, 한국 정부는 군수산업의

NHK-1 제9호 미사일 발사
실험을 지켜보는 박정희 대통령

체계적 발전을 위해 1971년 청와대에 군수산업 진흥을 책임지는 경제 제2수석비서관실을 신설했다. 흥미로운 사실 중 하나는 1971년부터 군수산업 관련 회의에 원자력연구소의 소장도 참여했다는 점이다. 박정희 대통령은 이때 이미 핵무기 개발을 생각하고 있었을까?

또 한 가지 주목할 사실은 군수산업의 개발이 정부 주도하의 공기업에서 이루어진 것이 아니라, 일반 대기업에 의해 주도되었다는 점이다. 이는 박정희식 경제성장 모델의 특징을 보여준다. 정책은 국가가 만들고 민간 분야에서 실행하는데, 그 둘 사이에는 관료와 국가의 정책 보조금이 중요한 연결고리로 작용했다. 군수산업에 민간 기업이 참여하면서 1973년 초 선포된 중화학공업화 역시 대기업이 주도했다.

한편 오원철 경제 제2수석비서관에 따르면, 박정희 대통령은 1971년 12

월에 이미 미사일 개발을 지시했다고 한다. 그러나 미사일 개발이 본격화된 시점은 1975년 남베트남 패망 이후였던 것으로 보인다. 남베트남의 패망은 분단 국가 한국에게 큰 충격을 주었기 때문이다. 오죽하면 선명 야당과 유신 반대 투쟁을 강력히 내세우며 야당의 총재가 된 김영삼마저 남베트남 패망 이후 박정희와 회담을 갖고, 이후 슬며시 꼬리를 내렸을까.

박정희 정부는 사정거리가 180km를 넘지 않고 중량을 500kg으로 제한한다는 조건하에 미사일 개발에 대한 미국의 승인을 받고, 미국의 군수산업체로부터 일부 기술 이전을 받을 수 있었다. 그러나 당시 한국에 있던 미국의 기관들은 한국 정부의 미사일 개발 상황을 감시했다. 혹 한국 정부가 미국이 제시한 제한 조건을 넘어설 수도 있다고 판단했기 때문이다.

그런데 미사일 개발보다 더 논란이 불거진 문제는 한국 정부의 핵 개발이었다. 현재까지도 정확한 사실이 밝혀지지 않았지만, 미국의 일부 공개된 문서들 및 미국과 유럽의 신문들은 한국 정부의 핵 개발과 관련된 정보를 조금이나마 보여주고 있다. 1970년대 말 카터 행정부와 박정희 정부 사이의 갈등은 단지 인권 문제에만 국한된 것이 아니라 한국 정부의 미사일과 핵 개발 문제가 관련되어 있다. 한국이 핵 개발을 포기한 것은 미국의 정치적 지지를 등에 업고 집권한 전두환 정부 때였다.

박정희 정부의 미사일과 핵 개발 사업은 1990년대에 이르러 약육강식의 국제 질서 속에 놓인 한국 국민들에게 묘한 향수를 불러일으켰다. 경제성장에는 성공했지만, 북한의 핵 개발에 대해서는 자체적으로 대응하지 못했기 때문이었다. 이러한 상황 덕분이었을까? 1970년대 핵 개발을 둘러싼 내용을 주제로 한 『무궁화 꽃이 피었습니다』가 1993년 최고의 베스트셀러에 오르기도 했다.

지금, 북한의 핵 개발과 미사일 발사에 이목이 집중되고 있다. 한국은 지난 2010년 8월 24일 처음으로 인공위성을 탑재한 로케트 발사 실험을 했지만, 북한은 이미 2000년대 중반 대포동 미사일 실험을 통해 일본 열도를 넘어 태평양까지 미사일을 발사할 수 있는 능력을 보여주었다.

    안보는 모든 분야에서 안정과 발전을 담보하는 가장 근본적인 바탕이다. 그러나 안보를 위해 개발하는 무기들, 특히 미사일과 핵무기는 평화적으로만 사용된다는 보장이 없다. 방어를 위해 만들어진 무기는 언제든지 선제 공격에 사용될 가능성이 있다. 그러한 무기를 개발한 정부가 민주적인 시스템을 갖추고 있지 못하다면 위협은 더 커진다. 독재자가 국민의 뜻에 상관없이 무기를 사용하고 전쟁을 일으킨다면 어떻게 되겠는가? 그 때문에 민주주의는 안보와 평화를 위해 가장 중요한 전제 조건이다.

# 북한의 NLL 무효 선언
## NLL을 둘러싼 남북 교전은 언제 끝나나

1945
한국민주당 창당

1969
카다피의 쿠데타
주택복권 발행

1978
NHK-1 제9호 미사일
발사 실험

1999
북한의 NLL 무효 선언

1999년 9월 2일 북한은 인민군 총참모부 발표를 통해 '서해 북방한계선 (NLL)은 무효'라고 선언했다. 그러고는 해상 군사통제구역을 일방적으로 통보했다. 북한이 통보한 경계선의 수역은 정전협정에서 유엔군의 관할로 규정된 서해 5도, 즉 백령도, 대청도, 소청도, 연평도, 우도 등을 포함했다. 물론 서해 5도에 접근할 수 있는 뱃길을 열어 놓는 '아량'(?)도 보여주었다. 북한은 앞서 같은 해 7월 21일 유엔사와 가진 판문점 장성급 회담에서 이 해상경계선을 제시하고 실무 접촉을 해왔다.

그런데 북한이 해상 군사통제구역을 통보하기 전에 이미 그 전조가 있었다. 1999년 6월 15일 제1차 연평해전이 벌어진 것이다. 북한 경비정 4척이 꽃게잡이 배와 함께 북방한계선 남쪽 2km까지 내려왔고, 남한의 초계함이 이에 대응하는 과정에서 교전이 벌어졌다. 교전은 남한 해군의 일방적 우위 속에서 끝났고, 북한은 남한 쪽 교전 책임자의 처벌을 주장했다. 그러고 나서 북한은 해상경계선을 선포했다.

해상경계선을 선포한 북한은 제1차 연평해전이 끝나고 3년 뒤 2002년 6

월 29일에 제2차 연평해전을 일으켰다. 북한은 제1차 연평해전에서 반파되었던 초계정 등산곶 684호를 다시 동원했다. 1999년의 연평해전이 우발적으로 일어난 사건이라면, 2002년의 제2차 연평해전은 북한의 보복 행위에 가까웠다.

2007년 남한의 노무현 대통령과 북한의 김정일 국방위원장이 10·4남북공동성명을 발표하면서 북방한계선과 북한의 해상경계선 사이 지역을 평화적인 공동 어로 구역으로 설정하기로 합의함에 따라 더 이상 교전이 없을 것으로 예상되었지만, 이명박 정부 이후 10·4남북공동성명이 전면 부인되면서 이 지역은 다시 위험 지역으로 부상했다. 2009년 1월 북한은 다시 한 번 북방한계선의 무효와 정전협정의 정지를 선언했고, 2010년에는 천안함 사건과 연평도 사건이 연이어 발생했다. 한국 정부는 정전협정 이후 최대의 위기라고 호들갑을 떨었다.

북방한계선을 둘러싼 논쟁은 1960년대부터 시작되었다. 그런데 이 시기에는 동해에서 많은 교전이 일어났다. 서해의 경우에는 서해 5도가 어선들에게 경계선 역할을 했지만, 동해는 그렇지 않았다. 게다가 남한과 북한 정부는 각기 상대방 어선들이 이른바 '간첩선'과 함께 일부러 경계선을 넘고 있다고 주장했다. 급기야 1968년 푸에블로호 납치 사건이 발생했고, 1974년에는 동해 상에서 남한의 해경 863호가 피침된 사건이 발생했다. 몇 명이 죽고 다쳤는지는 정확히 알려지지 않았지만, 천안함 사건만큼 큰 사건이었다.

또한 북한은 1975년 9월 압록강 어귀에서 일본 쇼세이마루가 영해 12마일을 침범했다고 주장하면서 50마일 안전경비수역을 선포고, 1977년 8월 1일에는 200해리 경제수역의 실시와 해상 군사경계선을 선포했다. 이후 북한의 미그기가 서해안의 북방한계선을 넘는 등, 많은 문제가 발생하기 시작했다.

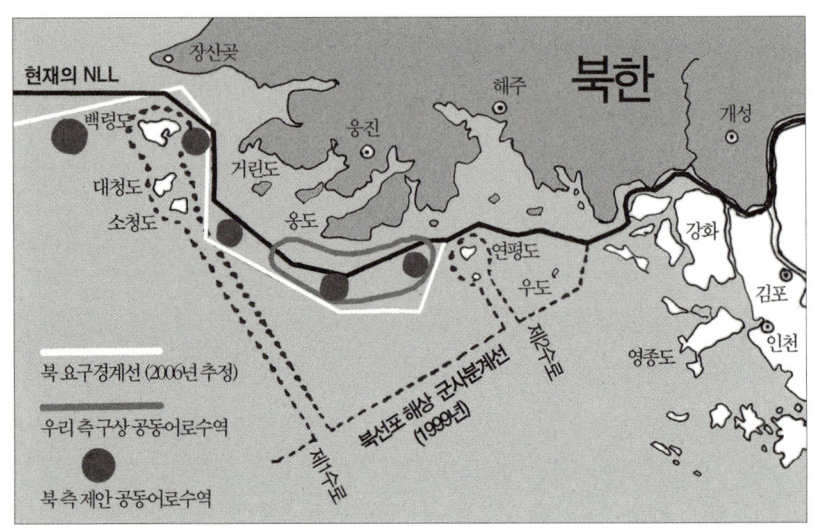

위 : NLL과 북한이 주장하는 해상경계선
아래 : 1999년에 벌어졌던 제1차 연평해전

사실 서해의 북방한계선에 대해 북한은 1970년대 초까지 크게 반발하지 않았다. 북한은 해군을 통해 도발할 수 있는 여력이 없었다. 한국전쟁 시기 유엔군은 하늘뿐만 아니라 바다도 완전히 장악하고 있었다. 이러한 상황에서 전후 북한이 해군력을 빠르게 복구하는 일은 불가능했다.

북방한계선이란 남쪽의 배들이 더 이상 북쪽으로 올라갈 수 없는 한계선이라는 뜻이다. '북방한계'라는 이름을 고려한다면, 이 선이 북쪽에서 남쪽으로 내려오는 것을 막기 위한 선이 아닐 수도 있다. 북진 통일을 외치면서 정전협정까지 막으려 했던 이승만 정부의 해군에게 이 선을 넘지 말도록 한 경계선이었던 것이다.

지난 수십 년 동안 북방한계선을 둘러싸고 일어난 남북 간의 교전을 돌이켜보면, 2010년에 발생한 천안함 사건이나 북한의 연평도 포격 사건은 어쩌면 이미 예견된 일이었는지도 모른다. 유엔군 사령관이 설정한 1953년의 북방한계선이나 북한 정부가 통보한 1999년의 해상경계선이 모두 합의 없이 일방적으로 선포된 것이기 때문이다. 1975년 CIA 보고서에 따르면 미국 역시 북방한계선을 국제법적으로 유효한 경계선으로 보지 않았다. 단지 한국 정부의 입장을 지지할 뿐이라는 애매한 입장을 취했다.

물론 북방한계선이 처음 그어진 1953년부터 1973년까지 20년 동안 해상 분계선으로 작동했다면 이 선이 관습법적으로 유효하다고 해석할 여지도 남아 있다. 그러나 이 선의 합법성 여부보다 더 중요한 것은 정부의 의지와 능력이다. NLL 문제로 인해 국민은 위협을 받고 있고, 정부는 위협받고 있는 국민들에게 안전과 평화를 지켜주지 못하고 있다.

국민을 위협으로부터 지킬 능력이 없다면 이는 정부도 아니고, 국가도 아니다. 서해에서 항상 위험에 노출되어 있는 국민의 안보를 정부가 지키지 못한다면, 그 국민 또한 안보를 책임지지 못하는 정부를 따라야 할 이유가 없다. 한국 정부는 이데올로기와 관계없이 서해 상의 군사분계선에 대해 북한과 빨리 합의해야 한다. 그렇지 않다면, 천안함 사건에서처럼 억울한 죽음을 당하는 젊은이들이 계속 나올 것이다. 사랑하는 자식을 군대에 보내 놓고 발 뻗고 자지 못하는 부모의 마음을 생각해보았는가?

정전협정을 평화협정으로 대체하거나 10·4남북공동선언의 재가동이 절실하게 필요하다. 한반도의 남과 북에 살고 있는 사람들은 모두 안전하고 자유롭게 살 권리를 갖는다. 하지만 지금의 한반도는 그 땅 위에 살고 있는 사람들에게 그러한 권리를 누리지 못하게 만들고 있다. 그러면서 단지 의무만 강조하고 있다. '너희들이 얼마나 행복한 사람인지 깨달아라', '국가와 사회를 위해 충성을 바쳐라', 그리고 '위험이 있지만, 굳건하게 버텨라'.

국가에 대한 충성심은 억지로 만들어지지 않는다. 국가가 국민 개개인의 인권과 자유를 보호해줄 때, 국민은 그러한 국가와 정부를 지켜야 한다는 마음을 갖게 된다. 그래야 비로소 진정한 안보가 나오지 않을까?

# 9월을 보내며

## 보수 이데올로기의 착종

한국의 보수주의나 자유주의는 정말 대단한 힘을 갖고 있다. 한국근현대사를 공부할수록 더욱 그런 생각이 든다. 독일, 오스트리아, 베트남이 냉전이 흔들리는 시기에 통일을 이루었건만, 한국은 지금까지도 '꿋꿋하게' 분단 상황에서 변하지 않고 있다. 그런데 그 이유는 '좌우의 분열'에 있다기보다 한국의 보수주의나 자유주의가 다른 지역에 비해 상당히 강했다는 데 있다.

독일과 오스트리아는 1945년 패망 뒤 분단 또는 분할 점령이 되는 과정에서 이미 많은 보수주의자가 처벌을 받거나 정치 일선에서 물러났다. 전쟁 범죄자였기 때문이다. 따라서 1945년 파시스트가 몰락한 다음 독일과 오스트리아의 정치사는 극우파를 제외한 중도 우파에서 좌파에 이르는 스펙트럼을 갖고 있다. 1955년 독립한 오스트리아의 정치 주도권을 중도 좌파가 잡았다는 사실과 함께 독일 우파 정당의 정책이 한국의 진보 정당이 내거는 정책과 유사한 부분이 있다는 사실은 이를 잘 보여준다.

베트남의 경우에도 보수 우파의 힘이 약했다. 프랑스의 식민 통치 기간, 태평양전쟁 시기 일본의 점령 기간, 그리고 1975년까지 치른 베트남전쟁 기간을 통해 보수 세력은 힘을 잃었다. 베트남에서 프랑스에 협력했던 사람들이나 일본에 협력했던 사람들, 그리고 미군에 협력했던 사람들은 모두 민족을 배반한 사람들로 비난받았고 부패한 사람들로 여겨졌다. 특히 1954년 북위 17도선에 의해 남북 베트남으로 분단된 이후, 미국의 지원을 받은 남베트남의 지배 세력과 보수 세력은 사회적 지지를 얻을 수 없었다.

그러나 한국은 달랐다. 한국의 보수 우파는 19세기 후반 이래 한국 사회에 주요 정치 세력으로 자리 잡았다. 개화를 통해 조선 사회의 변화를 추구한 이들은 일본의 침탈이 강화되면서 종교 및 자유주의와 결합했다. 한국 사회가 아시아에서 가장 높은 기독교 인구 비율을 보이는 것도 보수주의와 자유주의의 결합이 종교를 매개로 해서 나타났기 때문이다. 이런 까닭에 한국의 초기 독립운동은 종교인들에 의해 주도되었다. '3·1독립선언서'에 서명한 33인도 모두 종교 대표였다.

결국 강한 보수주의자들의 존재는 냉전 체제하에서 한국이 분단되고, 그 분단을 유지하는 데 중요한 바탕이 되었다. 1945년 파시즘과 군국주의자들의 몰락은 이들에 반대했던 사회주의자나 공산주의자가 부상할 수 있는 조건을 만들었다. 그러나 강력한 보수주의가 존재하는 한국 사회에서 사회주의자나 공산주의자가 정치적으로 큰 힘을 갖기란 불가능했다. 그들의 세력 확장을 저지한 것은 바로 한국민주당의 창당으로 대표되는 힘이었다.

제국주의에서 해방된 구 식민지 지역에서 정치인들의 이합집산은 대체로 제국주의에 대한 태도를 중심으로 이루어지는 것이 일반적인 현상이다. 식민 통치를 겪으면서 정치적 논의의 중심이 된 사안은 사회 운영에서 시장이 중요하냐, 국가가 중요하냐가 아니었다. 더 중요한 문제는 제국주의와 군국주의에 저항하여 민족과 국가의 독립을 목표로 하느냐, 아니면 제국의 일부가 되어 힘을 키우는 것을 목표로 하느냐였다.

그런데 해방이 되자마자 만들어진 한국민주당은 그 기준을 친일이냐 반일이냐에 두지 않고 보수냐 진보냐에 두었다. 많은 보수 세력이 일본 군국주의에 협력한 전쟁범죄자로 비판받고 있었음에도, 친일을 하지 않은 보수 세력은 독립운동을 한 진보 세력보다 친일파로 비난받는 보수 세력과 손잡는 것을 더 선호했다.

사실 진보 또는 좌파 세력은 보수 세력을 너무 얕잡아 본 것 같다. 일제에 타협하지 않고 독립운동을 했던 진보 세력은 해방이 된 상황에서 국민의 지지를 받으며 친일파와 보수주의자들을 몰아내고 쉽게 정권을 잡을 수 있다고 생각했던 것 같다. 그 때문인지 이들은 오히려 좌파 내부의 파벌 투쟁에 더 열중했다. 남조선노동당 조직 과정에서 드러난 갈등은 이를 잘 보여준다. 이들은 눈앞에 권력이 보인다고 느꼈던 것일까? 그러나 한국의 보수주의자들은 그렇게 만만하지 않았다. 게다가 이들이 강한 영향력을 미치고 있는 시장과 종교의 힘도 무시 못할 영역이었다. 기독교와 천주교는 1945년 시점에서 이미 '반공'의 입장을 명확히 갖고 있었던 것이다.

어쩌면 이러한 현상은 당연할 수도 있다. 1990년의 3당 합당을 보면 잘 알 수 있다. 1987년 6월 항쟁 이후 개헌을 통해서 한국 사회는 민주주의를 시스템화 할 수 있었다. 물론 이것이 완전한 민주화라고는 할 수 없지만, 어느 사회인들 '완전한' 민주주의가 작동하겠는가? 어쨌든 민주화가 이루어진 이후 많은 사람은 민주화운동을 했던 세력이 서로 손잡고 독재자와 그에 기생했던 사람들을 퇴출시킬 것이라고 생각했다.

그러나 결과는 완전히 달랐다. 민주화운동을 했던 그룹들 중 보수적인 그룹은 오히려 독재 체제하에서 특권을 누렸던 기득권층과 손잡고 1990년 민주자유당을 만들었다. 3당 합당을 통해 민주자유당이 만들어지기 이전에도 1987년 대통령 선거에서 민주화운동 세력은 분열했고, 그로 인해 민주화운동의 모든 결실을 독재 체제하의 기득권층에게 고스란히 넘겨주었다. 그나마 다행스러웠던 점은 당시 상황에서 기득권 세력마저 민주화의 흐름에 역행할 수 없었기 때문에 일정한 한계 안에서나마 사회 개혁 정책과 한반도의 긴장 완화 정책을 실시할 수 있었다는 사실이다. 한편 1987년 이후에도 보수 세력에 가장 큰 힘을 보태고 있는 것은 바로 종교 세력이었다.

그런데 이 지점에서 한 번 짚어보아야 할 점은 한국의 보수 우익 세력이 진정한 '보수'이면서 동시에 '우익'인가 하는 문제이다. 한국 보수 우익의 가장 큰 이론적 바탕은 다른 나라와 마찬가지로 '시장'이다. 진보 또는 좌파가 '국가(정부)'의 개입과 계획을 강조한다면, 보수와 우파는 '시장'을 내세운다. 그런데 한국의 '보수'는 국가자본주의적 경향을 강하게 갖고 있다. 1960년대 이후 경제개발계획에서뿐만 아니라 이미 1948년 대한민국 정부가 수립될 때도 '기획처'라는 기관을 설립했고, 1955년에는 '부흥부', 1960년에는 '건설부'를 조직했다. 시장경제를 바탕으로 하면서도, 동시에 정부의 개입을 강화하려고 했던 것이다. 1970년대까지 박정희식 모델로 대표되는 정부 개입하의 시장경제는 큰 문제를 일으키지 않았다. 오히려 한국의 시장경제는 강력한 국가주의와 민족주의, 그리고 '반공 이데올로기'와 서로 조응하는 측면도 있었다.

그런데 1970년대 초부터 신고전주의 경제정책이 도입되면서 문제가 나타나기 시작했다. 신고전주의 경제학은 1929년 대공황 극복을 위해 도입된 케인스적인 해법에 반대했다. 즉, 애덤 스미스의 자유 시장 고전주의로 다시 돌아가 시장에 모든 것을 맡기자고 주장했다.

이런 문제 제기가 나온 것은 각국의 보호주의와 정부의 규제 등으로 자본주의의 성장이 한계에 부딪혔기 때문이다. 정체되고 한계에 부딪힌 자본주의 시장을 확대하기 위해서는 다시 '보이지 않는 손'에 의한 순수한 시장주의로 돌아갈 필요가 있었다. 곧 시장의 크기를 무한대로 확대하고, 국가나 정부가 하는 일은 인플레이션을 조절하기 위한 개입 정도에 그쳐야 했다.

한국에도 이러한 정책이 도입되기 시작했다. 이른바 서강학파와 한국개발연구원은 신고전주의 정책을 시작한 곳이다. 미국에서 유학하고 돌아온 경제학자들이 정부와 정부 산하 기관에 포진하기 시작했고, 이들은 1970년대 말 박정희식 모델의 해체를 주장했다. 그들의 주장은 '안정화 정책'으로 포장되었지만, 실상 신고전주의 정책으로의 전환을 모색한 것이다. 오일쇼크로 나타난 인플레이션 문제를 해결하기 위해서는 적극적으로 시장을 개방해야 하며, 이를 통해 공급을 늘려야 한다는 주장이었다.

박정희는 생전에 이 정책을 채택하지 않았다. 그러나 박정희 사후 전두환 정부에서 안정화 정책이 채택되었다. 88서울올림픽 이후에는 김영삼 정부에서 세계화 정책이 추진되면서 신고전주의 정책이 신자유주의와 세계화라는 이름으로 한국 사회 전반에 스며들었다. 그리고 이는 보수주의의 주요한 이데올로기가 되었다. WTO(세계무역기구)에서 시작하여 농산물 개방과 관련된 우루과이라운드, 그리고 최근의 FTA(자유무역협정)에 이르기까지 모든 자유화 정책과 반보호주의 정책이 신고전주의 경제학에 바탕을 두고 있다.

문제는 신고전주의 경제정책이 작은 정부를 지향한다는 점이다. 그런데 한국의 보수는 박정희를 역사의 롤모델로 삼고 있으며, 이는 뉴라이트 역사관을 통해 나타나고 있다. 한편으로는 자유 시장 중심의 정책을 내용으로 하면서, 동시에 강한 정부를 추구한 박정희식 모델이 공존하고 있는 셈이다. 여기에 더해 뉴라이트가 주장하는 식민지 근대화론은 보수주의의 민족주의와도 충돌한다.

2005년의 한승조 사건은 한국 보수주의 이데올로기에서 나타나는 자충수를 잘 보여준다. 한승조 교수는 일본의 한 잡지에 한국의 식민지 시기에 대한 평가와 관련된 글을 기고했는데, 이 글에서 그는 한국이 러시아의 식민지가 되지 않고 일본의 식민지가 된 것이 다행이라고 밝혔다. 그의 글은 곧 한국 사회에 큰 파문을 일으켰고, 그가 속해 있던 보수적 청년 단체는 그를 그 단체에서 제명했다. 그 단체는 한승조의 주장이 진정한 보수라는 사실을 깨닫지 못했다.

한국의 보수주의는 '냉전'과 '분단' 체제하에 건전한 내용을 갖지 못했다. 이 점과 관련해서는 진보도 마찬가지다. 그러나 보수는 좀 더 심각하다. 현재까지도 보수의 주류는 냉전적 이데올로기에서 벗어나지 못하고 있다. 또한 자신들에 대한 비판적 목소리에 귀를 기울이려 하지도 않는다. 자신들에 대한 모든 비판적 목소리를 '좌빨' 또는 '종북' 등의 용어를 써가며 배척하기에 바쁘다.

신고전주의적 시장의 무정부주의적 팽창이 2008년 세계적 차원의 경제 위기를 불러왔고, 이에 따라 경제정책을 재고해야 한다는 목소리가 높아지고 있지만, 한국의 보수주의는 요지부동이다. 오히려 냉전적 사고를 강화하면서 시장 만능주의를 밀어붙이고 있다. 그러면서도 한편으로는 박정희의 국가주의를 찬양하고 있다.

한국 사회가 건강해지려면 보수가 건전해야 한다. 보수는 한국 사회에서 한 번도 주류의 흐름을 내준 적이 없다. 주류가 건전한 내용을 갖고 있을 때 그에 대항하는 비판 세력과 저항 담론도 건전한 사상을 견지할 수 있다. 그리고 이러한 상황에서 벌어지는 보수와 진보의 논쟁이야말로 건설적인 정책 논쟁으로 발전할 수 있다. 세계적 상황의 변화와 국내 상황의 변화에 따라 새로운 대안을 추구하려는 진보와 달리, '뉴라이트'를 표명하면서도 '뉴new' 하지도 않고 '라이트right'하지도 않은 냉전적 보수 세력의 자기 변신이 꼭 필요하다.

# 10월
## 징후를 알아차리는 것

이승만의 귀국
국제연합 출범
한국군의 38선 돌파
로스토우의 한국 방문
국세직 망신살 코리아게이트
부마민주항쟁 촉발

**10월을 보내며** : 정명(正名)

한국과 일본에서 4~5월이 벚꽃 놀이의 절정이라면, 10월은 단풍놀이가 절정이다. 한국의 단풍은 세계 최고의 절경이라고 해도 과하지 않을 정도로 아름답다.

가을 산을 바라보고 있으면, 어떻게 저렇게 다양하고 아름다운 색상이 나올 수 있을까 싶다. 정말 자연의 신비로움에 빠져들게 만든다. 그래서 가을에는 전국 각지의 산이 사람들로 붐빈다. 단풍을 보러 가는 건지, 사람을 보러 가는 건지, 밀리는 차들을 보러 가는 건지 모를 정도로 많은 사람이 단풍 구경을 간다.

누구나 다 가보고 싶은 단풍놀이지만, 갈 때마다 힘들게 만드는 것이 교통 사정이다. 특히 주차 문제가 심각하다. 주차로 인한 교통 체증에 시달리다 보면 단풍놀이를 왜 왔나 싶은 생각도 든다. 여흥을 즐기기도 전에 지치고 만다. 비단 단풍놀이

# 10월
### 징후를 알아차리는 것

뿐이겠는가. 날씨 좋은 휴일에 가고 싶은 곳이 있어도 주차 문제나 불편한 대중교통 때문에 포기하는 경우가 허다하다. 그냥 집에서 쉬면서 즐기는 편이 더 낫다는 생각마저 든다.

한국에서 교통 문제가 사람들을 사납게 만드는 경우가 적지 않다. 특히 예측할 수 없는 운전을 하는 것은 한국 운전 문화의 가장 나쁜 특징이다. 옆에서 들어오거나 좌회전·우회전을 할 때는 안전 운전을 위해서 반드시 '깜빡이'를 켜야 하지만, 그렇지 않은 경우가 많다.

사정이 이러하니 한국의 운전자들은 눈치가 빨라야 한다. 그냥 운전에만 신경 쓰면 안 된다. 앞이나 옆에서 달리는 차가 어떤 변화를 줄 것인가를 예측해야 한다. 물론 그런 예측이 전혀 불가능한 일은 아니다. 차의 속도, 운전자의 뒤통수 방향, 차의 흔들림 등등이 예측을 가능하게 해주는 신호다. 그 움직임을 잘 파악하면 대체로 사고를 막을 수 있다. 문제가 생긴 이후에 돌이켜보면 그 찰나의 움직임이 무언가 신호를 준 것인데, 그것을 인지하지 못했다는 자책이 들곤 한다.

역사도 예외가 아니다. 모든 일이 예측 가능하다면 신문 1면에 실을 만한 기사는 아무것도 없으며, 특종도 사라질 것이다. 앞서 9월의 서두에서 언급한 것처럼, 역사는 예측 불가능한 일들로 수없이 가득 차 있다.

그러나 지나고 보면 전부 예측하지 못할 일은 아니었다. 조금이라도 어떤 암시가 주어질 때가 있다. 물론 대개는 일이 일어난 뒤에야 알 수 있지만, 어떤 경우에는 이미 그러한 일이 발생할 경로로 진행되고 있기도 했다. 역사가의 임무 중 하나가, 당시에는 예측 불가능한 일이었지만 나중에 그 일이 발생할 수밖에 없었던 경로를 밝히는 것이다.

해방 직후 이승만이 귀국했을 때 많은 한국인이 큰 기대를 걸었다. 분열된 한국의 정치 세력을 통합해줄 수 있는 기둥으로 생각했기 때문이다. 그러나 결과는 정반대였다. 오히려 그는 분열의 중심에 서 있었다. 사실 이러한 징후는 이미 일제 강점기에 그가 보여준 활동에서 드러났으며, 귀국한 직후에 그가 했던 연설에서 잘 드러난다. 하지만 당시 정치 세력은 그 점을 파악하지 못했다.

1950년 10월 유엔군의 38선 돌파 역시 전혀 예측하지 못했던 일이다. 유엔안전보장이사회에서 유엔군을 조직하여 한국에 파견할 것을 결정할 때, 그 임무를 '남북 간의 경계선 회복'에 두었기 때문이다. 그뿐만 아니라 38선 이북으로 북진을 감행한 일이 중국의 대규모 파병으로 이어질 것이라는 사실은 맥아더도 예상하지 못했다. 그러나 맥아더의 성격이나 당시 트루먼 행정부의 NSC-68 승인 이후의 공격적 냉전 정책, 그리고 중국 공산당의 여러 차례에 걸친 경고 등을 고려한다면, 유엔군이 38선 이북을 넘어가는 북진이나 중국군의 참전은 어렵지 않게 예측할 수 있는 일이었다. 그 때문에 1950년 11월 초 맥아더의 판단(중국군이 대규모로 참전하지 않을 것)은 그의 인생에서 가장 결정적인 오류가 되었다.

'반공산당 선언'이라는 거대한 부제를 달고 『경제성장의 여러 단계The Stages of Economic Growth』라는 책을 집필한 경제사학자 로스토우는 1960년대 초까지만 해도 한국의 경제성장을 예측하지 못했다. 로스토우가 케네디 캠프에 합류하여 새로운 대외 정책을 입안할 때, 한국은 다른 동남아시아 국가와 함께 '도약'을 하기에는 한참 모자라는 국가로 분류되었다. 한국은 희망이 없는 곳이며, 한국을 원조하는 것은 가장 쓸모없는 일로 평가되었다. 따라서 그 시점에서는 1960년대 이후 한국의 성장에 대해 아무도 예측하지 못했다.

그러나 만약 로스토우가 1950년대의 한국 사회를 좀 더 유심히 들여다볼 기회가 있었다면, 그는 1960년대 이후 한국의 경제성장뿐 아니라 급속한

민주화의 과정도 예측할 수 있었을 것이다. 1950년대 한국 사회는 전후 '암흑의 시대'였지만, 많은 지식인이 경제개발계획을 통한 경제성장을 갈구했고, 미국뿐만 아니라 다른 아시아 국가들의 경험을 흡수하고자 노력했다. 한국 국민들 역시 경제성장을 위해 자신들의 자유와 권리 일부를 잠시 보류할 의지를 갖고 있었다.

박정희의 권력에 그 누구도 대항할 생각을 하지 못했던 1970년대 후반, 유신에 반대하는 거대한 움직임이 일어날 것을 예측하는 일도 불가능했다. 긴급조치 9호가 모든 사람들의 움직임을 꽁꽁 묶었다. 게다가 중앙정보부의 힘은 무소불위 그 자체였다. 그러나 1970년대 두 차례에 걸친 오일쇼크, 1978년 총선에서 야당인 신민당이 여당인 민주공화당의 득표율을 앞섰다는 사실, 그리고 1979년 카터 미국 대통령의 방한과 한미 간의 갈등 등을 고려한다면, 1979년에 심상치 않은 일이 벌어질 것이라는 예측을 어렵지 않게 할 수 있다.

하지만 이상과 같은 이승만, 맥아더, 로스토우, 그리고 박정희에 대한 설명은 모두 역사학자들의 사후 설명이다. 사후에 역사학자들이 특정 사건의 전후 상황을 통해 분석했기 때문에 마치 예측 가능했던 사건으로 설명될 뿐이다. 위의 네 사람과 관련된 일을 예측한다는 것은 결코 쉬운 일이 아니다. 이 때문에 때로는 역사학자들의 설명이 '인위적'으로 만들어졌다고 생각되기도 한다.

물론 이러한 흐름을 모두가 알아채지 못했던 것은 아니다. 여운형은 이승만의 등장과 그것이 초래할 결과를 이미 알고 있었다. 미국 정책 결정자들의 일부는 유엔군의 38선 이북을 넘는 북진이 가져올 재앙에 대해 예측했다. 로스토우도 1960년대 중반 한국의 성장 가능성을 감지하기 시작했다. 김영삼과 김대중, 그리고 리영희는 박정희의 종말을 예측했다.

좀 더 장기간의 역사 전개 과정을 보면, 오늘이 보이고 내일이 보인다. 그래서 현명한 사람들은 눈앞의 계획만을 세우지 않는다. 앞으로의 100년을 위한 1년의 계획을 세운다. 징후와 신호를 빨리 파악해서 장기적 방향의 계획을 세울 수 있는 현명한 사람들이 정치를 하면 좋겠다.

# 이승만의 귀국
## 마침내 초대 대통령에 당선되기까지

**1945**
이승만 귀국
국제연합 출범

**1950**
한국군의 38선 돌파

**1966**
존슨과 로스토우의
한국 방문

**1976**
코리아게이트

**1979**
부마민주항쟁

    1945년 10월 16일 오후 5시, 김포 비행장을 통해 이승만이 귀국했다. 1912년 미국으로 망명한 뒤 33년 만의 감격적인 귀국이었다. 해방 직후 강대국에 의한 분할 점령과 수많은 정치단체의 출몰 등으로 실망한 한국인들에게, 독립협회 활동에서 시작하여 대한민국 임시정부의 대통령까지 역임했던 이승만의 귀국은 희망의 메시지였다. 보수 정당인 한국민주당뿐 아니라 조선공산당에서도 그의 귀국을 환영하는 성명을 발표했다. 조선건국준비위원회는 1945년 9월 6일 선포한 이른바 '조선인민공화국'의 대통령으로 이승만을 지명한 바 있다. 이승만이 귀국한 날은 공교롭게도 평양에서 김일성이 처음으로 대중 앞에 모습을 드러낸 지 3일 뒤였다.

    귀국한 다음 날 이승만은 미군정의 하지 중장, 아놀드 소장과 함께 군정청(지금은 철거된, 경복궁 앞에 자리했던 구 총독부·중앙청 건물) 제1회의실에서 '자주독립'을 위해 싸우겠다는 요지의 기자회견을 했다. 이 회견에는 이승만의 귀국 이전 및 이후의 활동과 관련하여 중요한 핵심 내용이 들어 있다.

    먼저, 서울에 들어와서 미군정 관계자들을 만나 회담한 결과 이들이 하

1945년 10월 16일, 이승만은 33년 만에 귀국하여 하지 미군 사령관(왼쪽에 앉은 이)이 지켜보는 가운데 귀국 연설을 했다.

루 속히 자기 나라로 돌아가고 싶어 한다는 사실에 대해 언급했다. 1945년 시점에서 이 주장의 진의를 확인하기는 어렵지만, 1946년 말 이후 미국 정부 내에서는 38선 이남에서 미군을 조기에 철군해야 한다는 주장이 점차 힘을 얻고 있던 것이 사실이다.

둘째, 이승만은 8·15 이후 하루라도 빨리 귀국하고 싶었지만, 여러 가지 사정 때문에 빨리 못 왔고, 일본 도쿄를 거쳐 도착할 수 있었다고 말했다. 이는 귀국하는 과정에서 그가 미 국무부에 신청한 비자가 거절되었다는 사실과 함께, 그럼에도 불구하고 군 관련자들의 지원 속에서 귀국이 가능했던 사실을 암시한다. 아울러 그는 귀국 직전 일본 도쿄에서 맥아더와 하지 장군을 만나 한반도 문제에 대해 사전 논의를 했음을 우회적으로 시사했다.

마지막으로, 이승만은 '평민의 자격'으로 귀국했음을 강조했다. 그는 '임시정부의 대표도 아니고 외교부의 대표도 아니다'라고 거듭 강조했는데, 이는 당시 미군정이 군정청 외에 다른 어떤 조직도 정부로서 인정하지 않았기 때문이다. 이러한 발언은 '나 개인이 아니라 임시정부가 돌아온 것'이라고 귀국 일성을 밝힌 김구와는 매우 대조적이다. 두 사람의 이렇게 서로 다른 귀국 일성은 이후 이승만과 김구가 미군정과의 관계를 정립하는 데 중요한 영향을 미쳤을 뿐만 아니라, 이승만과 임시정부 사이의 불화와 반목을 예고하는 것이기도 했다.

소련군이 1945년 10월 13일 평양의 환영대회에서 김일성을 대중 앞에 공개한 것과 마찬가지로, 미군정은 10월 20일 연합군 환영대회에서 이승만에게 대중 연설의 기회를 제공했다. 미군정은 이승만의 귀국이 좌익이나 진보 진영에 비해 열세에 있던 보수 우익 세력에게 큰 힘이 될 것으로 보았다. 실제로 이승만은 귀국 초기에 독립촉성중앙협의회를 조직했는데, 여기에는 당시 중요한 정당·사회단체의 대부분이 참여했다. 그러나 그가 친일파 문제에 애매한 태도를 보임에 따라 진보 세력과 좌익 세력 모두 그에게서 등을 돌렸다. 이승만보다 한 달 이상 늦게 귀국한 김구의 임시정부 세력 역시 독립촉성중앙협의회에 참가하는 것을 거부했다.

이렇게 그 당시 이승만의 정치 활동이 성공적이지 못했음에도, 미군정은 그를 적극 지원하여 미소공동위원회를 앞두고 미군정의 자문기관으로 조직된 '대한국민대표민주의원'의 의장으로 임명했다. 그러나 이승만과 미군정의 밀월 관계는 오래가지 못했다. 특히 미소공동위원회 참여 문제를 놓고 이승만이 강하게 반대했기 때문에 미군정과 이승만 사이에 갈등이 나타나기 시작했다.

정치인으로서 이승만의 승부사적 기질은 이렇게 자신의 처지가 곤란해진 시점에서 빛을 발했다. 그는 즉시 워싱턴 DC로 가서, 하지 장군이 반공 보수 세력보다 '빨갱이'들을 돕고 있다고 비난을 퍼부었다. 이에 하지 장군은 워싱턴 DC로 소환되었고, 좌우합작운동을 지원한 사실에 대해 해명해야만 했다. 이승만은 이같이 미군정과의 갈등이라는 난관을 뚫고 마침내 대한민국의 초대 대통령에 당선되었다. 미군정으로서는 최선의 선택이 아니었으며, 이후 이승만 대통령 재임 기간 내내 한미 관계에 심각한 갈등이 끊임없이 발생했다. 1952년의 부산정치파동에서 나타나듯이 그의 돌파력은 타의 추종을 불허하지만, 그의 재임 기간 중 불거진 한미 갈등은 이후에도 동맹 관계가 무색할 정도로 상호 간에 깊은 신뢰를 갖지 못하는 중요한 원인이 되었다.

Special Record

# 독립촉성중앙협의회 결성 직후 가진
# 이승만의 기자회견(1945. 11. 5)

　　이승만은 5일 오후 1시부터 돈암장에서 신문기자단과 정례 회견을 하고, (1) 조선공산당의 결의서에 대한 차이점, (2) 제2차 중앙협의회의 성과, (3) 통일에 대한 민족반역자 및 친일파의 처단 등에 대하여 다음과 같이 일문일답을 했다.

　　**질문** 조선공산당에서는 중앙협의회에서 결의된 결의서에 대하여 반대가 아니라 건설적인 의견을 발표했는데, 박사는 어떻게 생각하는가?
　　**답** 전체가 찬동하여 가결된 것을 뒤로 돌아서서 반대하는 것은 여럿을 위해 옳지 않은 일이다. 반대가 아니라면 박헌영은 수정위원이니까 당당히 수정위원회에 와서 좋은 의견을 말해야 될 줄 믿는다. 공산당의 제의는 신중히 듣고 있다.
　　**질문** 일전에 천도교당에서 열린 중앙협의회는 비민주적인 공기가 있었고, 또 일부의 당파가 대회의 가결권을 획득하려고 계획적으로 자리를 많이 차지했었다는 말이 떠도는데, 어떻게 생각하는가? 더욱이 종래의 조선 사람을 황민화운동으로 마치 착취하여오던 그러한 분자까지 입장하여 한몫을 보았다는 사실이 있었다고 하는데?

**답** 각당 대표 두 사람씩을 오라고 했는데, 너무 많이 밀려왔던 탓으로 접수계에서 정신을 못 차릴 지경으로 혼잡을 이루었다. 그 때문에 진심으로 들어오려던 사람이 못 들어온 경우도 있은 듯싶다. 그렇다고 어느 당에서 독점을 하다시피 공기를 만든 것 같지는 않다. 또 친일파 분자가 들어 있었다는 것은 신성하고 엄숙해야 할 장소를 더럽힌 일로, 앞으로 그러한 일이 없도록 단속하여야겠다. 그리고 한두 사람이 불공평을 말하더라도 그것을 밀고 나가겠다. 70 정당이 다 만족하도록 할 수는 도저히 안 되는 일이다. 여럿을 하나로 뭉치려면 다소의 불만쯤은 문제 삼을 수 없다. 그런 때는 각자가 여럿을 위해 자기의 주의 주장을 희생하여야 한다. 공산당 측에서 여러 가지로 주의 주장을 버리고 대동단결하는 데 힘 있게 나온 것은 나로서 매우 고마운 일이라고 생각한다. 아직도 각오하지 못하고 깨닫지 못한 사람이 있다 하더라도 우리는 그대로 순서를 진행하여 갈 터이다. (중략)

**질문** 통일이라는 중대한 민족적 사업에 썩은 분자, 즉 민족반역자나 친일파가 끼어 있다고 하면 큰일이다. 그런데 조선 사정에 어두운 미군의 군정을 보좌하는 요직이나 또는 정치운동 전선에 나서서 뻔뻔스럽게도 활동을 하는 자들은 대개가 그러한 불순분자들이다. 중앙협의회의 구성 분자에 만약 그러한 불순분자가 어느 부분을 차지한다고 하면 큰일이다. 그것은 선생의 총명을 흐리게 하는 일인데, 각별 주의하셔야 할 줄 믿는다.

**답** 물론 민족반역자나 친일파는 일소하여야 한다. 그러나 지금은 우선 우리의 힘을 뭉쳐 놓고 볼 일이다. 그러한 불순분자를 지금 당장 외국인의 손으로 처벌하여주기를 우리는 원치 않는다. 우리의 강토를 찾아낸 뒤에 우리의 손으로 재판하여야 할 줄 믿는다.

**질문** 통일 과정에 있어서 그러한 분자들이 들어가 통일을 방해하고 연합국인 조선에 대한 인식을 그르치게 한다면 이것은 큰 비극의 뿌리가 된다. 그러므로 첫째 문제가 이들의 숙청에 있다고 믿는다.

**답** 지금은 누가 친일파고 누가 반역자인지 모르겠다. 여러분이 서면으로 그것을 밝혀 알려주기 바란다. 그렇게 되면 통일 기관의 구성 분자를 전형할 때 큰 도움이 되겠다. 또 대중이 무엇을 말하고자 하는가도 나에게 서면으로 들려주기 바란다. (하략)

—『매일신보』 1945. 11. 6.

## 해설 이미 예고된 반민특위의 실패

위의 자료는 독립촉성중앙협의회 결성식 직후에 가진 이승만의 기자회견 내용이다. 이승만은 귀국한 직후에 한국민주당뿐만 아니라 조선공산당의 손짓을 모두 거부하고 독립촉성중앙협의회(이하 '독촉중협'으로 약칭)를 결성했다. 독촉중협은 국내의 좌우익 및 보수와 진보의 모든 정치 세력을 통합한다는 명분으로 조직되었다.

원래 미군정이 이승만의 귀국이 필요하다고 본국에 요청할 때, 그 명분은 그로 하여금 혼란한 한국 정치 세력을 통합하게 한다는 것이었다. 특히 이승만이 보수 세력의 구심점이 되어주기를 원했다. 당시 가장 큰 힘을 갖고 있던 정치 세력은 조선공산당을 중심으로 한 좌익 세력이고, 미군정은 이들에 대항할 수 있는 강력한 보수 세력이 필요했다. 그러나 당시 보수 세력의 대부분은 일본의 식민지 정책 및 전쟁 정책에 협력했던 탓에 '친일파', '민족반역자'로 비판을 받으면서 대중적 지지를 얻지 못하고 있었다. 그 때문에 미군정은 이승만을 통해 보수 세력의 힘을 결집하고자 했던 것이다.

　이승만은 귀국 직후 독촉중협을 통해 정치 세력의 결집을 위한 첫 시도를 했다. 그러나 많은 비판이 뒤따랐다. 위의 기자회견문에서 보이듯이, 가장 문제가 된 것은 이른바 '친일파', '민족반역자'들이 회의에 참여한 사실이었다. 게다가 이승만은 '친일파', '민족반역자' 문제의 해결을 전혀 강조하지 않았다. 오히려 그들을 포함해서 일단은 하나로 뭉쳐야 한다고 주장했다. 이 때문에 그의 노선은 '덮어 놓고 뭉치자' 노선이라고 비판을 받기도 했다.

　그의 이러한 노선에 대해서는, 해방 뒤 보수 세력의 힘을 강화하기 위해서 불가피했다는 주장도 있고, 이들을 통해서 이승만이 정치자금을 확보하려 했다는 주장도 있다. 1945년 11월 초에 보여준 그의 회견문은 그로부터 3년이 지나 대한민국 정부가 수립된 이후 반민특위가 제대로 활동하지 못하게 되는 상황을 예고했다.

# 국제연합 출범
## 한국과 국제연합의 긴밀한 관계

**1945**
이승만 귀국
국제연합 출범

**1950**
한국군의 38선 돌파

**1966**
존슨과 로스토우의
한국 방문

**1976**
코리아게이트

**1979**
부마민주항쟁

  10월 24일은 국제연합일이다. 1945년 10월 24일 샌프란시스코에서 안전보장이사회 5개국(미국, 중국, 프랑스, 러시아, 영국)을 포함한 51개국의 동의로 유엔헌장이 발효되면서 국제연합(UN)이 출범했다. 대한민국 정부는 1991년 북한과 함께 국제연합 회원국으로 승인되었다. 국제연합에 가입하는 데 43년의 시간이 걸렸지만, 사실 한국은 1947년 이후 세계 어느 나라보다 국제연합과 더 긴밀한 관계를 유지해왔다.

  한국과 국제연합의 인연은 1947년 미소공동위원회가 결렬되면서 시작되었다. 미국은 한반도 문제를 국제연합에 상정했고, 이에 따라 국제연합에서 유엔조선임시위원단(UNTCOK)을 한반도에 파견했다. 그리고 국제연합 소총회의 결의에 따라 1948년 5월 10일 UNTCOK의 감시하에 38선 이남만의 선거가 치러지고 대한민국 정부가 수립되었다.

  유엔총회는 1948년 12월 한국 정부를 승인하고 유엔한국위원단(UNCOK)을 조직하여 파견했다. UNCOK은 매년 한국의 정치사회적 상황과 남북한의 군사 상황에 대한 보고서를 유엔총회에 제출했다. UNCOK이 한국전쟁

한국전쟁 당시 참전한 유엔군 전사자의 묘지. 부산광역시 남구 대연동에 자리하고 있다.

발발 직전에 제출한 보고서는 국제연합에서 유엔군을 조직하고 한반도에 파견하는 데 가장 결정적인 근거가 되었다. 한국전쟁은 국제연합의 깃발 아래 군대가 조직되어 파견된 유일한 사례였는데, 여기에는 소련의 의문에 쌓여 있는 안보리 불참이 중요한 요인으로 작용했다. 현재 부산에는 한국전쟁에 참전했다가 전사한 유엔군의 유해를 안치한, 세계 유일의 유엔군 묘지가 자리 잡고 있다.

국제연합은 또한 국제연합한국통일부흥위원회(UNCURK)와 국제연합한국재건단(UNKRA)을 조직하여 한국의 재건과 부흥을 원조했다. UNKRA는 1958년까지 한국의 사회 재건을 도왔고, UNCURK는 1973년까지 한국 정치사회 상황에 대한 보고서를 유엔총회에 올렸다. UNCURK의 역할은 UNCOK과 비슷했다. 특히 UNCURK는 한국에서 선거가 민주적으로 진행되는가를 감시하는 역할도 했다. UNCURK는 이러한 임무를 통해 한국의 민주주의 발전에 큰 역할을 했는데, 1968년부터는 연례보고서를 총회 대신 국제연합 사무총장에게 제출했다. 이는 한반도 문제가 유엔총회에 자동 상정되지 않는다는 것을 의미한다. 이렇게 연례보고서 제출 방식이 바뀐 배경은 1950년대 이후 미국이 통제할 수 없는 제3세계 국가의 국제연합 가입이 늘고, 한국군의 베트남 파병으로 인해 제3세계 내에서 한국에 대한 여론이 악화되었기 때문이다.

한국과 관계된 국제연합과 관련하여 두 가지 중요한 사실이 있다. 그중 하나는 국제연합이 1948년 대한민국 정부의 수립을 승인할 때 선거가 치러진 지역에서만 행정권을 갖는 합법 정부로 인정했다는 사실이다. 이 때문에 선거를 치르지 않은 지역에서는 대한민국 정부가 통제권을 행사하지 못했다. 4·3사건으로 1년 뒤에야 선거가 가능했던 제주도에서는 1949년 이후에 정부가 행정권을 갖게 되었고, 전쟁을 통해 남한으로 새롭게 편입된 수복 지구에 대해서는 전후 1년 넘게 행정권을 행사할 수 없었다. 한국 정부의 행정권 범위의 문제는 1965년 한일협정 때도 문제가 되었다. 이뿐만 아니라 만약 북한에서 긴급 사태가 발생할 경우, 한국 정부가 북한 지역에 대한 통제권을 가질 수 있는가의 여부도 대한민국 정부 수립안에 근거해서 이루어질 것이다.

둘째, 한반도와 관련된 문제에서 국제연합이 중재 역할을 할 수 없다는 점이다. 한국 사회에서 유엔은 한국의 국제적 지위를 보증하는 중요한 기관으로 인식되고 있다. 그래서 1980년대까지 한국 정부의 통일안에는 항상 '유엔의 감시하에 북한 지역에서의 선거'와 같은 내용을 포함했다. 그러나 북한의 경우는 다르다. 유엔은 한국을 돕기 위해 유엔군을 조직했고, 유엔군 사령관이 1977년까지 한국군의 작전통제권을 장악했다. 한국군의 작전통제권이 주한 미군 사령관에게 이관된 뒤에도 유엔군 사령부는 공동경비구역에 그대로 남아 있다. 이런 사실을 고려한다면, 유엔은 남북한 사이의 중재를 할 수 있는 기관이 아니라 남한을 군사적으로 돕고 있는 기관이 되는 셈이다. 따라서 북한 핵 문제로 한반도에서 긴장이 고조되더라도 유엔은 이 문제를 중재할 수 있는 힘이 없다. 이런 이유로 6자 회담(북한의 핵 문제와 한반도의 비핵화 실현을 위해 남북한, 미국, 중국, 러시아, 일본 등 6개국이 참여한 다자 회담)도 따로 조직된 것이다. 또한 유엔안전보장이사회에서 북한 핵 문제로 제재안을 결의해도, 그 결정이 큰 구속력을 갖지 못한다.

유엔은 분명 국제정치에서 중요한 기관이다. 그렇다면 한반도 문제에서 유엔의 역할을 어떻게 재조정할 것인가에 대한 고민이 필요하다. 2013년 4월 현재 유엔의 사무총장을 한국 사람이 맡고 있기 때문에, 이는 매우 중요한 문제이면서 동시에 해결할 수 있는 기회이기도 하다. 신중한 접근이 필요한 상황이다.

부산 유엔기념공원 안의 참전탑

# 한국군의 38선 돌파
## 서로 다른 역사의 기억

1945
이승만 귀국
국제연합 출범

1950
한국군의 38선 돌파

1966
존슨과 로스토우의
한국 방문

1976
코리아게이트

1979
부마민주항쟁

    1950년 10월 1일 한국군 23연대 3대대가 강원도 양양에서 38선을 돌파했다. 맥아더 장군으로부터 38선 이북 지역에서 군사작전을 실시해도 된다는 명령이 내려오기 일주일 전의 상황이었다. 326쪽의 사진은 국군 제3사단과 미군 장병들이 '38선 돌파' 표지판 앞에서 촬영한 것이다. 왼쪽에서 네 번째가 김종선 대령(연대장)이고, 왼쪽 뒷줄에 있는 이가 정래혁 중령(손으로 입을 가린 사람)이다. 표지판에는 영어로 "당신은 지금 3사단에 의해 돌파된 38선을 통과하고 있다"라고 적혀 있다.

    한국군의 38선 돌파는 보름 전에 감행된 인천상륙작전 이후 급격하게 무너진 북한군을 추격하는 과정 중 동부 전선에서 먼저 이루어졌다. 미군이 주축을 이룬 유엔군은 그로부터 일주일이 지나서야 38선을 돌파했다. 대한민국 정부는 한국군이 처음으로 38선을 돌파한 날을 기념하여 1956년 9월 4일 대통령령 제1117호로 10월 1일을 '국군의 날'로 제정했고, 3사단에는 38선 돌파 기념비를 세웠다. 한국전쟁에서 인천상륙작전으로 전선의 상황이 역전되고, 38선 이북으로 진격하여 압록강에 도달했던 사실은 한국군에 하

한국군과 미군들이 "당신은 지금 3사단에 의해 돌파된 38선을 통과하고 있다"고 영어로 적힌 표지판을 둘러싸고 기뻐하고 있다.

나의 전설로 기억되고 있다. 통일을 이룰 수 있었던 절호의 기회였으니까.

그러나 미국에게는 38선 돌파가 한국과는 전혀 다른 기억과 평가로 남아 있다. 미국의 합동참모본부에서 펴낸 『한국전쟁』(대한민국 국방부 전사편찬위원회 번역)에 따르면, 38선 돌파는 하나의 '재앙'을 불러온 사건이었다. 유엔의 모호한 결정을 맥아더 장군이 자의적으로 해석함으로써 38선 돌파가 이루어졌으며, 그 결과 미국은 원치 않은 대가를 치러야 했다는 것이다. 유엔군의 임무는 북한군을 원래의 위치로 돌려보내고 원래의 국경선(38선)을 회복하는 것이었다. 따라서 38선 이북으로의 북진은 유엔안전보장이사회의 결의안을 무시한 결행이었다.

유엔군의 38선 이북을 넘는 북진은 중국군의 참전을 불러왔고, 이로 인해 미국은 예상치 못한 큰 비용을 지불해야 했다. 중국의 수차례에 걸친 경고에도 불구하고 당시 미국 정부는 중국군이 참전하지 않을 것이라고 판단했다. 만약 그때 인공위성이 있었다면, 그렇게 잘못된 평가를 하지는 않았으리라. 한국전쟁에서 서로 적대 관계로 만난 미국과 중국은 그 뒤 닉슨 대통령이 중국을 방문하는 1972년까지 화해하지 못했다. 이 때문에 미국은 냉전 체제하에서 계속하여 큰 비용을 치러야 했다. 1950년대 후반 중국의 대약진운동을 성공적이라고 오판한 미국은 중국의 대항마로서 인도를 생각했고, 이에 따라 인도에 지원을 늘렸다. 1964년 중국의 핵실험 성공은 미국이 베트남에 깊숙이 개입하게 된 중요한 계기였다. 1950년대 후반 이후 소련과 중국 사이에 갈등의 골이 깊어졌지만, 미국은 적대국들의 분열을 냉전 정책에 제대로 이용하지 못했다.

38선 돌파는 맥아더 장군 개인에게도 재앙이었다. 맥아더 장군은 중국군이 참전한 이후 행정부의 극동 정책에 반대하는 성명을 발표했고, 중국 본토에 대한 공중 공격 및 해상봉쇄를 포함한 군사 조치를 취해야 한다고 주장했다. 그러나 트루먼 대통령은 맥아더의 그 같은 주장에 '대통령으로서 그리고 군 통수권자로서 나의 명령에 대한 공개적인 도전'이며, '더 이상 그의 불복종을 참을 수 없다'라고 하면서 맥아더를 해임했다. 미국의 역사학자들 중 일부는 한국전쟁을 '잘못된 장소'에서 '잘못된 시기'에 '잘못된 개입'을 했던 전쟁으로 평가하고 있다.

역사적 평가는 변해도 사실은 변화하지 않는다. 그러나 유엔이라는 같은 깃발 아래 싸웠던 한국과 미국의 상반된 기억과 평가는 우리에게 다시 한 번 역사를 뒤돌아보게 한다. 피로써 서로를 도와준 한국과 미국 사이에서 이렇게 다른 평가가 나타나는 이유는 무엇일까? 물론 한반도 문제에 관한 한국 정부와 미국 정부의 서로 다른 목표는 특정 사건을 두고 각각이 다른 평가를 내리도록 한다. 그러나 우리가 너무 우리 중심적으로만 생각하고 있지는 않은지에 대해 다시 한 번 생각해보아야 한다. 변화된 현실 속에서 과거 역사적 사건에 대한 평가를 오늘날까지 그대로 간직할 필요가 있을까? 조선의 유학자들이 신념으로 갖고 있던 기자조선의 존재가 오늘날 주목받지 못하는 것과 같이, 역사적 평가는 시대적 변화와 가치관의 변화에 따라 바뀔 수 있고, 또한 바뀌어야 한다. 역사적 사실은 변하지 않겠지만, 한미 관계뿐 아니라 한중 관계, 그리고 남북 관계를 모두 고려한, 객관적이고 평화 지향적인 평가가 필요하다.

# 로스토우의 한국 방문
## 도약 이론의 성공적 사례, 한국

1945 이승만 귀국 국제연합 출범
1950 한국군의 38선 돌파
**1966 존슨과 로스토우의 한국 방문**
1976 코리아게이트
1979 부마민주항쟁

　1966년 10월 29일 미국 존슨 대통령과 함께 로스토우 백악관 국가안보 담당 보좌관이 내한했다. 로스토우의 방한은 1965년에 이어 두 번째였다. 존슨 대통령과 로스토우 보좌관은 방한 전 필리핀의 마닐라에서 베트남전쟁 참전국 회의에 참석한 직후에 한국을 방문했다. 방문의 기본적인 목적은 한국에게 더 많은 전투부대 파병을 요청하기 위해서였다.

　그러나 한국이 1967년 대통령 선거를 앞두고 있는 상황이라서 공식적인 파병 요청은 이루어지지 않았다. 오히려 한국 정부의 관료들은 로스토우 보좌관을 통해 한국의 국토개발사업에 대한 미국의 지원을 요청했고, 존슨 대통령은 베트남에 전투부대를 파견한 박정희 정부에게 감사와 지지를 표시했다.

　1966년 존슨 대통령과 로스토우 보좌관의 한국 방문은 다른 측면에서도 중요했다. 존슨이 서울에 머물고 있는 10월 30일, 북한군이 DMZ 내 유엔군 진지를 공격해서 미군 6명과 한국인 카투사 1명이 사망하는 사고가 발생했다. 주한 미군은 곧바로 비상 태세에 들어갔다. 서울에서 DMZ는 수십 km

1965년 한국을 방문한 로스토우 박사가 홍종철 공보부장관과 악수하고 있다.

에 지나지 않는데다, 미국의 최고 지도자가 서울에 있는 동안 사건이 발생했기 때문이다. 유엔군 사령관 겸 주한 미군 사령관은 이 사건에 대한 철저한 조사에 착수했다.

    북베트남에 폭격을 지시한 존슨 대통령이 서울에 있는 동안, 북베트남과 친구 관계를 맺은 북한이 미국과 남한을 위협하려는 목적으로 공격을 했을 것이라는 예측이 나오기도 했다. 그러나 조사 결과, 북한군의 공격은 그 며칠 전에 발생한 한국군의 북한군 진지 공격에 대한 보복 공격으로 밝혀졌다. 그때 한국군의 공격으로 북한군의 연대장급 장교를 비롯하여 다수가 사망했고, 이에 북한군이 존슨 대통령의 방한과 관계없이 보복 공격을 감행한 것이라고 결론을 내렸다. 물론 이러한 조사 결과는 한국군의 베트남 추가 파병을 가능하도록 하기 위해, 그 의미를 '축소'하려는 시나리오대로 만들어진 결론이었는지도 모른다. 그러나 한국군의 공격에 대한 북한의 보복이라는 결론은 단순히 조작으로 나올 만한 내용은 아니었다.

존슨의 방문과 관련하여 또 하나 주목되는 부분은 로스토우를 대동하고 온 것이다. 로스토우는 원래 경제사학자였다. 그는 『경제성장의 여러 단계: 반공산당 선언The Stages of Economic Growth: A non-communist manifesto』이라는 유명한 책을 저술했는데, 여기에서 마르크스의 유물사관을 비판하고 자본주의 체제 내에서 경제 발전의 과정을 단계화 했다. 로스토우는 선진국의 경제성장 유형을 구분하면서, 후진국도 선진국이 했던 것과 같은 중요한 정책들을 실시한다면 경제성장에 성공할 수 있다고 주장했다. 자본주의의 최후 단계에서 공산주의로 가는 것이 아니라, 자본주의 체제는 그 내부에서 계속 진화하고 발전한다고 주장했던 것이다.

특히 그의 이론 중 핵심은 경제성장을 위해 '도약 단계'가 필요하다는 것이다. 비행기가 하늘을 날기 위해서는 표면에서 달리는 단계와 하늘을 나는 단계 사이에서 '도약'이라는 질적인 변환이 필요한 것처럼, 후진국이 선진국처럼 발전하기 위해서는 '도약'이 필요하다는 것이다. 1965년 한국을 방문했을 때 로스토우는 한국이 '도약 단계'에 있다고 밝혀 한국에서 일약 스타가 되었으며, 그의 '도약' 이론은 이후 대학 입시 시험에서 단골 문제로 출제되었다.

그러나 관료로서 그는 성공적이지 못했다. 그는 존슨 대통령의 핵심 참모 중에서도 베트남에 깊숙이 개입할 것을 주장한 그룹에 속했다. 그는 '도약' 이론을 존슨 행정부의 대외 정책에 도입하여, 후진국이 '도약' 단계를 거치면 더 이상 공산주의가 그 지역에서 발붙일 수 없다고 주장했다. 이 이론을 통해 그는 베트남에 대한 깊숙한 개입과 경제 지원의 필요성을 역설했다. 그러나 한국과 달리 베트남에서 이루어진 실험은 철저하게 실패로 돌아갔다. 이런 까닭에 생전에 그는 베트남 관련 질문은 되도록 회피하면서도 한국에 대한 질문에는 적극적으로 답했다.

로스토우의 말년은 베트남전 참전에서 그가 담당했던 역할로 인해 결코 평탄하지 않았다. 그는 존슨 대통령의 퇴임과 동시에 MIT로 돌아가려 했지만, 반전 시위대는 그의 복귀를 원하지 않았다. 결국 그는 존슨 대통령과 함께 텍사스 오스틴으로 돌아갈 수밖에 없었다. 그리고 텍사스 주립대학 안의 존슨 대통령 기념도서관 바로 위층에 자신의 연구실을 마련했다. 그럼에도 그에게 한국은 매우 중요한 존재였다. 바로 그의 이론이 성공한 몇 안 되는 실험장 중 하나가 한국이었기 때문이다.

# 국제적 망신살 코리아게이트
## 미국 사회를 뒤흔든 뇌물 제공 사건

1945
이승만 귀국
국제연합 출범

1950
한국군의 38선 돌파

1966
존슨과 로스토우의
한국 방문

**1976**
**코리아게이트**

1979
부마민주항쟁

　1976년 10월 15일 미국의 『워싱턴 포스트』는 한국 정부가 미국 국회의 원들을 매수하여 정치적으로 이용하려 했다는 보도를 대서특필했다. 미국에서 사교 클럽을 운영하고 있던 박동선이 미 의회에서 한국의 박정희 정부에 대한 지지를 얻기 위해 의원들에게 뇌물을 제공했다는 것이다. 열흘 뒤 『워싱턴 포스트』는 한국 정부가 박동선과 다른 사람들을 통해 미 의회 의원들과 고위 관리들에게 수백만 달러를 제공했거나, 제공하려 한다는 기사를 다시 게재했다. 이 사건은 닉슨을 물러나게 한 워터게이트 사건에 이어 미국 의회를 뒤흔든 '게이트' 사건으로 규정되면서, 이른바 '코리아게이트'로 명명되었다.

　사건의 조사가 진행되면서 한국으로 도피한 박동선 외에 재미 사업가 김한조와 주미 한국대사관 소속의 한국 중앙정보부 요원들이 이 사건의 핵심 인물로 등장하기 시작했다. 뇌물 제공으로 시작된 이 사건은 주미 한국대사관의 중앙정보부 요원들이 재미 교포 사회에서 한국 정부에 반대하는 사람들을 불법 사찰했다는 의혹으로 확대되었다. 외국의 수사관들이나 정보원들

1976년 박동선이 미국 의회에 거액의 로비 자금을 제공한 사실이 보도됨으로써 한미 간에 갈등이 빚어졌다. 가운데 색안경을 쓰고 있는 이가 박동선이다.

이 미국 내에서 수사를 하거나 첩보 활동을 하는 것은 미국의 실정법을 명백하게 위반한 행위였으며, 동베를린 사건(1967년 7월 중앙정보부가 문화예술계와 학계 사람들이 동베를린을 거점으로 간첩 행위를 했다고 발표한 대규모 공안 사건)과 김대중 납치 사건에 이은 세 번째 국제적 망신이었다. 영국의 007 제임스 본드가 미국 정보기관의 도움을 받더라도 아무도 모르게 일해야 하는 아픔을 몰랐던 것일까?

사건에 대한 미 의회의 조사가 시작되면서, 코리아게이트의 파장은 점점 더 커졌다. 코리아게이트에 대한 조사는 크게 네 부분으로 나뉘어 진행되었다. 널리 알려진 로비스트 박동선에 관련된 조사, 또 다른 로비스트 김한조에 대한 조사, 주미 한국대사관에 대한 조사, 그리고 통일교에 대한 조사가 계속되었다. 조사가 진행되면서 한국의 치부가 미국 내에서 폭로되기 시작했다.

　미국 의회의 조사를 받던 한국의 중앙정보부 요원이 미국으로 망명했고, 이미 미국에 망명해 있던 전 중앙정보부장 김형욱은 미 청문회에 증인으로 출석했다. 그는 주미 한국대사관의 불법적인 행위뿐만 아니라 한국 정부가 해외에서 자행하는 불법행위에 대해서도 증언했다. 이 일로 박정희 대통령의 노여움을 샀다고 알려진 김형욱은 1979년 파리에서 실종된 이후 현재까지도 종적이 묘연한 상태로, 실종 사건의 진상은 여전히 밝혀지지 않고 있다. 하지만 막상 사건의 핵심 인물인 박동선은 한국 정부의 보호를 받으면서 미국 의회의 조사를 받지 않았다. 그는 미국 정부로부터 처벌받지 않는다는 조건을 확실하게 보장받은 뒤에야 미 의회에서 사건에 대한 증언을 했다.

　코리아게이트 사건에 또 하나 문제로 불거진 것은 통일교였다. 통일교는 뉴욕을 중심으로 교세를 확장하는 중이었다. 그런데 미 의원들을 조사하는 과정에서, 그들에게 전달된 통일교 측의 수표들이 발견되었다. 이에 따라 통일교 관계자 중 일부가 청문회에 서야 했다. 통일교의 고위 간부 중 일부는 과거 한국 중앙정보부 출신이었는데, 통일교와 관련된 사건의 전말은 지금도 정확히 알려지지 않았다.

　이 사건은 미국에서 '보이지 않았던 한국'이 보이게 되는 결정적 계기가 되었지만, 결과적으로 한국에 대한 매우 부정적 인식을 심는 결과를 초래했다. 도대체 박정희 정부는 왜 이런 일을 벌였을까? 최근 공개된 1970년을 전후한 시기의 닉슨 행정부 문서를 보면, 닉슨 행정부가 주한 미군의 철수를 추진하면서 한국 정부와 갈등을 빚은 내용들이 나온다. 존슨 행정부는 한국군이 베트남에 있는 상황에서는 박정희 정부와 사전 협의 없이 주한 미군에 변동을 주지 않을 것이라고 약속했지만, 공화당의 닉슨 대통령은 이 약속을 이행하지 않았다.

　박정희 대통령은 닉슨 행정부의 주한 미군 철수에 대한 일방적 통보에 항의했는데, 닉슨 대통령을 비롯한 미국 관리들은 주한 미군 철수 및 한국에 대한 원조 감축 문제는 행정부가 아닌 의회 때문에 나타난 문제라고 주장했다. 즉, 미 행정부는 약속을 지키려고 했지만, 의회가 이를 반대하고 있다는 것이었다. 아마도 이 때문에 박정희 정부가 미국 의회에 대한 로비의 필요성을 강하게 인식했던 것 같다. 아울러 미국 의회에 친한파를 많이 만들어 주한 미군 철수 문제뿐만 아니라 유신 체제하의 인권 문제에 대해서도 미국이 문제 제기를 하지 못하도록 하려는 목적이 있었을 것이다. 실제로 미 의회는 인권 외교를 강조했던 카터가 대통령이 되기 이전인 1975년, 이미 인권과 민주주의에 문제가 있는 개발도상국에 대해서 원조를 제한하는 법안을 통과시켰다.

　코리아게이트 사건은 한동안 미국 사회 전체를 흔들어 놓았다. 그러나 결과적으로 이 사건으로 유죄판결을 받은 사람은 미 현직 의원 1명과 한국인 사업가 김한조뿐이고, 의원 3명이 의회 차원의 징계를 받는 데 그쳤다. 그리고 1978년 12월 7일 미 하원 윤리위원회 보고서가 채택되면서 모든 조사가 종료되었다. 이 같은 사건의 종결은 1970년대 후반 미국 사회의 급격한 보수화와 제2차 오일쇼크의 영향이 컸던 것으로 보인다. 결국 청문회를 주도했던 프레이저 의원은 재선에 실패했고, 카터 대통령의 주한 미군 철수론 역시 1979년에 용도 폐기되었다.

　윤리위원회의 조사위원으로 활약한 에드워드 베이커는 이후 하버드대학교 옌칭연구소의 부소장으로 일했는데, 1980년대 초 그곳에서 김대중을 만났다. 베이커는 1969년 삼선개헌 반대운동에 동참하면서 한국 정부의 기피 인물에 올랐지만, 그의 노력은 한국의 민주화에 큰 도움이 되었다.

# 부마민주항쟁 촉발
## 유신 체제의 몰락을 가져오다

1945
이승만 귀국
국제연합 출범

1950
한국군의 38선 돌파

1966
존슨과 로스토우의
한국 방문

1976
코리아게이트

1979
부마민주항쟁

    1979년 10월 부산과 마산은 큰 소용돌이에 휩싸였다. 그 소용돌이의 중심에는 유신에 항거하는 민주화운동이 있었다. 마치 1980년 5월의 광주를 예고하는 듯한 상황이 그 7개월 전 부산과 마산에서 전개되었다.

    소용돌이는 1978년 총선거에서 시작되었다. 야당인 신민당이 여당인 민주공화당보다 1.1% 높은 득표율을 올렸던 것이다. 또한 1979년 8월에는 YH 여공들의 신민당 당사 농성 사건도 일어났다. 1960년대 경제성장의 축인 저임금 여성 노동에 기반한 노동 집약적 경공업의 무리한 확장에 따른 결과였다. 이는 1970년대 중화학공업에 대한 중복 투자와 무리한 보조금으로 인한 부작용과 맞물리면서 박정희식 경제정책이 한계에 다다랐음을 보여주는 것이었다.

    한편 당시 신민당은 전당대회를 통해 경남에 지역적 거점을 둔 김영삼을 총재로 선출했다. 1975년 영수 회담 직후 전면 투쟁을 접었던 김영삼은 1979년 총재에 선출되면서 유신 체제에 대한 전면 투쟁을 다시 선언했다. 김영삼과 그의 측근들은 YH 여공들의 농성 사건 직후부터 박정희 정부의 강력한 탄압에 직면했다. YH 사건 직후 부산 출신의 문정수를 비롯한 김영삼의 측근들은 체포를 피해 도피 생활을 시작해야 했다.

부마민주항쟁의 직접적 발단이 된 사건은 김영삼 신민당 총재가 『뉴욕 타임스』와 가진 인터뷰 기사였다. 1979년 9월 16일 『뉴욕 타임스』의 기사에 따르면, 김영삼은 팔레비 왕정이 무너진 것과 관련하여 이란의 재앙이 (팔레비 왕정을 지지했던) 테헤란 주재 미국대사관의 실책에서 비롯되었으며, 한국에서 주한 미국대사관이 그와 유사한 전철을 밟지 않기를 바란다고 언급했다. 즉, 미국이 유신 체제를 도와주어서는 안 되며, 만일 유신 체제를 계속 지원한다면 한국을 제2의 이란으로 만들 수도 있다는 강력한 경고였다.

이에 정부와 여당은 김영삼의 발언을 '사대주의'이자 '반국가적 발언'이라며 강력하게 비난했고, 10월 4일 김영삼을 국회의원직에서 제명했다. 야당의 총재가 국회에서 제명된 일은 초유의 사태였다. 정부 여당이 더 이상 야당을 정치적 파트너로 인정하지 않겠다는 일종의 선언이었다. 이렇게 정치적인 파장이 커지자, 미국은 10월 6일 글라이스틴 주한 미국 대사를 소환했고, 10월 13일 신민당에서는 의원 전원이 의원직 사퇴서를 제출했다.

이 상황에서 부산과 마산의 학생·시민들이 김영삼 총재 제명에 대한 반대와 민주화를 요구하며 시위에 돌입했다. 10월 16일 부산에서 시작된 시위는 18일과 19일 마산과 창원으로 확대되었다. 위기의식을 느낀 정부는 18일 0시를 기해 부산 지역에 비상계엄을 선포하고 20일에는 마산과 창원 지역에 위수령을 내렸다.

정부의 군 동원으로 시위가 진정된 것처럼 보였지만, 실상 부산과 마산의 민주화 시위는 유신 체제의 몰락을 가져오는 직접적인 계기가 되었다. 시위를 진정하기 위한 방법을 둘러싸고 박정희 대통령의 측근인 김재규 중앙정보부장과 차지철 청와대 경호실장 사이에 갈등이 심각해졌고, 이것이 곧

10·26사건으로 이어졌기 때문이다.

이들의 갈등은 이미 예견된 일이었다. 박정희 정부에서 정치 공작은 주로 중앙정보부가 담당했다. 그러나 차지철 경호실장의 힘이 커지면서, 대통령 경호실에서 직접 정치 공작에 나섰던 것이다. 신민당의 총재 선거뿐만 아니라 김영삼 총재 제명 사건의 뒤에도 경호실이 있었다. 이는 박정희의 측근들 사이에서 충성 경쟁을 불러왔고, 결국 유신 체제가 독재자의 핵심 측근에 의해 무너지는 결과를 가져왔다. 이이제이以夷制夷와 측근 사이의 상호 견제를 이용해서 용병술의 귀재로 평가받았던 박정희는 바로 그 용병술 때문에 무너졌다.

부마항쟁이 발발한 1979년은 한국뿐만 아니라 세계적으로도 중요한 사건이 많이 일어났다. 연초부터 이란과 니카라과에서 미국에 반대하는 혁명이 이어졌으며, 12월에는 소련군이 아프가니스탄에 진주했다. 세계사적으로 볼 때 1979년의 소용돌이는 1973년과 1979년의 오일쇼크에 이은 경제 위기와 베트남전쟁 이후 전개된 복잡한 국제 관계의 연장선상에 위치하고 있다. 세계사의 폭풍은 한국에도 영향을 미쳤으며, 그 중심에는 부마민주항쟁이 있었다.

의기양양하게 아프가니스탄에 개입한 소련 정부는 그 후유증으로 몰락했다. 자국의 경제 사정도 안 좋은 상황에서 아프가니스탄에 대한 점령 비용을 감당할 수 없었던 것이다. 미국의 일방주의에 반대해 혁명을 일으키고 독재자 팔레비를 몰아냈던 이란에서는 최근 민주화 시위가 일어났다. 그리고 한국에서는 부마민주항쟁을 기념하는 민주공원의 이름에서 '민주'를 지우려는 꼼수가 동원되고 있다. 전 세계뿐 아니라 한국에서도 역사 속의 새옹지마를 겪고 있다.

# 10월을 보내며

## 정명 正名

　한국 사회가 '실용'보다는 '이데올로기'의 과잉에 묻혀 있다 보니 역사적 사건들에 대해 분석하고 평가하는 일이 쉽지 않다. 역사적 사건들에는 분명 객관적인 진실이 존재하건만, 그 사건에 대한 평가는 객관적 사실과 관계없이 이데올로기적 측면에서 특정한 측면만 부각되거나 심지어 사실이 왜곡되기까지 한다. 때로는 객관적인 분석과 관계없이 이데올로기적으로 먼저 평가를 내려 놓고 분석에 들어가는 경우도 있다. 그러면 객관적인 분석 자체가 어려워진다.

　1945년부터 1950년 사이에 발생한 많은 사건에는 공통적으로 이런 문제들이 나타난다. 1946년 대구와 경북 지역에서 일어난 이른바 '대구 폭동', 1948년 제주도의 '4·3사건', 그리고 같은 해 여수와 순천 지역에서 발생한 '여순 사건' 등이 그 대표적 예다. 반공 이데올로기에 근거한 전통적 사관에 따르면 이 사건들은 모두 '반란'이었다. 정부의 정책에 반기를 든 사건이기 때문이다.

　그러나 민주화 이후 역사학자들과 정치학자들이 이 사건들을 재조명하는 작업을 벌였다. 학자들뿐만 아니라 TV 다큐멘터리 프로그램에서도 이 사건들에 대해 재조명하기 시작했다. 분석 결과 이러한 사건들이 공산주의자들의 선전과 선동으로 촉발된 것은 사실이지만, 그렇다고 여기에 참여한 사람들 대부분이 공산주의자는 아니었다는 사실이 밝혀졌다. 이들은 그저 보통 사람이었으며, 이들의 요구 역시 공산주의에 동조했다기보다는 당시의 사회적 문제를 해결하고자 했던 것이라는 결론에 이르렀다.

이른바 '대구 폭동'에서 내건 요구 사항은 친일 경찰들에 의한 강제적인 쌀 수집을 멈추라는 것이었다. 미군정은 해방 직후 일본 총독부가 강제로 실시한 쌀 공출을 중지시키고 자유 시장에 바탕한 쌀 거래를 실시했다. 그러나 쌀의 매점 매석으로 유통 과정에서 문제가 발생하여 쌀값이 폭등하면서 경제가 마비되었다. 결국 미군정은 이전처럼 쌀을 수집해서 쌀 가격을 정책적으로 조절하는 정책을 실시했는데, 그 쌀 수집을 경찰에게 맡겼다. 농민들의 입장에서 볼 때 이러한 미군정의 정책은 다시 일제 강점기로 돌아가는 것과 같았다. 일제 강점기에 경찰을 지냈던 사람이 미군정기에도 다시 경찰에 기용되었는데, 식민 통치하에서 강제 공출을 담당했던 사람이 이제는 미 군정 하에서 강제 수집에 나선 꼴이었다. 쌀 소출이 많은 지주들에게야 쌀 수집이 크게 문제될 것이 없지만, 가난한 농민들에게 쌀 수집은 해방된 땅에서 느껴야 할 자유를 제대로 누리지 못하는 것과 같았다.

결국 농민들은 들고일어났다. 대구에서 시작된 봉기는 경상북도 전역으로 확산되고, 다른 지방에서도 쌀 수집에 반대하는 시위가 일어났다. 미군정은 미군과 경찰을 동원하여 봉기를 진정시켰지만, 사태의 심각성을 덮어둘 수는 없었다. 그리고 미군정의 자체 조사 결과, 이 사건의 핵심에는 '경찰' 문제가 있다는 사실도 파악했다. 그렇다면 문제는 공산주의자들의 선전 선동이 아니라 일반 농민들이 봉기하게 된 원인을 해결하면 쉽게 풀릴 일이었다. 이렇게 보면 1946년 10월에 일어난 사건은 '폭동'이 아니라 '봉기' 또는 '항쟁'으로 명명할 수 있다. 1894년의 동학농민전쟁과 1946년의 대구 항쟁은 큰 틀에서 볼 때 같은 성격의 사건이라고 평가할 수 있다.

1948년의 4·3사건도 마찬가지다. 1947년 삼일절 기념행사에 대한 강제 진압은 제주도 사람들을 분노케 했다. 제주도 사람들에게 해방은 특별했다. 일본 군국주의자들은 전쟁에 필요한 요새를 만들기 위해 제주도 사람들을 동원했다. 다른 지역의 한국인들이 공습에 대비한 훈련을 하고 있을 때 제주도 사람들은 진지를 만드는 데 직접 동원되었다. 그래서 이들에게 해방은 특별한 의미가 있었다.

그런데 해방이 되고 나서 다시 분단 국가가 수립된다고 하니, 제주도 사람들에게는 청천벽력의 소식이었을 게다. 더 이상 강제 동원되는 일 없이 스스로 삶을 개척해서 살고 싶었지만, 과거 일본 군국주의에 충성을 다했던 사람들이 다시 힘 있는 자리에 올라간다고 하니, 제주도 사람들은 이에 강력히 반대할 수밖에 없었다. 여기에 한 술 더 떠 분단 정부가 수립될 것이라는 소식이 들려오자 또 한 번 전쟁에 휘말리게 될 것이라는 두려움도 없지 않았을 터다.

상황이 이러하니 제주도 사람들은 공산주의자들의 선전과 선동에 따랐다. 단독정부 수립을 반대한다는데, 공산주의자들이 아니라 우익 단체가 선동을 했어도 그들을 따라갔을 것이다. 최소한 전쟁은 막아야 했다. 제주도 사람들은 제주도가 더 이상 전쟁에 동원되는 불행한 지역이 되는 것을 원치 않았기 때문에 분연히 일어난 것이다. 그래서 4·3사건은 단독정부 수립에 반대하는 항쟁으로 규정될 수 있는 것이다.

제주도 사람들의 봉기에 대한 정부의 무차별적인 탄압은 수많은 양민의 학살을 불러왔다. 이미 일제 강점기 만주에서 반일 투쟁을 하던 게릴라를 토벌하고자 산간의 민간인들을 이주시켰던 경험을 갖고 있는 한국군은 제주도에서도 일반 주민과 유격 투쟁 대원을 분리하려 했고, 이 과정에서 유격대에 나간 가족을 둔 사람이나 유격대를 도와준 혐의가 있는 사람들을 무차별 살해하는 만행을 저질렀다. 이러한 문제들을 규명하기 위해 김대중 정부하에서 국무총리 직속의 진상규명위원회가 설치되었다. 진상규명위원회는 제주 4·3사건이 '항쟁'의 성격을 갖고 있으며, 동시에 일반인들이 학살당한 '과거사'의 하나로 규정했다. 여순 사건도 군인들의 '반란'으로 일어나기는 했지만, 이에 동조한 일반인들과 진압 과정에서 억울하게 죽은 사람들을 고려하면 위의 두 사건과 비슷한 성격을 지닌다고 할 수 있다.

그러나 한국 사회의 이데올로기 과잉은 10월 대구 사건이나 제주 4·3사건의 객관적 평가를 어렵게 만들었다. 특히 냉전적 보수 세력은 두 사건이 모두 공산주의자들의 주도로 일어났다는 점에 주목해서, 이 사건들을 공산주의자들에 의한 폭동으로 규정했던 과거의 평가를 계속 고수하고 있다. 이들의 시각에 따르면, 두 사건은 모두 폭동 또는 반란으로 정의된다.

모든 사건에는 올바른 이름을 붙여줘야 한다. 이것이 '정명正名'이다. 10월 대구 사건, 4·3사건, 여순 사건에 올바른 이름을 붙여주는 것이 필요하다. 최근에는 4·19, 5·16, 1979년 부마항쟁, 5·18광주 등 주요한 사건에 어떠한 이름을 붙일 것인가를 두고 논란이 일고 있다. 이 논란은 대부분 뉴라이트 학자들이 제기하고 있으며, 이들은 4·19는 '의거'로, 5·16은 '혁명'으로, 부마항쟁과 5·18광주는 모두 '폭동' 또는 '시위 사건'으로 폄하하여 다시 규정하려 하고 있다. 과거로 되돌아가자는 것이다.

모든 사건을 '항쟁'으로 정의하는 것이 곧 '정명'은 아니다. 그러나 최소한 객관적 연구 위에서 '정당한 이름'을 붙여주어야 한다. 그런 의미에서 본다면 1950년 한반도에서 일어난 전쟁을 '한국전쟁'으로 할 것인가, 아니면 '6·25전쟁'으로 할 것인가, 또한 1953년에 체결된 협정을 '정전협정'이라고 할 것인가, 아니면 '휴전협정'으로 할 것인가 등도 의미 있는 논쟁이라고 할 수 있다. '찬탁'을 한 사람들이 없는데, 찬·반탁 논쟁이라고 부르는 것도 잘못된 용어 사용이다. 역사에서 용어를 어떻게 쓰는가는 그 사건의 성격과 관련된 문제이기 때문에 매우 중요하다. 올바른 이름을 부여하는 일은 그 사건으로 죽은 사람들의 명예 회복을 위해서도 꼭 필요하다.

아울러 적절하지 않게 만들어진 날, 예컨대 '국군의 날' 같은 경우에는 한국군이 창설된 날로 날짜를 바꾸는 것이 필요하다. 애초 3월 10일을 '근로자의 날'로 정했다가 5월 1일로 옮기고 '노동절'을 기념하는 것처럼, '국군의 날'도 한국전쟁 기간 중 38선을 돌파한 날에 붙인 것은 재고가 필요하다. 북진 통일을 주장했던 시절에는 인천상륙작전 이후 한국군이 38선을 돌파하여 북으로 향했던 것이 의미가 있었겠지만, 지금은 그렇지 않다. 38선 이북으로의 북진이 결코 성공한 역사로 평가받지 못하고 있다면, 미래를 위해 새로운 '국군의 날'을 만드는 것도 의미 있는 일이지 않을까?

아버지를 아버지라 부르지 못한 홍길동의 아픔을 이해한다면, 올바른 이름을 붙여주고 그 이름에 걸맞는 날을 찾아내는 것 역시 역사의 아픔을 치유하는 중요한 작업임을 인식할 수 있지 않을까.

# 11월
## 벌써 한 해가 다 갔네

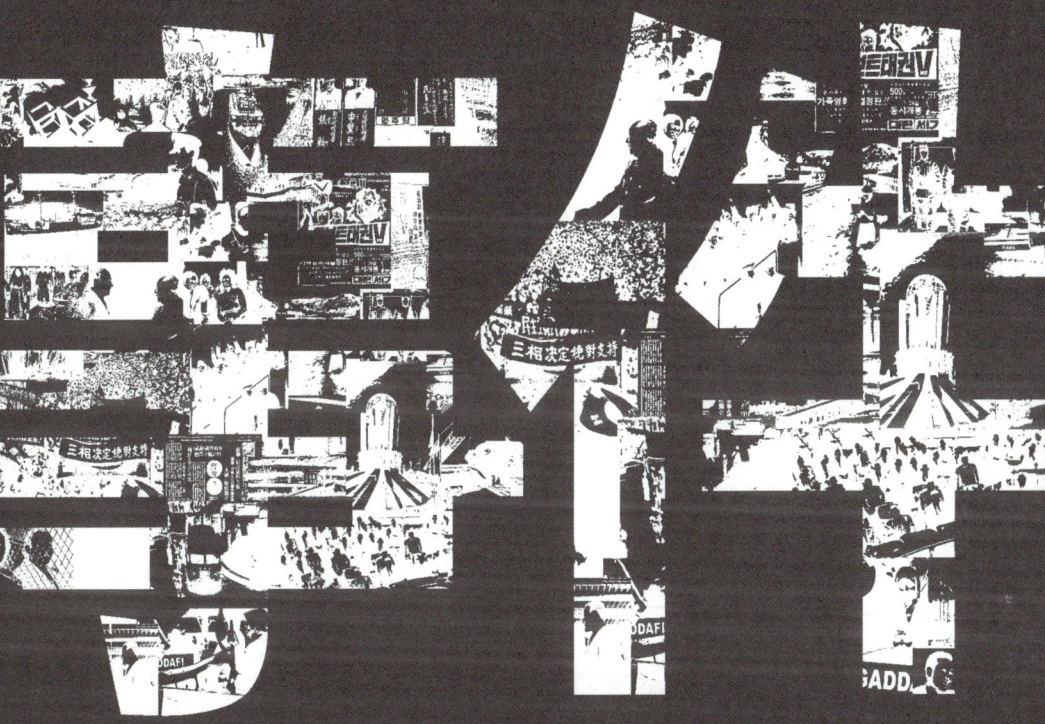

네 번이나 바뀐 한글날
김종필—오히라 메모의 진실
쿠바 미사일 위기
닉슨, 대통령 당선
4진 5기의 홍수환

**11월을 보내며** : 적대적 공존

11월의 달력을 바라보면 덜컥 겁이 난다. 어느새 한 해가 다 갔구나. 특히 중년 이상의 나이 든 사람들에게 한 해가 또 저무는 것은 상당한 위기의식을 갖게 만든다. '벌써 내 나이가 이렇게 되었구나'를 새삼 실감한다. 정말로 시간이 빠르게 지나간다. 그래도 한 해를 큰 탈 없이 보냈다는 것에 다행이라는 생각도 든다.

젊은 사람들한테도 11월은 위기를 느끼게 하는 달이다. 신자유주의의 광풍이 수많은 비정규직과 실업자를 양산해내고 있기 때문에 그 위기의식은 한층 더 커진다. 한 해 동안 무엇을 했는가? 한숨만 푹푹 나온다. 언제 직장에서 쫓겨날지 모른다는 불안감이 밀려온다. 내년에도 계속 비정규직으로 지내야 한단 말인가? 내년에는 나에게도, 홍수환처럼 네 번 넘어져도 다시 일어서 끝내 이기는 기적이 찾아올까?

# 11월 벌써 한 해가 다 갔네

11월에는 한 해가 다 갔다는 것을 느끼면서 내년 준비를 해야 하니 나름대로 바쁘다. 젊은이들은 젊은이대로, 중·장년은 중·장년대로 한 해를 마무리하고 내년의 계획을 세워본다. 주부들도 내년 한 해를 준비하기 위해 '김장'이라는 큰 산맥을 넘어야 한다.

올 한 해가 아직 다 가지 않았으니까 12월에 정리하자고 마음먹을 수도 있을 것이다. 그러나 그때는 이미 늦다. 12월은 정말 정신이 없기 때문이다. 끝내지 못한 작업을 마무리하는 것은 쉬운 일이 아니다. 게다가 12월에는 이틀이 멀다 하고 계속되는 송년회 때문에 제대로 작업을 마무리하기가 쉽지 않다.

한 해의 마무리를 시작해야 하는 달인 만큼, 11월에 일어난 사건들은 그동안 추진된 일을 한 번 매듭짓고 앞으로의 일을 새롭게 준비하는 경우가 많다. 가장 대표적인 예가 미국의 대통령 선거이다. 한국은 대통령 선거를 12월에 치르지만, 미국은 11월에 치른다. 11월에 선거가 끝나면 12월에 새 정권 출범을 위한 본격적인 준비가 시작된다. 박정희 대통령과 끊임없이 갈등을 빚었던 닉슨이 대통령에 당선된 것도 당연히 11월이다. 미국을 쫓아간다고 비판을 받겠지만, 좀 더 여유 있게 새 정부를 시작하기 위해 한국의 대통령 선거도 11월로 바꾸는 것은 어떨까?

1926년 11월, 수백 년 동안 수준 낮은 글로 천대받던 한글이 전 사회적으로 기념되기 시작했다. 일본 제국주의에 나라를 빼앗기고, 우리의 글과 문화마저 빼앗길 위기에 처했기 때문에 한글이 더더욱 소중하게 여겨졌던 걸까? 20세기에 들어와서 한글은 그것이 창제되었던 조선시대보다 더 보편적으로 사용하게 되었지만, 그래도 사회적으로 '날'을 만들어 기념하는 것은 또 다른 의미를 갖는다. 이제 한글은 세계에서 가장 과학적이면서 가장 많은 소리를 표현할 수 있는 문자의 하나로 자리매김하게 되었다.

10년을 넘게 끌어오던 한일 관계의 정상화를 위해 큰 고비를 넘은 것도 11월이었다. 한국과 일본의 실력자가 만나서 그간 쟁점이 되었던 배상금 문제에 합의를 본 것이다. 바야흐로 한 매듭을 짓고 새로운 시대의 한일 관계를 위해 나아가야 할 시점이었다. 그러나 이 합의는 불투명하게 이루어졌기 때문에 축하를 받지 못하고 오히려 국민적 저항을 불러일으켰다. 그럼에도 불구하고 이때의 합의는 한일 관계가 그 다음 단계로 나아가는 하나의 계기가 되었다.

　전혀 통제되지 않은 상태에서 계속되었던 미국과 소련의 핵미사일 경쟁은 쿠바 미사일 위기를 통해 새로운 국면을 맞았다. 1950년대 내내 계속된 미소 간의 핵미사일 경쟁은 끝이 없어 보였다. 그러나 쿠바 미사일 위기를 계기로 미국인들뿐만 아니라 전 인류는 핵미사일 경쟁이 단지 국력을 보여주는 데서 그치지 않고 언젠가 지구 전체를 파멸로 몰아갈 핵전쟁을 가져올 수 있다는 위기감을 갖게 되었다. 극적으로 해결된 쿠바 미사일 위기는 이후 미국과 소련 사이에 핵미사일 감축을 위한 협상이 시작될 수 있는 토양을 마련했다.

　이렇게 11월은 이전에 진행되어온 일을 한 번 매듭지으면서 새로운 단계로 나아가는 중요한 일들이 많이 일어났다. 정말로 축하할 일이다. 그러나 김종필과 오히라 마사요시大平正芳 사이의 합의는 전혀 축하받지 못했다. 왜 그럴까? 하나의 일을 매듭지을 때는 미진했던 부분을 해결하고 넘어가야 하며, 그 과정이 투명하게 이루어져야 한다. 그러나 김종필과 오히라의 합의는 이전까지 논란이 되었던 배상금의 성격 문제와 한일 간의 과거사 문제 등을 해결하지 못했다. 오로지 합의한 것이라고는 배상금의 규모뿐이었다. 박정희 정부가 치욕을 느낀 국민들의 저항에 직면할 수밖에 없었던 이유다.

　이러한 역사적 교훈을 제대로 알았다면, 2008년 미국산 쇠고기 수입 협상에 반대한 촛불 시위는 발생하지 않았을 것이다. 민주화 시대 모든 과정에서 보여야 할 투명성은 일을 처리할 때 반드시 견지해야 하는 가장 중요한 원칙이다.

# 네 번이나 바뀐 한글날
## 한글 파동으로 본 민주적 절차의 중요성

1926
가갸날 제정
(1954 한글 파동)

1962
대일 청구권 합의
쿠바 미사일 위기

1968
닉슨, 미 대통령에
당선

1977
홍수환, 주니어
페더급 챔피언 획득

　한글날은 일제 강점기였던 1926년 11월 4일(음력 9월 29일) 조선어연구회에서 훈민정음 반포 480주년을 맞이하여 처음 기념식을 갖고, 그 이름을 '가갸날'로 정한 것이 시초다. 1927년 조선어연구회 기관지 『한글』이 창간된 이후 1928년에 '한글날'로 명칭을 고쳤지만 음력으로 계속 한글날을 기념해 오다가, 1932년부터 양력 날짜로 환산하여 10월 29일에 기념행사를 열었다.
　1934년에는 다시 10월 28일로 바꾸었다가, 1940년 7월에 발견된 『훈민정음 해례본』에서 정인지의 서문에 반포일이 9월 상한上澣이라고 한 점에 근거하여 상순의 끝 날인 9월 10일을 양력으로 환산한 10월 9일을 한글날로 1945년에 확정했다. 그리고 1946년에 법정공휴일로 지정하여 거국적인 기념행사를 벌였다. 1970년에는 대통령령에 따라 10월 9일 한글날이 관공서의 공식 공휴일이 되었다. 그러다가 1990년에는 법정공휴일이 너무 많아 산업 발전에 장애가 된다는 경제 단체의 문제 제기 때문에 법정 기념일이 아닌 단순한 기념일로 바뀌었으며, 2006년부터는 법정공휴일이 아닌 국경일로 지정되었다가, 2013년 다시 법정공휴일로 바뀌었다. 한글이 제대로 대접받는 데 수백 년간 우여곡절을 거쳤던 것처럼 한글날의 날짜 지정과 공휴일 지정 여부에도 적지 않은 진통을 거쳤다.

한글을 기념하기 위해 만든 날이 1926년부터 시작하여 무려 4번이나 바뀌었다. 2011년 세간에 화제가 되었던 드라마 〈뿌리 깊은 나무〉에서 한글 창제를 둘러싼 복잡한 정치적 상황이 전개되었던 것처럼 한글날을 제정하는 것 역시 쉬운 일이 아니었나 보다.

최근 인도네시아의 한 부족이 한글을 자신들의 언어를 표기하는 수단으로 채택한 사실에서 잘 드러나듯이, 한글은 과학적일뿐만 아니라 지구 상에서 가장 많은 소리를 표기할 수 있는 언어 가운데 하나이다. 한글은 중국어와 서구 언어의 일부 발음을 표기할 수 없지만, 이론적으로 1만 개 이상의 음절을 만드는 것이 가능하다. 또한 현실적으로 쓰이는 조합 가능한 음절을 합치면 2,000여 개가 넘는 발음을 표기할 수 있다.

그럼에도 불구하고 외국인들에게 한글은 상당히 어려운 문자다. 무엇보다 한글에 받침이 있다는 것이 학습에 어려움을 느끼게 한다. 세계 언어 가운데 한글처럼 받침을 갖고 있는 언어는 거의 없다. 아마도 한글과 태국어뿐인 것 같다. 그나마 한글을 읽을 때 태국어나 중국어와 달리 사성이 없다는 점이 한글의 큰 장점일 수 있다.

그러나 외국인의 입장에서는 성조가 없고 평이하다는 것이 때로는 한국어로 대화할 때 이해하기 어렵게 만드는 요인 중 하나가 되기도 한다. 게다가 한글의 받침이 쓰는 대로 소리나는 것이 아니라, 앞뒤에 어떤 글자가 있느냐에 따라 다르게 발음된다는 것 또한 배우는 사람이 한글을 어렵게 느끼는 요인 중 하나이다.

이런 문제들 탓인지 1950년대에는 한글 파동이 일어나기도 했다. 정부 수립 뒤 1949년 한글날에 이승만 대통령은 한글을 소리나는 대로 써야 한다고 주장했고, 급기야 1953년 4월 27일 '현행 철자법의 폐지와 구식 기음법記音法의 사용'이라는 국무총리 훈령 제8호를 공포했다(『경향신문』 1957. 10. 9).

그러자 한글학회 등 다양한 단체에서 강력하게 반발했다. 일제 강점기에 탄압 속에서 만든 한글맞춤법이 다시 흔들리는 것은 한글 교육에 바람직하지 않다는 것이 그 이유였다. 반발이 계속되는 가운데 정부는 한글의 간소화 방침을 강행하고자 국어심의위원회를 만들었다. 그런데 국어심의위원회는 정부의 방안과 달리 '한글맞춤법통일안'에 따르는 것으로 결론을 내렸다.

그러나 1954년 3월 이승만 대통령은 특별 담화를 통해 한글 간소화 방안을 다시 주장했고, 같은 해 7월 문교부장관은 맞춤법을 고치라는 대통령의 강경한 지시에 따라 '한글 간소화안'을 국무회의에서 통과시켰다. 이에 대해 학계가 강력하게 반발하자 정부는 국회·학술원과 같이 대책위원회를 구성했고, 여기에서 한글 간소화안의 실시를 보류했다. 1955년 9월 19일 결국 이승만 대통령은 '민중이 원하는 대로' 하겠다면서 자신의 주장을 포기했다. 이로써 한글 간소화 방안은 더 이상 논란이 되지 않았다(『동아일보』 1955. 9. 20).

한글 파동은 여러 가지 시사점을 던져 준다. 이승만 대통령의 한글 간소화 의도는 결코 나쁜 것이 아니었다. 당시에는 문맹률이 높았기 때문에 더 많은 사람이 쉽게 한글을 익히고 쓸 수 있도록 하려는 목적이 있었을 것이다. 그러나 문제는 그리 간단하지 않았다. 만약 지금 한글을 발음대로 적는다고 생각해보자. 더 큰 혼란이 일어날 수도 있다. 사투리는 어떻게 할 것인가? 또 사람에 따라 성대 구조의 차이가 있는데, 서로 다른 발음이 나온다면 표기의 기준을 어디에 둘 것인가?

아무리 좋은 정책이라 하더라도 사회적 공감대와 전문가의 견해를 무시하고 추진하면 결국 벽에 부딪히고 만다. 민주주의가 토론을 거쳐서 결정에 이르기 때문에 시간도 많이 걸리고 비효율적인 것처럼 보이지만, 결과적으로는 결정에 따른 문제점을 최소화하기 때문에 '사회적 비용'을 줄일 수 있다는 점에서 더 효율적이다.

이승만 대통령과 박정희 대통령이 독재를 했다고 해서 이들이 실시했던 정책의 의도가 모두 나빴다고만 말할 수는 없다. 이들이라고 사회와 국민을 위한 고민이 왜 없었겠는가? 문제는 이들이 사회적 공감대와 민주주의적 절차를 무시했던 점에 있다.

독재의 시대가 끝나고 민주화의 시대가 왔다고 하지만, 왜 아직도 우리 사회에는 독재의 유산이 그대로 남아 있는 걸까? 2008년 전 사회를 들고일어나게 만든 광우병 사태를 보라. 효율성도 좋지만, 사회적 비용을 줄이고 사회적 통합을 이룰 수 있는 좀 더 신중한 정책 결정 과정이 필요하다.

# 김종필-오히라 메모의 진실
## 졸속 처리된 대일 청구권

**1926**
가갸날 제정
(1954 한글 파동)

**1962**
대일 청구권 합의
쿠바 미사일 위기

**1968**
닉슨, 미 대통령에 당선

**1977**
홍수환, 주니어 페더급 챔피언 획득

    1962년 11월 12일 도쿄의 한 음식점에서 김종필 중앙정보부장이 일본 외상 오히라 마사요시와 비밀리에 만나 이른바 '청구권 자금'의 규모에 합의했다. 이들은 합의 사항을 양국 수뇌부에 건의할 것을 결정하고, 이를 내용으로 하는 김-오히라 메모를 작성했다. 빠른 시일 내에 한일협정을 마무리 짓기 위해 가장 중요한 논쟁점인 청구권 자금의 액수를 밀실에서 합의했던 것이다.

    김종필은 회담 직후, 오히라와 합의한 사실은 없고 쟁점에 대해 토의를 한 사실만 있다고 밝혔다. 일본의 『마이니치 신문』이 한일 간에 무상 3억 달러, 유상 차관 2억 5,000만 달러로 합의가 이루어졌다는 내용을 보도했지만, 한국 정부는 최종 결정이 이루어질 때까지 합의를 극비에 붙이며 한일회담의 수석대표에게도 알리지 않는다는 내용의 훈령을 12월 1일 내려보냈다.

    1964년 초 야당과 학생들이 정부가 국민의 요구를 제대로 반영하지 않고 밀실에서 한일협상을 졸속으로 처리하려 한다는 비판을 제기하자, 정부는 같은 해 3월 31일 중앙청 회의실에서 11개 대학의 학생 대표들에게 김종

1962년 11월, 김종필은 오히라 외상과 만나 이른바 김-오히라 메모를 작성하고 빠른 시일 내에 한일 회담을 열 것에 합의했다.

필과 오히라가 합의한 내용을 공개했다(『동아일보』 1964. 4. 1). 하지만 당시 공개된 내용에는 합의에 관한 내용은 없고, 단지 한국 측과 일본 측이 제시한 액수만 나와 있을 뿐이었다. 결국은 공개할 수밖에 없는 내용을 왜 미리 공개하지 않았을까?

1964년 개학을 하자마자 한일협정 반대 시위가 절정에 달했다. 학생들뿐만 아니라 야당과 시민들도 한일협정 반대 시위에 합류했다. 당시 미국대사관에서는 박정희 정부가 한일협정 반대운동으로 붕괴될 가능성도 있다고 평가할 정도로 위급한 상황이었다. 4·19혁명을 경험했던 미국으로서는 한일협정 반대 시위가 제2의 4·19혁명이 될 수도 있다고 판단했다. 결국 박정희 정부는 메모의 내용을 공개했지만, 모든 내용을 공개하지 않음으로써 오히려 의혹만 더 부풀렸고, 이는 마침내 6·3사태를 불러왔다.

한국 정부는 베일에 싸여 있던 김종필-오히라 메모를 한일회담과 관련된 다른 문서와 함께 2005년 1월 전격 공개했다. 그 내용은 무상 3억 달러, 유상 차관 2억 달러로 합의하고 수뇌부에 건의한다는 것이었다. 이는 1964년 정부가 공개한 내용에는 없던 것이었다. 또한 메모의 내용이 1962년 10월 17일과 11월 4일 및 8일에 박정희 의장이 지시한 대로 작성되었다는 사실도 밝혀졌다.

김종필 – 오히라 메모 외에도 한일 관계 정상화를 위한 한일 간의 회담 관련 문서들이 2005년 전부 공개되었다. 일본 정부가 부분적으로 공개하고 있는 데 반해, 오히려 한국 정부는 일정한 심의를 거친 뒤 대부분의 문서를 공개했다. 그 문서들을 보면 한국 정부가 일본과 협상하는 과정에서 부정적 여론을 형성할 만한 내용을 모두 비밀에 붙였음을 알 수 있다.

예컨대 한일기본관계조약에서 1945년 이전 한일 간 조약의 해석 문제에 대한 합의는 국제적인 조약에서 있을 수 없는 내용을 담고 있었다. 한국과 일본이 수교를 하려면 과거의 한일 관계를 명확하게 정리해야만 했는데, 이에 관한 내용이 기본관계조약에 담겨 있다. 한국 정부는 1905년과 1910년의 한일 간 조약이 원천적으로 무효라고 주장했던 반면, 일본은 태평양전쟁에서 일본이 공식적으로 항복한 1951년 샌프란시스코 협약이 맺어진 때가 이 조약들이 무효가 되는 시점이라고 주장했다.

이러한 양자의 주장을 절충하기 위해 합의된 것이 '이미(already)'라는 단어를 삽입하는 것이었다. 즉, 그 조약들은 '이미 무효다(already null and void)'라고 규정한 것이다. 그리고 양국은 각자 국회에 가서 자신들의 해석을 설명하는 것으로 양해했다(『동아일보』 1965. 6. 22). 이런 까닭에 한국 정부와 일본 정부가 한일협정 비준을 위해 국회에서 설명할 때 '이미'라는 단어에 대한 해석이 서로 다르게 이루어졌던 것이다. 사실 1945년 이전의 조약은 '배상금'과도 관련되는 문제였기 때문에 양국이 모두 민감하게 반응할 수밖에 없지만, 서로 다르게 해석하는 방식을 취함으로써 사회적 논란을 무마할 수 있었다. 아마도 이러한 방식은 국제 관계 협약에서 전무후무한 예일 듯싶다.

이 문제 외에도 한일협정은 부속 협정으로 일제 강점기에 일본으로 넘어간 문화재 문제, 재일 교포의 법적 지위 문제, 한일 간의 어업 문제 등을 담고 있다. 이러한 문제들은 한일협정을 체결하는 과정에서 분명하게 해결했어야만 했는데, 어업 문제를 제외하고는 어느 하나 제대로 합의된 것이 없고 한국의 지나친 양보만 있을 뿐이라서 논란이 되었다. 특히 독도 문제의 경우에는 한일협정의 내용에 포함하지 않았기 때문에 현재까지도 논란이 계속되고 있다. 게다가 징용과 위안부 등으로 끌려가서 입은 개개인의 피해에 대해서는 한국 정부가 청구권 자금 내에서 해결한다고 했지만, 이 역시 국제법적으로 완전히 처리되지 않고 있다.

한일협정은 국가적인 대사를 투명하게 처리하는 일이 얼마나 중요한가를 잘 보여준다. 한일협정은 미국의 압력과 한국 정부의 자금난 등으로 말미암아 급속하게 처리되었지만, 당시 한일협정에 대한 거센 반대 시위뿐만 아니라 오늘날까지도 계속되고 있는 위안부 문제나 독도 문제 등을 고려한다면, 밀실 속의 협상이 얼마나 큰 사회적 비용을 지불하는지를 잘 알 수 있다. 한일협정 이후에도 남북정상회담과 관련된 2003년의 대북 송금 특검, 미국산 쇠고기 수입과 관련되어 한미 간의 협상 문제로 터진 2008년의 촛불 시위 등은 국가적 대사의 투명성이 얼마나 중요한 문제인지를 일깨운다.

# 쿠바 미사일 위기
## 핵전쟁의 위험 앞에서……

1926
가갸날 제정
(1954 한글 파동)

1962
대일 청구권 합의
쿠바 미사일 위기

1968
닉슨, 미 대통령에
당선

1977
홍수환, 주니어
페더급 챔피언 획득

    1962년 11월 20일 케네디 행정부가 쿠바에 대한 격리(quarantine) 명령을 해제하면서 쿠바 미사일 위기가 종료되었다. 쿠바 미사일 위기는 동년 10월 14일 미국의 정찰기인 U-2기가 쿠바에 건설 중인 미사일 기지를 촬영한 사진이 보고되면서 시작되었다. 미 정부 내 강경파는 쿠바의 미사일 기지에 대한 폭격을 고려했고, 케네디 대통령은 쿠바에 대한 해상 격리 명령을 발동했다. 해상 격리란 쿠바 인근의 일정한 해상 지역을 봉쇄한다는 뜻이다.

    쿠바 미사일 기지가 발견된 직후에는 핵전쟁이 발발할 것이라는 예상이 나올 정도로 사태가 심각했다. 쿠바에 대한 해상 격리 명령에도 불구하고 소련의 미사일 수송선이 쿠바 인근에 접근했고, 미국의 U-2기가 격추되는 등 점점 더 위기가 고조되었다. 다행히 케네디와 흐루시초프가 직접 협상을 통해 타협을 보고, 미소 상호 간의 미사일 기지 철수와 미국이 터키의 안전을 보장한다는 약속을 한 뒤 위험한 고비가 넘어갔다. 그리고 그 후 1년 2일이 지난 1963년 11월 22일 케네디 대통령이 댈러스에서 암살당하고, 다시 1년 뒤에는 흐루시초프가 실각했다.

위 : 쿠바 미사일 위기 사건 직후인 1962년 10월 18일, 백악관에서 케네디 대통령이 소련 외무장관과 소련 대사를 만났다.
아래 : 10월 25일 유엔안전보장이사회에서 미국 대사가 소련 대표와 맞서고 있는 가운데, 쿠바 미사일 배치와 관련된 정찰 사진을 보고 있나.

쿠바 미사일 위기는 표면적으로는 소련과 쿠바의 공세적인 정책 때문에 일어난 것처럼 보이지만, 실제로는 누구의 책임을 묻기 어려운 안보 딜레마의 과정 속에서 발생했다. 안보 딜레마란 두 국가 사이의 긴장이 계속되면서, 서로가 상대방에게 책임을 전가하며 무기 증강을 계속해가는 과정을 일컫는다.

그런데 쿠바 미사일 위기의 근본 원인은 1961년 미국이 터키에 설치한 미사일 기지 문제에서 비롯되었다. 당시 소련은 터키와 국경을 접하고 있었는데, 미국이 터키에 배치한 미사일의 사정거리에는 소련의 주요 도시들을 포함했다. 여기에 더해 같은 해 4월에는 CIA의 지원 아래 망명 쿠바인들이 쿠바의 피그스 만을 침공했다. 그들의 피그스 만 침공은 실패로 끝났지만, 쿠바가 군비 증강을 하는 데 충분한 동기로 작용했다. 피그스 만 침공의 실패는 한 달 뒤 한국에서 발생한 5·16쿠데타에 미국이 개입하지 않은 하나의 배경으로 작용했다는 평가도 있다.

쿠바 미사일 위기 이후 50여 년이 지나고, 이제 냉전 체제도 막을 내렸지만, 지난 부시 행정부의 MD(미사일 방어) 구축 강화 정책으로 인해 쿠바 미사일 위기가 다시 주목을 받았다. 부시 행정부가 동유럽 국가에 체제 구축을 모색하자 푸틴 대통령이 쿠바 미사일 위기를 언급했기 때문이다. 동유럽 국가들이 NATO(북대서양조약기구)에 가입하고, 이 지역에 미국의 미사일 기지가 설치된다면, 그것이 설령 방어의 목적이라고 할지라도 러시아로서는 안보에 큰 위협을 느낄 수밖에 없다. 오바마 행정부에서 MD 체제의 재고를 선언하고 러시아 역시 폴란드 인근에 탄도미사일 배치 계획을 철회했지만, 동유럽 국가들의 NATO 가입 및 가입 희망으로 인해 갈등의 불씨는 여전히 남아 있는 상태다.

동북아시아 지역에서도 위기는 계속되고 있다. 북한은 1994년 미국의 핵

시설 폭격 계획의 위기에서 벗어났지만, 아직도 핵과 미사일을 포기하지 않고 있다. 게다가 한국과 일본 정부는 핵 위협으로부터 방어한다는 명분으로 MD에 대해 적극적 입장을 갖고 있다. 쿠바 미사일 위기에서 보는 바와 같이, 안보 딜레마는 누구의 책임을 묻기 이전에 상호 상승 작용으로 인해 '치킨 게임'(국제 정치학에서 인용되는 게임 이론으로, 어느 한쪽이 양보나 포기를 하지 않을 경우 양쪽이 모두 파국으로 치닫게 된다)에까지 이를 수 있는 위험한 상황을 초래할 수 있다. 미국을 제외하고 세계에서 가장 많은 군사비를 쓰는 나라들이 동북아시아에 몰려 있는 상황을 잊어서는 안 된다. 중국뿐만 아니라 일본과 한국, 그리고 러시아는 세계 10대 군사비 지출 국가에 속한다. 북한은 20위권에 위치해 있는데, 북한 자체의 GDP(국내총생산)를 고려하면 엄청나게 큰 액수를 군사비에 쏟아붓고 있다.

한반도뿐만 아니라 동북아시아 전체를 아우를 수 있는 새로운 평화 안보 협력 체제가 필요하다.

쿠바 미사일 위기 당시 핵전쟁이 터질지도 모른다는 불안감에 휩싸인 뉴욕 시민들이 전쟁 반대 시위를 벌였다.

# 닉슨, 대통령 당선
## 주한 미군 감축이 불러온 한미 불화

**1926**
가갸날 제정
(1954 한글 파동)

**1962**
대일 청구권 합의
쿠바 미사일 위기

**1968**
닉슨, 미 대통령에
당선

**1977**
홍수환, 주니어
페더급 챔피언 획득

    1968년 11월 5일 공화당의 대통령 후보인 리처드 닉슨이 대통령에 당선되었다. 닉슨은 1960년 대통령 선거에서 케네디와 맞붙어 패배했지만, 와신상담 끝에 1968년 베트남전쟁을 끝내겠다는 공약을 내걸며 재도전하여 대통령에 당선되었다. 이후 공약에 내건 대로 1973년 베트남에서 미군의 철수를 결정했다.

    닉슨 대통령에게는 많은 꼬리표가 따라다닌다. 1960년 선거에서 선전했지만 케네디에게 졌고, 워터게이트 사건으로 하원 사법위원회에서 탄핵안이 가결된 지 4일 만에 불명예스럽게 사퇴한 미국 유일의 대통령으로 기록되었다. 그리고 닉슨은 조셉 매카시와 함께 미국 내에서 가장 보수적인 지도자로도 유명하다. 닉슨은 아이젠하워 행정부 시기에 부통령을 역임했는데, 혁명 이전 쿠바를 방문했다가 시민들에게 수모를 당하기도 했다.

    닉슨 대통령의 재임 기간(1969~1974)은 미국이 위기에 처한 시기였다. 미국은 베트남전쟁에 개입하면서 1960년대 내내 군사비를 과도하게 지출했다. 자국의 군대뿐 아니라 베트남전에 참전한 다른 국가, 즉 한국·타이·오스트레일리아·필리핀 등의 파병 비용도 미국이 부담했다. 미국의 과도한 군사비 지출은 한국과 일본, 타이완에 전쟁 특수를 가져다 주었지만, 정작 미국 정부는 재정 파탄에 직면했다. 전쟁 특수를 통해 유럽과 일본이 급격하게 성장하면서 미국은 세계경제에서 달러의 독보적인 지위를 포기해야만 했다. 달러의 금 태환 정지가 바로 그것이다.

또한 미 의회는 과도하게 지출된 전쟁 비용을 조사하기 위해 '사이밍턴 위원회'를 구성했다. 사이밍턴 위원회는 미국이 한국을 비롯한 베트남 참전국에 사용한 돈이 제대로 쓰였는지를 조사했다. 사이밍턴 위원회는 전비戰費의 과도한 지출이 이루어졌다는 사실 외에는 부정적으로 사용된 내역을 밝혀내지 못했지만, 40여 년이 지난 지금의 관점에서 보면 1970년대 후반 코리아게이트를 밝히기 위해 성립된 '프레이저 위원회'의 전초전과 같은 성격을 띠었다고 평가할 수 있다.

닉슨 대통령은 베트남에서 명예롭게 철수하고자 파리에서 평화회담을 개최했다. 그러나 그는 평화회담을 진행하면서, 동시에 캄보디아에 대한 폭격을 지시했다. 전쟁을 명예롭게 끝내기 위해서는 적에게 더 큰 군사적 압박을 가해야 한다고 판단했던 것이다. 닉슨의 캄보디아 폭격 결정이 알려지면서 반전 시위는 절정으로 치달았다. 닉슨의 그러한 판단이 어디에서 근거했는지는 분명치 않지만, 최근 옥스퍼드대학의 로즈마리 풋 교수는 그 판단이 한국전쟁 당시 휴전협상과 북한·중국군에 대한 군사적 압박을 동시에 실행했던 경험으로부터 나왔다고 주장했다.

닉슨 대통령에게 불명예스러운 기록만 따라다니는 것은 아니다. 1972년 중국을 방문하고 소련과는 핵무기 감축 합의를 이뤄냄으로써 데탕트의 시대를 열었고, 베트남에서 군대 철수를 결정함으로써 미국 역사상 가장 불명예스러운 전쟁을 종식시켰다. 그는 1972년의 대통령 신지에서 메사추세츠 주

1969년 8월 22일 샌프란시스코에서 만난 박정희와 닉슨. 심각한 얼굴의 박정희 대통령과 여유 있는 미소를 띠고 있는 닉슨 대통령의 얼굴 표정이 대비된다.

를 제외한 나머지 49개 주에서 모두 승리하는 기록을 세우기도 했다.

닉슨 대통령은 한국과도 인연이 적지 않다. 1950년 상원 의원에 당선된 닉슨에 대해, 국제 관계 학자로 저명한 엘리어트 코헨 교수는 한국전쟁이 없었다면 닉슨과 같은 보수적 기회주의자가 미국 정계에 등장하기 어려웠을 것이라고 평가했다.

또한 1969년의 닉슨독트린은 닉슨과 한국의 관계를 더욱 복잡하게 만들었다. 닉슨독트린은 아시아 인의 안보는 아시아 인 스스로 지켜야 한다는 미국의 대아시아 외교 정책으로, 여기에는 베트남전쟁에서 발을 빼려는 미국의 의도가 깔려 있었다. 그런데 사실 닉슨독트린은 베트남만을 대상으로 한 정책이 아니었다. 이는 주한 미군의 감축을 포함하여 전 세계적 차원에서 이루어진 미국의 정책 변화에 대한 선언이었다. 베트남에 전투부대를 파견한 한국 정부는 존슨 대통령으로부터 주한 미군의 감축이 있을 경우 한국과 미국이 사전에 상호 조정을 한다는 약속을 받아냈는데, 존슨 행정부 뒤에 들어선 닉슨 행정부는 1970년 주한 미군 조정 계획을 일방적으로 발표했다.

1969년 8월 박정희 대통령과 닉슨 대통령이 샌프란시스코에서 만났을 때, 닉슨은 주한 미군의 감축 또는 철수에 대해 어떠한 언급도 하지 않았다. 그러나 샌프란시스코 회담 직후 닉슨은 주한 미군의 규모를 조정할 것을 행정부에 지시했다. 박정희는 샌프란시스코 회담 직후 한국이 닉슨독트린의 적용을 받지 않는 예외 국가가 될 것이라고 판단했다. 그러나 닉슨은 결국 1970년에 주한 미군 감축 방안을 박정희에게 일방적으로 전달했고, 이는 한미 간에 안보를 둘러싼 불화로 이어졌다. 안보적으로 불안한 상황은 박정희 정부가 유신 체제라는 극단적인 체제로 가는 데 중요한 원인을 제공했다.

40여 년이 지난 일이지만, 당시의 한미 관계는 현재뿐 아니라 앞으로도 한국 정부가 대미 정책을 수립하는 데 중요한 교훈을 준다. 현재 미국은 해외 주둔 미군을 재조정하는 작업을 진행하고 있다. 미국 정부는 1990년대 초반 조지 부시 대통령 시기부터 이미 '해외 주둔 미군 재고(Ground Posture Review: GPR)'라는 이름하에 주한 미군의 감축 및 성격 변화에 관한 연구를 진행해오고 있다. 앞으로 전시 작전통제권이 한국군에 반환되고 주한 미군이 신속 기동군으로 전환되면, '주한 미군 없는 한미 동맹'이라는 상황이 나타날 수도 있다. 40여 년 전의 교훈이 소중한 이유가 바로 여기에 있다.

# 4전 5기의 홍수환
## 역전의 신화

1926
가갸날 제정
(1954 한글 파동)

1962
대일 청구권 합의
쿠바 미사일 위기

1968
닉슨, 미 대통령에
당선

1977
홍수환, 주니어
페더급 챔피언 획득

    1977년 11월 27일 파나마에서 홍수환 선수가 세계권투협회의 신설 체급인 주니어 페더급 챔피언에 올랐다. 1974년 남아프리카공화국에서 당시 챔피언을 꺾고 처음 세계 정상에 올랐을 때 "엄마, 나 챔피언 먹었어", "그래 내 아들아, 대한국민 만세다"라는 대화로 새로운 유행어를 창조했던 홍수환이 파나마에서 또 하나의 드라마를 만들어낸 것이다. 2라운드에서 네 차례나 쓰러졌던 홍수환은 3회가 시작되자마자 역전 KO승을 이끌어냈다.

    한국근현대사에서 수많은 스포츠 사건이 있었음에도 1977년 홍수환의 승리가 머릿속에 뚜렷하게 각인된 이유는 무엇일까? 무엇보다 '역전'이라는 단어가 우리에게 주는 매력 때문일 듯싶다. 20세기에 들어서면서 곧 나라를 잃었고, 식민지에서 해방되자마자 분단과 전쟁을 겪었던 우리 민족에게 '역전'보다 더 감격스러운 단어는 없을 것이다. 1936년 손기정, 1976년 양정모의 올림픽 금메달이 있었지만, 1970년대 레슬링의 김일, 권투의 홍수환, 그리고 야구의 군산상고에 환호했던 것은 바로 역전의 드라마 때문이었다. 김일은 일본의 프로레슬러에게 반칙을 당하면서도 마침내 박치기로 역전의 드라마를 썼다.

　이들은 우리를 대신하여 역전의 드라마를 써주었던 셈이다. 홍수환과 김일의 극적인 역전 드라마는 1977년 수출 100억 달러, 1인당 국민소득 1,000달러, 그리고 쌀 자급을 통한 쌀막걸리의 재등장과 연결된다. 우리도 과거의 열등감에서 벗어나 이제는 역전의 순간을 맞이할 수 있다는 자신감을 심어준 것이다.

　홍수환에 환호했던 또 다른 이유는 1970년대의 암울한 상황 속에서 피어난 환희의 순간이었기 때문이다. 1977년은 유신의 어두움이 사회를 짓누르고 있던 시기였다. 1975년 남베트남 패망과 바로 전의 1973년 오일쇼크에 따른 물가 상승으로 경제적으로도 짙은 그림자가 드리워져 있을 때였다. 홍수환의 승리 소식이 들려오기 한 달여 전부터 본격화된 학생 시위로 인해 긴급조치 9호 이후 처음으로 20여 일간의 휴교령까지 내려진 상황이었기에, 언제쯤 봄이 올지는 누구도 예측할 수 없는 시대였다. 여기에 더해 동년 11월 11일에 발생한 전라북도 이리역(현 익산역) 다이너마이트 폭발 사고는 사회를 더 음울하게 했다. 당시 이리역 근처의 극장에서 공연 사회를 보던 코미디언 이주일이 가수 하춘화를 불길 속에서 구출한 일이 화제가 되기도 했다. 이러한 어둠 속에서 터진 홍수환의 승리는 잠시나마 전 국민의 마음을 환하게 해주었다.

　스포츠는 사회적으로 다양한 효과를 창출한다. 특히 국가 대항전의 경우 국민을 통합하는 수단으로 작동했다. 독일의 히틀러가 베를린올림픽을 통해서 얻어내고자 한 것도 바로 이것이었다. 지금은 조금 나아졌지만, 1980년대까지만 하더라도 한국과 일본 사이에 축구 시합이 있는 날이면 시내가 한산했다. 국민들 대부분이 한일전을 지켜보면서 승리를 기원했다. 과거 식민지 역사로부터 비롯된 일본에 대한 열등감을 스포츠를 통해서라도 씻어버리고

자 했던 것이다. 한일전에서 지면 한국에 귀국하지 말고 '현해탄(대한해협)'에 몸을 던져야 한다는 말까지 있을 정도였다.

대부분의 독재자들이 스포츠 육성을 강조하고, 이를 통해 국민의 비판의 목소리를 막으려고 했던 것도 모두 스포츠의 이런 특성을 이용한 것이다. 전두환 정부의 정책을 3S(screen, sport, sex)로 표현하는 사람들도 있다. 국민의 저항을 막으려는 수단으로 스크린(영화), 스포츠, 섹스를 동원했다는 것이다. 국민은 독재 정부가 스포츠를 독재의 눈속임으로 이용하고 저항 움직임을 막으려는 수단으로 이용하고 있다는 사실을 알면서도 스포츠가 전해주는 통쾌함에 호응할 수밖에 없었다. 그만큼 삶이 팍팍하기 때문이었다.

물론 스포츠가 역기능만 하는 것은 아니다. 그것을 어떻게 이용하느냐에 따라 그 효과가 달라질 수 있다. 일제 강점기에 여운형은 조선체육회 회장을 역임했다. 그는 스포츠를 통해 식민지 조선의 젊은이들에게 민족애를 불러일으킬 수 있다고 생각했다. 여운형이 한국 최초의 올림픽 금메달리스트인 손기정, 자신의 이름을 붙인 농구 대회를 만든 이상백 등과 가깝게 지냈던 것은 그 같은 자신의 철학과 경력에서 비롯됐다.

그런데 갈수록 안타까운 점은 스포츠가 그 순수성과 다양성을 잃고 상업화되고 있으며, 심지어 잔인함까지 더해가고 있다는 사실이다. 권투에 만족하지 못하는 사람들은 이제 각종 격투기에 열광하고 있다. 스포츠의 결과에 돈을 거는 내기가 성행하면서 이를 둘러싼 비리도 적지 않게 발생하고 있다. 2011년부터 2013년 최근까지 프로축구와 프로배구, 프로야구에 이어 프로농구에서도 선수들과 감독이 승부 조작에 연루되었다는 사실이 밝혀지면서 사회적으로 큰 충격을 주고 있다. 스포츠맨십이라는 용어는 점점 사라져가는가?

# 11월을 보내며

## 적대적 공존

1953년 7월에 체결된 정전협정은 완전히 전쟁을 끝낸다는 협정이 아니었다. 전쟁을 완전히 끝내기 위해서는 정치적 협상과 합의가 있어야 한다. 그러나 정전협정은 단지 군사적 협정일 따름이다. 어느 한쪽에서 정전협정이 더 이상 유효하지 않다고 주장하며 전쟁을 다시 일으켜도 그것을 막을 방도가 없다. 다시 말해 정전협정은 그저 잠시 전쟁을 정지하고 있는 상태라는 뜻이다. 현재, 군사정전위원회는 열리지 않고 있으며 중립국감독위원단의 역할도 정지되었다.

게다가 정전협정의 일부 조항은 이미 무효가 되었다. 남과 북이 군비경쟁을 통해 또 다른 전쟁이 일어나는 것을 막고자 외부로부터 무기 증강을 금지하는 조항은 이미 1957년부터 무효화되었다. 남한에는 1992년까지 주한미군에 핵무기가 배치된 바 있고, 북한은 2006년 이후 핵실험을 강행하고 있다. 정전협정은 협정 위반 사항에 대한 처벌과 관련해 어떠한 조항도 담고 있지 않다. 그뿐 아니라 서해 상의 군사분계선에 대해 유엔군과 공산군이 합의하지 않았다는 것은 주지의 사실이다.

이렇게 아슬아슬한 상황이 지난 반세기 동안 계속되어왔음에도, 전쟁이 재발하지 않았다는 것은 참 신기한 일이다. 이스라엘과 팔레스타인, 영국과 북아일랜드를 보자. 정전협정이든 휴전협정이든 온갖 협정과 타협을 다 해 놓고도 여전히 불안한 상황이 지속되고 있다. 그런데 한반도는 비록 국지적인 충돌은 있었지만, 팔레스타인이나 북아일랜드의 사례처럼 다수의 민간인이 피해를 입은 경우는 거의 없었다. 왜 그럴까?

무엇보다 남과 북이 비슷한 군사력을 갖고 있다는 점이 중요한 이유가 되었다. 팔레스타인과 북아일랜드의 경우 이스라엘이나 영국과 힘의 균형을 이룰 수 없었다. 그래서 한쪽이 다른 한쪽에게 군사적 위협을 가한다면, 다른 한쪽은 약자의 입장에서 테러라는 수단을 사용했다. 테러는 군사적 수단에 비해 민간인들에게 훨씬 더 많이 피해를 입힌다는 점에서 가장 '악질적인' 방법이다. 그러나 한반도는 다르다. 남과 북의 군사력이 비슷하기 때문에 전쟁이 일어날 경우 어느 쪽도 승리를 장담할 수 없다. 여기에 더해 남북한 정권의 철저한 사회통제도 중요한 이유가 되었다.

그뿐만 아니라 남북한의 후원자 역할을 하는 미국과 중국 역시 일정한 힘의 균형을 이루고 있다. 이들 두 후원자의 한반도 정책에서 나타나는 핵심은 한반도에서 또다시 분쟁이 일어나지 않도록 하는 것이다. 중국의 경우 내부의 경제성장을 위해서 주변 국가들의 안정을 중요한 목표 중 하나로 삼고 있다. 미국은 한반도 외에도 전략적으로 중요한 지역이 많기 때문에 한국에만 신경을 쏟는 일 자체가 불가능하다. 따라서 미국도 한반도에서 전쟁이나 통일보다는 안정과 현상 유지를 선호한다. 남과 북이 각각 상호 조약을 맺고 있는 세계의 G2가 한반도에서 전쟁을 원하지 않는다면, 이는 곧 남북한 정부의 입장을 통제할 수 있다는 것을 의미한다.

그러나 여기에서 간과해서는 안 될 점이 있다. 바로 적대적 공존이다. 한반도에서 전쟁이 일어나지 않은 데는 외부의 요소도 중요하게 작용했지만, 다른 한편으로 한반도 내부의 적대적 세력 사이에서 '적대적'으로 '공존'하는 것이 서로에게 더 유리하다는 사실을 인지하고 있기 때문이다. 전쟁은 곧 공멸을 의미한다.

상호 적대적인 세력은 서로 간의 적대적 성격을 이용해서 내부의 안정을 꾀한다. 냉전 시대에 제1세계와 제2세계가 그랬다면, 한반도에서 전체주의 지도자가 통치했던 시절의 남북한이 그랬다. 북한은 마치 남한의 진보를 지원하는 것 같이 보인다. 그러나 실상 북한은 철저하게 자기 정권의 이익에 따라 움직인다. 중요한 것은 남한의 진보냐 보수냐가 아니다. 그것이 북한 정권에 이익이 되는가의 여부다.

북한 정권이 의도했든 그렇지 않든 간에 남한에서 보수 세력 또는 독재자가 집권하는 상황은 북한으로서는 크게 손해 볼 것이 없다. 북한으로서는 남한에 대한 비판을 통해 내부 단속을 할 수 있기 때문이다. 남한의 총선이나 대선 때마다 북한이 하는 행동은 거의 모두 남한의 보수 세력에게 유리하게 작용했다. 오죽하면 1996년의 남한 총선에서 보수적인 신한국당이 '흑금성'이라는 스파이를 통해 북한에게 판문점 무력 시위를 요청했겠는가? 이는 북한에 의한 안보 위기가 남한 선거에서 보수 세력에게 도움이 된다는 경험에 근거해서 벌어진 일이었다.

남한 역시 마찬가지다. 남한의 민주주의가 공고화된다면 얘기가 달라지겠지만, 북한의 독재자가 권력을 강화할수록 남한의 독재자에게는 유리한 상황이 조성된다. 내부를 비판하기 전에 밖을 보라고 말할 수 있기 때문이다. 1980년대까지 민주화 요구가 있을 때마다 남한의 독재 정권은 북한을 이용했다. 정치적으로 중요한 국면마다 터지는 이른바 '간첩' 사건, 미그기의 NLL 침범 사건, 판문점에서 일어난 무력 시위, 그리고 KAL기 폭파 사건 등이 그랬다. 독재자나 보수 세력이 이 사건들을 의도적으로 이용하지 않더라도 사건 발생 자체가 보수 세력에게는 큰 힘이 된다. 정권 비판 세력을 '친북 세력', '종북 세력', '좌빨'로 매도하면 그만이니까.

적대적 관계는 긴장 관계를 조성한다. 그러나 적대적 공존을 추진하는 과정에서는 긴장은 있되 열전은 없다. 바로 냉전인 것이다. 미국과 소련이 그랬듯이, 정전협정 이후 남북한 관계가 그랬다. 나와 라이벌 관계에 있는 사람은 나와 적대적 관계를 형성하지만, 라이벌이 존재한다는 사실 하나만으로 나의 존재가 빛난다. 라이벌이 없다는 것은 나의 존재가 아무런 주목을 받지 못한다는 것을 의미한다.

또한 나와 내 라이벌 사이에는 공통점이 존재한다. 그래야만 서로 맞수가 될 수 있다. 남한의 냉전적 보수 세력과 북한의 독재자는 이데올로기적으로 극단에 있지만, 국가의 역할을 강조하고 냉전적 이데올로기를 고수한다는 점에서 공통점을 갖고 있다. 이들은 서로 적대적으로 공존할 수 있는 관계다.

이러한 적대적 공존이 존재하는 한 한국에서 민주주의가 확고히 정착되는 것은 불가능하다. 냉전적 보수 세력은 언제든지 북한을 이용해서 자신들의 힘을 공고화할 준비가 되어 있다. 북한 역시 마찬가지다. 남한에서 냉전적 보수 세력이 반공 이데올로기에 근거하여 강경한 대북 정책을 실시한다면, 북한의 지도부는 자신들이 계속 존속해야 하는 당위적 가치를 합리화할 수 있다.

만에 하나 현재의 북한 정권이 붕괴한다고 가정해보자. 그렇게 된다면 이데올로기적 입장에서 북한에 강경한 입장을 취했던 사람들은 더 이상 설 자리가 없어진다. 자신이 비판하는 근거의 상대방이 사라졌기 때문이다. 이들은 적대적 공존을 할 수 있는 또 다른 상대를 찾을 것이다. 이는 미국과 소련 사이의 냉전이 사라진 뒤 미국과 중국 사이에서 또 다른 적대적 공존의 관계가 형성되고 있는 사실과 밀접히 연결된다.

적대적 공존은 한반도의 평화와 인류의 보편적인 가치에 역행하는 역할을 할 뿐이다. 적대적 공존이 존재하는 한 민주주의의 발전과 안정된 경제성장은 불가능하다. 북한을 변화시키는 것 역시 적대적 공존 아래서는 불가능하다. 강경한 정책이 북한 정권을 붕괴시킬 수 있다는 것은 잘못된 가설이다. 미국의 경제제재에도 불구하고 50년이 넘도록 체제를 지켜온 쿠바를 보라. 북한 또한 쿠바와 다르지 않다.

북한의 민주화는 북한 내부에서 시작되어야 한다. 이라크나 아프가니스탄처럼 외부로부터 민주화를 추진하는 것은 심각한 부작용을 초래할 뿐이다. 북한의 경우 이라크보다 더 심각한 부작용이 나타날지도 모른다. 어쩌면 스페인의 바스크 지역이나 영국의 북아일랜드처럼 통일된 이후에도 과격한 분리운동이 일어날 수 있다.

남한에서 민주화가 공고하게 진행되고 안정된 안보 속에서 경제성장이 지속적으로 이루어질 때, 북한은 스스로 변화할 수밖에 없는 상황에 처할 것이다. 남한 사람이 더 많이 남한의 체제에 자부심을 가질수록, 그런 남한 사람들이 더 많이 북한을 방문할수록, 그리고 남한의 물품이 더욱 많이 북한에 들어갈수록 북한의 주민들은 변화의 필요성을 느끼게 될 것이다. 적대적 공존이라는 틀은 이론적으로 가능하지만, 미래를 향한 한반도의 평화와 진보를 위해서 더 이상 지속되어서는 안 되는 근본적인 이유가 바로 여기에 있다. 2010년 천안함 사건에 대한 정부의 결과보고서가 발표되고, 이를 둘러싼 이명박 정부 및 냉전적 보수 세력의 공세가 계속되는 가운데 나타난 6·2지방선거의 결과는 이런 의미에서 더욱 소중한 역사적 경험이 될 것이다.

# 12월
## 관계를 다시 생각하며

비운의 생애를 마친 김규식

포로 송환 협상

간첩 혐의로 사형된 박헌영

성탄절의 비극, 대연각 호텔 화재

12월을 보내며 : 한미 관계, 그 불변한 진실

매년 12월에는 올해의 10대 뉴스가 사람들의 관심을 끈다. 올해는 무슨 일이 일어났었지? 모두들 잘 아는 사건이지만, 10대 뉴스가 발표되면 고개를 끄덕이면서 "그래 그런 일이 있었지" 하고는 마치 아주 오래된 일인 양 기억을 더듬곤 한다.

사회적으로 10대 뉴스가 있는 것처럼 사람들 개개인에게도 10대 뉴스에 해당할 만한 사건이 있게 마련이다. 그래서 12월에는 올해 자신에게 일어났던 큰 사건들을 하나씩 정리해본다. 그리고 그 사건들이 어떤 의미를 갖는가에 대해서도 음미해본다. 그러고는 '내년엔 나쁜 일이 없었으면 좋겠다', '좋은 일은 내년에도 또 일어나면 좋겠다'는 희망을 품어본다.

그러나 바쁜 일상을 살아가는 사람들이 한 해를 정리할 시간을 제대로 마련하기란 쉽지 않다. 옛날에 비해 12월이 몇 배는 더 빨리 지나가는 것 같다. 그만큼 사람들에게 일이 많아진

# 12월
## 관계를 다시 생각하며

탓일까? 12월에는 조금도 쉴 틈이 없다. 하루가 멀다 하고 잡히는 송년회는 몸과 마음을 지치게 만든다. 언제든지 만날 수 있으면서도 굳이 송년회를 하는 이유는 무엇일까? 아마도 송년회를 구실로 삼아 다른 사람들과의 '관계'를 다시 한 번 확인하려는 것이 아닐까?

인간 사회에서 '관계'는 정말 중요하다. 사람의 운명은 스스로의 능력에 좌우되기도 하지만, 다른 사람들과 맺고 있는 관계에 좌우되기도 한다. 그래서 사람들은 어떻게든 관계를 만들어보려고 한다. 시쳇말로 '족보를 캔다'고 하는데, 학연·지연·혈연 등 모든 정보를 공유하면서 관계를 찾고자 한다.

하지만 공유하는 어떤 지점이 있다고 해서 '관계'가 그냥 만들어지지는 않는다. '진정한' 관계로 만들려면 일정한 덕목이 필요하고, 그 덕목을 통해 관계를 맺고자 하는 상대방에게 진한 감동을 줘야 한다. 감동이 없고 마음이 움직이지 않는다면, 그 관계는 아예 몰랐던 사이보다 더 못한 관계가 된다.

유교의 영향력이 큰 동아시아 사회에서는 예로부터 사람과 사람 사이의 관계에서 중요한 덕목들을 강조했다. 부부 사이에서, 형제 사이에서, 부모 자식 사이에서, 왕과 신하 사이에서, 그리고 친구 사이에서 지켜야 할 덕목을 강조했다. 유교의 중요한 덕목들은 사람들 사이의 관계와 관련 있다. '인의예지仁義禮智'가 그렇고, '인仁'이 그렇다. 이러한 덕목을 갖추지 못할 때 사람들은 좋은 '관계'를 만들 수 없다는 것이다. 아니, 유교의 덕목은 관계를 맺기 위한 가장 기본적인 것일지도 모른다.

"다른 건 별로인데 정말 의리가 있는 사람이야"라는 말을 들어본 적이 있다. 박정희가 죽은 뒤 새로 권력을 잡은 신군부의 우두머리에게 자주 사용했던 말이다. 최소한 '의리'는 있다는 것이다. 그러나 이것은 '깡패'들의 세계에서나 통한다. 인자하지 못하고 남에게 예를 지키지 않으며 지혜롭지 못하다면, 아무리 의리가 있다 한들 그 의리는 상대방에게 부정적인 영향을 줄

뿐이다. '그 분'의 의리를 믿고 관계를 맺은 사람들이 '그 분'이 정상에 있을 때는 '그 분'을 좇아 모두 성공한 듯했지만, 결국에는 다 똑같이 법정에 피고로 서야 했다.

밖에서 볼 때 '의리'는 정말 멋진 덕목으로 보인다. 그러나 분명 명심해야 할 부분이 있다. '인'과 '예'와 '지'가 갖추어지지 않은 '의'는 결국 '불공정'한 관계를 만들어내고, 이는 곧 '관계'의 '망網' 안에 들어와 있지 않은 사람들에게 큰 피해를 입힌다는 것을. 기본적인 예의나 지혜로움이 없이 나와 관계를 맺고 있는 사람들만 '의리'로써 지킨다면, 나와 관계가 없는 사람들은 그로 인해 피해를 보게 된다. 친구가 도둑질을 하자고 한다. 그 친구와의 관계를 '의리'의 측면에서만 고려한다면, 결국 친구의 도둑질을 함께해야 하는 상황이 벌어질 수도 있다. 그러나 '인'과 '예'와 '지'를 동시에 고려한다면, 도둑질은 절대로 함께해서는 안 되는 행동이다. 나와 그 친구의 관계를 진정 돈독히 만들려면, 함께 도둑질을 할 것이 아니라 친구의 도둑질을 말려야 한다.

다른 사람과의 관계를 제대로 정립하기 위해서는 무엇을 해야 하는가? 공자가 '인의예지'를 강조했다면, 맹자는 '인仁'을 강조했다. 곧 '차마 하지 않을 수 없는' 마음이다. 물에 빠진 아이를 보고 차마 그냥 지나갈 수 없는 마음. 친구가 나쁜 짓을 하는 것을 보고 차마 눈감아줄 수 없는 마음. 불공정한 관계를 보면서 그냥 참고 넘어갈 수 없는 마음.

한국현대사 연구의 거장인 브루스 커밍스는 *Korea's Place in the Sun*(한국에서는 『브루스 커밍스의 한국현대사』로 번역 출간됨)이라는 자신의 책에서 전체 8개 장 가운데 2개의 장에 제목을 '덕목(virtue)'이라 붙였다. 그리고 한국 사회의 민주화를 설명할 때 그 덕목으로 '의'를 강조했다. 전통적으로 '의'로운 마음이 중요하다는 교육을 받은 사람들이 있었기에 한국이 빠르게 민주화를 이뤘다는 설명이다.

그러나 공자보다는 맹자의 해석에 더 큰 지지를 보내고 싶다. '차마 하지 않을 수 없는' 마음이 뒷받침될 때에만 '의'로움도 빛난다. '차마 하지 않을 수 없는' 마음은 어짊과 예의를 지키는 것과 지혜로움 속에서 나올 수밖에 없다. 즉, '인의예지'가 모두 결합될 때만 나올 수 있다. 차마 그 불공정함을, 그 비상식을, 그 폭력성을 참을 수 없는 마음. 그것이 바로 민주주의를 앞당긴 가장 중요한 요인이 아니었을까?

1950년 12월에 사망한 김규식은 그런 사람이었다. 차마 민족의 분단과 상쟁을 바라만 보지 못했을 것이다. 1952년 12월 유엔총회에서 통과된 반공 포로 문제도 이런 시각에서 볼 필요가 있다. 북한군의 점령하에 강제로 동원된 젊은이들을 제네바 협정에 근거해서 무조건 송환하는 것은 인간으로서는 차마 할 수 없는 일이지 않을까? 1971년 12월 대연각 호텔에 화재가 났을 때 사람들을 구하려고 용감하게 화마 속으로 들어간 소방관들도 맹자의 '인仁'이 떠오르는 경우다.

그러나 차마 할 수 없는 일을 하는 경우도 적지 않다. 김일성은 북한 정권의 한 축을 담당했던 박헌영을 미제의 스파이로 몰아 처형했고, 이승만은 3년간의 전쟁에 지친 국민들에게 전쟁을 더 하자고 밀어붙였다. 한때 아프가니스탄에 이웃 국가로 도움을 주었던 소련은 마음에 들지 않는 정권이 수립되었다고 해서 1979년 12월 침공했다. 이러한 행동들은 결국 북중 간의 갈등, 한미 간의 갈등, 그리고 소련 공산당 정권의 몰락으로 이어졌다. 차마 해서는 안 될 일을 하는 사람들에게 진정한 관계의 형성은 요원하다.

# 비운의 생애를 마친 김규식
## 좌우합작운동의 좌절과 분단

**1950** 김규식 서거

**1952** 유엔 총회에서 포로 문제 결의안 통과

**1955** 박헌영 사형선고 (1956 총살형)

**1971** 대연각 호텔 화재

　인천상륙작전으로 후퇴하는 북한군에 납북되었던 김규식이 1950년 12월 10일 평안북도 만포진에서 서거했다. 갑신정변 3년 전인 1881년 부산 동래에서 태어난 김규식은 만 70세 생일을 한 달 반여 정도 앞두고 별세했다.

　김규식은 김구와 함께 대한민국임시정부를 대표하는 인물이었다. 1919년 임시정부가 수립된 직후 외무총장과 학무총장을 역임했으나, 독립운동 노선의 문제로 임시정부가 분열되자 그곳을 떠나 민족혁명당을 조직했다. 임시정부를 끝까지 고수해야 한다고 보았던 김구와 달리, 김규식은 독립운동 진영의 통일된 행동을 위해서는 임시정부 내에서 자신의 기득권도 버리려 했다. 그는 1940년 장제스의 주선 아래 민족주의 좌우파 간의 합작이 이루어질 때 다시 임시정부에 복귀해서 해방 이후 임시정부 요인들과 함께 귀국했다.

　김규식은 김구나 이승만 또는 여운형처럼 정치인으로서 카리스마를 지닌 인물은 아니었다. 오히려 교육자적인 풍모가 짙었다. 그는 미국의 르노크 대학을 졸업하고 중국의 명문인 후단대학과 베이징대학에서 교편을 잡았다.

북한의 애국열사릉에 안장된 우사 김규식 선생 묘소.
출생 연도가 남한 측 자료에 나와 있는 것과 다르다.

또한 상하이에서는 학원을 열어 해외로 유학 가려는 조선의 젊은이들에게 유학에 필요한 지식을 미리 갖출 수 있도록 도와주는 역할도 했다.

김규식은 스스로 중심적인 지도자가 되기보다는 분열된 정치 지도자들의 통합을 위해 활동했다. 1930년대의 민족유일당운동에 참여한 일이나 1940년 임시정부에 합류한 것은 분열된 독립운동가들을 통합하려는 노력의 일환이었다. 또한 해방 이후에는 좌우합작운동과 1948년의 남북협상을 통해 분단을 막고 좌우 정치 지도자들의 협력을 이끌어내고자 했다. 그는, 정치적 명분이나 목표 없이 스스로의 권력을 강화하기 위해 모든 노력을 경주하는 여타 정치인들과는 전혀 다른 모습을 보여주었다.

이러한 노력에도 불구하고 1940년대 임시정부의 확대 개편을 제외하고는 정치 세력의 통합을 위한 김규식의 시도가 성공한 사례는 없었다. 그 때문인지 최근에는 좌우합작운동이나 남북협상뿐만 아니라 좌파와 우파의 연합을 모색한 임시정부의 노력이 모두 비현실적이었으며, 실패할 수밖에 없었다는 평가가 나오고 있다. 1945년 이후 냉전적 세계 질서가 확산되고, 이로 인해 자본주의와 공산주의 체제로 나뉘었던 상황에서 좌와 우의 소통을 통한 제3의 길은 비현실적인 이상주의에 지나지 않았다는 것이다.

그러나 역사는 긴 안목에서 내다보아야 한다. 의병운동이나 3·1운동이 결코 성공한 운동이 아니었음에도 어느 누구도 그 의미를 폄하하거나 무시하지 못한다. 단기적인 관점에서 볼 때 실패한 사건이라고 해서 명분과 목적, 그리고 그 의미를 축소할 수는 없다. 좌우합작운동이나 남북협상이 당시의 냉전적 세계 질서나 김규식이라는 개인의 정치적 능력, 또한 좌우 정치 세력의 뿌리 깊은 갈등 때문에 실패했다고 평가할 수도 있겠지만, 정치 지도자들의 소통과 합작에 온 힘을 기울인 그의 노력은 높이 평가해야 한다. 그의 노력과 시도는 오늘날까지도 우리 역사상 흔치 않았던 소중한 경험이다. 김규식이 미군정에 의해 수립된 과도입법의원의 의장직에 있을 때 그를 비난했던 북한마저 그가 노력한 좌우 통합의 소중함을 무시하지 못했고, 이른바 '애국열사릉'에 그를 안장했다. 사회적 소통이 절실한 오늘, 그를 기억하면서 또 다른 김규식이 나타나기를 기대해본다면 너무 큰 욕심일까?

# 포로 송환 협상
## 아직도 풀리지 않는 포로 문제

1950
김규식 서거

1952
유엔총회에서 포로 문제 결의안 통과

1955
박헌영 사형선고
(1956 총살형)

1971
대연각 호텔 화재

    1952년 12월 3일 유엔총회에서 인도 정부가 제안한 포로 문제에 대한 결의안이 통과되었다. '총회 결의안 610(VII)'은 모든 포로의 송환과 석방은 1949년의 제네바 협약에 따라야 하며, 포로 송환을 강제로 실시하면 안 될 뿐만 아니라, 그것을 방해하려고 강제력을 행사해서도 안 된다고 규정했다. 그리고 송환을 원하지 않는 포로는 중립지대로 이송한 뒤, 중립국으로 하여금 그들의 자유의지를 심사하도록 한다는 내용을 담고 있다. 공산군 측은 이 방안을 처음에는 수용하지 않다가, 이듬해 3월 30일 저우언라이가 유엔 결의안과 유사한 내용을 제안하면서 1953년 6월 8일 포로 교환에 대한 합의가 이루어졌다.

    우리에게 한국전쟁은 1950년 6월 25일 개전부터 이듬해 1·4후퇴까지 초기에 벌어진 치열한 공방전의 기억이 주로 남아 있지만, 실상 이 전쟁에서 가장 논란이 된 문제는 포로 교환에 관한 것이었다. 1951년 7월 개성에서 유엔군과 공산군의 협상이 시작된 이래 1953년 7월 27일 판문점에서 정전협정이 체결될 때까지 2년간 협상이 계속 진행되었다. 그런데 이 가운데 18

서로 다른 복장으로 구분된 포로들. 왼쪽에서부터 북한군, 중국군, 반공 포로.

개월 동안은 포로 문제를 놓고 합의를 보지 못해 휴회와 속개를 거듭했다. 다시 말해 전쟁 기간의 1/3은 포로 송환을 둘러싼 논쟁 기간이었던 셈이다.

사실 포로 송환은 이미 국제법적인 규정이 있기 때문에 논란의 여지가 없는 문제였다. 포로에 관한 제네바 협약에서는 전쟁이 끝나는 즉시 모든 포로를 '무조건' 송환한다고 규정했는데, 문제는 공산군 포로들 중 송환을 원하지 않는 포로가 상당히 많았다는 사실이다. 1951년 말 유엔군에서 조사한 바에 따르면, 전체 16만 명의 포로 중 과반수가 북한이나 중국으로의 송환을 거부하고, 남한에 남거나 타이완으로 갈 것을 희망했다.

38선 이남 점령 시 남한에 거주하는 청년들을 강제로 인민군에 편입시켰던 북한으로서는 포로의 자유의지에 따른 송환 정책을 받아들여야 했다. 물론 포로의 '자유의지'를 누가 어떻게 확인하는가에 대해서는 논란의 여지가 있었다. 그런데 당황한 쪽은 중국이었다. 중국 정부는 혁명을 이룬 뒤 1년 만에 북한을 돕기 위해 파병을 결정했다. 그리고 그 군사는 강제 동원 병력이 아니라 '자원'해서 입대한 사람들이라고 주장했다. 이런 까닭에 중국군에게는 '중국자원군(Chinese Voluntary Army)'이라는 이름이 붙여졌다. 그런데 포로 송환을 하는 과정에서 중국군 가운데 중국으로 가지 않고 타이완으로 가겠다는 포로들이 나타났다. 중국군에 과거 국민당 소속의 군인들이 포함되었기 때문에 나타난 현상이었다. 명분을 중요시하는 공산당의 전통을 감안하건대, 중국으로서는 '자유의지'에 따른 송환을 받아들이기 힘들 터였다.

그러나 빠른 시일 내에 정전협정을 체결하기 위해서는 중국 정부로서도 중국 본토로 돌아가지 않겠다는 포로들의 존재를 받아들일 수밖에 없었다. 결국 정전협정 체결 뒤 비무장지대에서 인도군의 감시하에 송환을 거부하는 공산군 포로(22,604명)와 유엔군 포로(359명)에 대한 심사가 진행되었다. 송환을 거부한 포로에 대한 심사는 원만히 진행되지 못했으나, 송환을 원하지 않을 경우 대부분 민간인 신분으로 석방했다. 그러나 이 가운데 포로 88명(공산군 86명, 한국군 2명)은 어느 쪽으로도 가지 않겠다고 선언하여, 인도로 보내졌다. 그중 69명은 남미에, 5명은 인도에 정착했으며, 8명은 북한과 중국으로 돌아갔다.

중립국으로 간 포로 문제는 『광장』(최인훈)과 『시간의 저편』(한수산) 등의 소설과 영화 〈공동경비구역 JSA〉(박찬욱)의 중립국감독위원회 책임수사관(이영애 분)을 통해 재현되었고(〈공동경비구역 JSA〉에 포로수용소라고 제시되었던 사진은 한국전쟁 기간이 아니라 1948년 여순 사건과 관련된 사진이다), 반공 포로 문제는 〈흑수선〉(배창호)으로 영상화되기도 했다. 또한 현재까지도 북한에 억류된 한국군 포로의 송환 문제는 이산가족 상봉 때마다 남한과 북한 사이에서 중요한 쟁점으로 계속 남아 있다.

# 이승만의 반공 포로 석방과 한미 관계

**(1) 아이젠하워 대통령이 이승만 대통령에게 보낸 1953년 6월 19일자 편지**

귀하께서 유엔군 사령부 관할 수용소의 북한군 전쟁 포로들을 석방하도록 지시하였다는 소식에 매우 깊은 우려를 표합니다. 유엔군 사령부는 이들 포로의 보호를 부분적으로 대한민국 군대에 위임했습니다. 귀하의 명령은 유엔군 사령부의 권위에 맞서 남한 군인들의 공개적인 폭력을 통해 이행되었습니다.

1950년 8월 15일, 귀하께서는 유엔군 사령부 총사령관에게 대한민국을 위한 유엔군 사령부의 합동 군사작전을 고려할 때 한국 내 또는 '현재와 같이 적대 행위가 지속되는 기간 중 대한민국 육·해·공군 전체에 대한 직권'을 그와 다른 사령관들이 마음대로 사용할 수 있도록 공식 제안하였습니다. 전술한 바와 달리 최근 귀하께서 그들과 상의 없이 먼저 일방적인 행동을 취하지 않을 것이라는 근거 없는 보장을 하셨다는 말씀을 클라크 장군과 테일러 장군으로부터 들었습니다.

귀하께서 현재 내리신 명령과 이에 따른 행동은 이 보장에 대한 분명한 위반이며, 유엔군 사령부를 통해 불가능한 상황으로 이끌어내고 있습니다. 이러한 일련의 행동은 한국이 전사들의 피와 위대한 용기로 일구어낸 모든 것을 불필요하게 희생시키게 될 것입니다.

현재와 같은 행동이 이어진다면, 이러한 상황 아래서는 유엔군 사령부가 귀하와 함께 합동작전을 지속하는 일이 비현실적일 것입니다.

귀하께서 현재의 무력시위를 정리하지 않고 끝내 유엔군 사령부의 권한을 즉시 명료하게 수용하지 않을 경우, 또 다른 방법을 실행할 필요가 있을 것입니다. 귀하의 의지로 이미 이루어졌던 일인 만큼, 유엔군 총사령관은 이제 필요하다면 그러한 과정을 밟을 수 있습니다.

만일 현 상황이 지속된다면 귀하께서는 적군의 1953년 6월 5일자 서한에 담긴 보장이 앞으로 적용되지 못할 것이라는 점을 아셔야 합니다. 그 보장은 귀국 정부의 유지와 강화, 그리고 한국의 최종적 통일을 주요 목적으로 하였습니다. 만일 귀하의 행동으로 인해 권력이 분산되고 상호 신뢰가 무너지는 상황이 계속된다면, 그러한 목적은 절대로 성취할 수 없습니다.

귀하의 우방으로서 저는 귀하가 이 상황을 바로잡기 위한 즉각적인 조치를 찾으시기를 바랍니다. 따라서 저는 이 뜻을 지금 공개하지는 않겠습니다. 귀하의 행동에 유감을 표하는 짧은 성명서로 제 자신을 제한할 것이며, 이는 우리 국민들과 동맹들의 신뢰를 지키기 위한 불가피한 선택입니다.

─『이승만 대통령 영문서한 번역집 I』, 대통령기록관, 2013, 64~65쪽.

(2) 미 국무성 브리핑 비망록: 한미 관계의 폭발: 하비브 대사의 근심,
  1972년 5월 26일

한미 관계가 평온했던 적은 없었다. 사실, 강한 의견의 불일치나 양자에게 중요한 문제에 대한 상호 간의 의심이 과거 20년간 한미 관계의 주요한 면모였다. 이승만은 격렬하게 휴전협정을 반대했고 한국이 통일될 때까지 계속해서 싸우기를 원했다. 우리는 그가 공공연히 주장한 북진 정책에 대

해 두려워했으며, 반대했다. 서울에 있는 우리 대사관은 처음에는 박 장군이 일으킨 1960년(1961년의 오기—필자)의 쿠데타를 반대했으며, 1963년에는 박이 선거를 갖도록 하기 위해 최고의 압력을 넣었다. 푸에블로호의 피랍과 청와대 습격에 대한 우리의 대응의 차이는 박을 격노케 하였다.

— 『사료로 본 한국의 정치와 외교: 1945~1979』, 436~438쪽.

## 해설 반공 포로 석방을 어떻게 볼 것인가?

1953년 6월 18일 이승만 대통령이 '반공 포로 석방'을 단행했다. 이 소식에 미국은 화들짝 놀라서, 한국군을 동원하여 이승만 대통령을 제거하기 위한 계획까지 입안했다. 미국이 얼마나 놀랐으면 전쟁 중인 한국에서 반공 지도자 이승만을 제거하려 했을까? 자료 (1)에서 보면, 아이젠하워 대통령은 이승만 대통령에게 보내는 편지를 통해 '또 다른 방법의 실행'이라는 표현으로 이승만 제거 계획의 가능성을 간접적으로 전달했다. 공산군 포로 중에서 반공 포로를 분류하여 이들을 돌려보내지 않겠다고 한 것은 원래 미국의 전쟁 정책 중 하나였는데, 미국은 왜 그렇게 놀랐을까?

미국이 놀란 이유는 유엔군 사령관이 장악하고 있는 작전통제권을 이승만 대통령이 무시한 채 반공 포로들을 석방했기 때문이다. 자료 (1)의 편지에는 이 점이 잘 나타나 있다. 당시 미국은 되도록 빨리 한반도에서 전쟁을 끝내려고 했다. 이는 1953년 초 취임한 아이젠하워 대통령의 공약이기도 했다. 그 때문에 정전협정을 통해 한반도에서 일시적으로 전쟁을 끝내고자 했던 것이다. 미국으로서는 전투 행위가 종식되어야만 늘어난 국방비를 감축하고, 재정 적자 문제를 해결할 수 있었다.

그러나 이승만 대통령은 정전협정 체결에 반대했다. 그는 북진을 통해 공산주의자들을 한반도에서 몰아내고 통일을 할 때까지 전쟁을 멈춰서는 안 된다고 주장하면서, 만약 미국이 한국 정부의 반대에도 불구하고 정전협정을 체결한다면 한국군 단독으로라도 북진을 하겠다는 의사를 전달했다. 미국은 이승만 대통령의 이러한 주장이 미국으로부터 무엇인가를 얻어내기 위한 협박 또는 정치적 레토릭이라고 판단했다.

그런데 이승만 대통령이 정말로 반공 포로 석방을 감행했다. 미국은 당황했다. 유엔군 사령관의 지휘 아래 있는 한국군이 이승만 대통령의 명령에 따라 이탈한 것이다. 이제 한국군이 유엔군 사령관의 휘하에서 이탈하여 단독으로 북진할 수 있겠다는 생각도 들었을 것이다. 이것은 곧 정전협정 체결의 실패와 아이젠하워 대통령의 공약 실패를 의미한다. 미국은 이러한 상황에서 이승만 대통령을 제거할 계획을 세운 것이다.

이 계획은 실행되지 않았다. 전쟁 중인 한국에서 미국이 조종하는 쿠데타가 발생할 경우 어떤 위험이 따를지 예상하기가 힘들었기 때문이다. 게다가 이승만 대통령 이외에 다른 반공주의자를 찾는 일 역시 쉽지 않았.

그러나 이 사건은 한미 관계에 결정적 영향을 미쳤다. 자료 (2)에서 보이는 바와 같이 박정희 정부 시기에도 미국의 국무부와 주한 미국 대사는 이승만 정부 시기의 한미 관계를 잊지 않았다. 1972년 유신 체제 선포를 앞둔 시점에서 주한 미국 대사는 이승만 정부 시기의 한미 관계를 다시 떠올렸다. 그리고 그는 말했다. '한미 관계가 평온했던 적이 없었'으며, '의견의 불일치'나 '상호 간의 의심'이 이승만 대통령의 휴전협정 반대에서 시작하여 과거 20년간 한미 관계의 주요한 면모였다고.

# 간첩 혐의로 사형된 박헌영
## 풀리지 않는 현대사의 미스터리

**1950**
김규식 서거

**1952**
유엔 총회에서 포로 문제 결의안 통과

**1955**
박헌영 사형선고
(1956 총살형)

**1971**
대연각 호텔 화재

    1955년 12월 15일 북한의 최고재판소는 특별재판을 통해 박헌영에게 사형 및 전 재산 몰수형을 선고했다. 재판의 공식 명칭은 '미 제국주의의 고용 간첩 박헌영, 리승엽 도당의 조선민주주의인민공화국 정권 전복 음모와 간첩 사건'으로, 박헌영을 제외한 남조선노동당 계열의 12명은 1953년 7월 30일 기소되어 7일 뒤인 동년 8월 6일 판결이 내려졌던 반면, 박헌영은 2년이 더 지난 1955년 12월 3일 기소되었다. 두 사람을 제외한 전원이 사형 판결을 받았고, 박헌영은 1956년 7월 총살형에 처해진 것으로 알려진다.

    판결문에 따르면 박헌영은 1925년 제1차 조선공산당 사건 때 일본 경찰에게 비밀 조직을 모두 자백했으며, 해방 직전에는 연희전문학교의 교장 언더우드와 긴밀한 관계를 유지했다. 1946년 9월 총파업과 10월 대구 사건 등을 배후에서 조종하여 미군정에 반대하는 활동을 지시했던 박헌영이, 실제로는 하지 미군 사령관의 지시를 받으면서 조선공산당을 친미의 방향으로 인도했을 뿐 아니라 몇 차례의 투쟁 과정에서 당 조직을 미군정과 대한민국 정부에 노출시켜 이른바 '혁명 역량'을 파괴했다는 점도 판결문의 중요한 내

1949년 9월 평양에서 박헌영과 윤레나의 결혼식에 참석한 김일성(왼쪽)이 꽃다발을 전해주며 환하게 웃고 있다.

용을 차지했다.

이 밖에도 판결문에는 박헌영이 1946년 월북한 이후 이승엽과 이강국을 통해 미군정에게 북한의 자료를 제공했으며, 한국전쟁 기간 중인 1952년 9월 무장 쿠데타로 정권을 전복하려 했다는 사실도 나와 있다. 1945년 9월 9일 미군의 상륙을 앞두고 수립한 조선인민공화국에서 이승만을 대통령으로 세우려 했다는 사실도 판결문에 포함되어 있었다(재판 발췌문은 김남식의 『남로당 연구』에 수록되어 있음). 당시 재판을 지켜봤던 사람의 증언에 따르면, 정전협상이 진행되는 동안 북한의 협상 전략을 미군 쪽에 알려준 혐의도 주요하게 언급되었다고 한다.

1945년 시점에서 비밀 조직이 아닌 조선공산당의 책임자로서 미군정의 책임자를 만난 사실이 모두 간첩 활동으로 규정되었다는 점은, 이 사건이 정치적 성격을 띠었음을 뒷받침한다. 물론 최근 중국의 자료에 따르면, 인천상륙작전 직후 박헌영이 중국의 고위 관리에게 북한 정권을 전복하고 자신을 중심으로 친중 정권을 수립하겠다는 의향을 밝힌 적이 있다고 하는 것으로 보아, 박헌영과 남조선노동당 계열의 인사가 북한 정부를 전복하려는 일련의 움직임을 벌였을 가능성은 아예 배제할 수 없다.

그럼에도 불구하고 조선공산당의 책임비서가 미국의 간첩이라는 혐의로 사형선고를 받았다는 사실은 지금까지도 밝혀지지 않은 한국현대사의 미스터리 중 하나다. 재판이 이루어진 시점과 판결문 속에 나와 있는 전쟁을 전후한 시기 38선 이남에서 전개했던 공산당 활동의 실패에 따른 박헌영의 책임 문제 등을 고려한다면, 전쟁 실패의 책임을 박헌영에게 전가하려 했던 북한 정권의 정치적 의도로도 읽을 수 있다.

최근 공개된 러시아 문서에는 흥미로운 부분이 있다. 1956년 8월 종파 사건 당시 북한은 중국 공산당과 긴밀한 관계를 맺고 있는 연안파를 숙청했다. 중국 정부는 이에 대해서 북한 정부에 항의를 전달했는데, 그 과정에서 중국의 한 고위 관리가 흥미로운 발언을 했다. "당신들은 박헌영 사건 때도 뚜렷한 증거 없이 그를 미국의 간첩으로 몰고 가지 않았는가?" 이에 대해 북한 측 고위 관리는 아무런 대답도 하지 못했다.

역사 속에 풀리지 않는 미스터리는 없다. 단지 시간이 문제일 뿐.

# 성탄절의 비극, 대연각 호텔 화재
## 안전 불감증과 '빨리빨리'가 부른 사건

| 1950
| 김규식 서거

| 1952
| 유엔 총회에서 포로 문제 결의안 통과

| 1955
| 박헌영 사형선고 (1956 총살형)

| 1971
| 대연각 호텔 화재

1971년 12월 25일 성탄절 아침 10시 무렵 서울시 퇴계로에 위치한 대연각 호텔에서 화재가 발생했다. 대연각 호텔은 21층의 현대식 건물로, 동년 11월 24일 준공검사를 통과했다. 화재가 발생한 날은 준공검사를 통과한 지 한 달밖에 지나지 않은 때였다. 2층 로비의 커피숍에서 프로판가스가 폭발하면서 치솟은 불길이 나일론 주단과 목재를 타고 건물 전체로 삽시간에 번졌다. 불길은 오후 5시 30분이 되어서야 잡혔지만, 7시간이 넘는 화재로 총 163명이 사망했다.

대연각 호텔 화재는 성탄절 아침을 평화롭게 보내던 많은 사람에게 큰 충격을 주었다. 1970년 4월의 와우아파트 붕괴 사고가 채 잊히기도 전에 발생한 화재 사고는 텔레비전으로 생중계되었고, 이를 지켜보던 사람들의 마음속에 큰 상처를 남겼다. 물론 화재로 피해를 입은 당사자들과 그 가족들은 더 큰 상처를 입었을 것이다. 그때 필자는 어린 나이였지만, 호텔의 창가에 매달려 있던 중국 외교관의 모습이 지금도 선명하게 떠오른다. 이 사고는 당시까지 발생했던 화재 사건 중 최악의 사고였다.

1971년 성탄절 아침, 화재에 휩싸인 대연각 호텔. 할리우드 영화 〈타워링〉은 이 호텔 화재에서 모티브를 따왔다고 한다. 국내에서도 〈타워〉라는 영화가 제작되었다.

사고가 난 이후 정부에서는 모든 대형 건축물에 화재 대비 시설을 철저하게 갖출 것을 지시했다. 그런데 실상 이 사고는 불가항력의 자연재해로 일어난 것이 아니라 '인재人災'였다. 조금만 더 주의를 했어도 일어나지 않을 사고였다. 나일론 주단의 사용을 금지했더라면, 비상구를 막지 않고 쉽게 찾을 수 있도록 만들어 놓았다면, 사고 직후 고객들을 빨리 대피시킬 수 있는 시스템을 만들어 놓았다면, 이런 불행한 사고는 발생하지 않았을 것이다. 압축적인 경제성장과 빠른 근대화의 길을 무리하게 걸어왔던 한국현대사가 만들어낸 안전 불감증이 이 화재의 근본 원인이었다.

대형 사고는 이후에도 끊이지 않았다. 1972년 12월 2일 지금의 세종문화회관 자리에 있는 서울시민회관에서 발생한 화재 사고로 51명의 사망자를 포함한 100여 명 이상의 피해자가 발생했고, 1974년에는 서울 청량리 대왕코너 화재 사고로 100여 명의 사상자가 발생했다. 그 뒤 이리역 폭발 사고(1977), 대아 호텔 화재 사고(1984), 극동호 유람선 화재 사고(1987) 등이 발생했고, 1990년대 이후에는 급기야 사상자 수가 200여 명을 훌쩍 넘긴 서해훼리호 침몰 사고(1993), 삼풍백화점 붕괴 사고(1995), 대구 지하철 공사장 폭발 사고(1995), 대구 지하철 방화 사고(2003) 등이 이어졌다.

지난 40여 년간 이어온 성장 위주의 정책에서 이제는 안전과 인권을 우선하는 정책으로 바꿀 때도 되었건만, 아직도 우리 사회는 안전 불감증에 빠져 있다. 2009년에 일어난 용산 철거 현장의 화재 사건은 그 대표적인 예다. 실수로 인한 사고가 나지 않으니까 이제는 아예 사고를 만들기까지 하는 건가? 거기다 사고로 피해를 입은 사람들을 감옥에 가두기까지 했다. 용산 참사가 발생한 시각의 상황 자료들은 현재까지도 전부 다 공개되지 않았다. 사고 뒤 몇 년이 지났지만, 지금도 용산 사건은 해결되지 않고 있다. 제발 좀 '사람' 중심으로 생각하면서 살자.

## 12월을 보내며

### 한미 관계, 그 불편한 진실

　인간관계에서 '인의예지'가 중요하다는 것은 이미 앞에서 언급했다. 이는 국가 간의 관계에서도 마찬가지다. 그 관계에는 '인의예지'가 있어야 한다. 의리만으로 관계를 유지할 수는 없다. 예컨대 한 국가가 오랫동안 관계를 유지했던 다른 국가로부터 도와달라는 요청을 받았다고 하자. 그런데 그 국가가 자신의 위기 상황을 탈피하기 위해 '도덕'적이 아닌 행동을 하면서 함께 하자는 요청을 해온다면 어찌할 것인가? 그 행동이 비록 비도덕적 행위라고 할지라도 피로 맺어진 '의리'의 관계 — 이른바 '혈맹' — 이기 때문에 어쩔 수 없이 그 국가를 도와주어야 하는가? 아니면 진정한 친구 관계이기 때문에 그 국가가 비도덕적 행동을 하지 않도록 힘써야 하는 것인가?

　흔히 한국과 미국의 관계를 '혈맹' 관계라고 한다. 피로써 서로를 도와준 관계라는 뜻이다. 또한 그 관계는 매우 특수하다. '도덕적' 가치관을 고려하지 않는다면, 조선과 명나라의 관계와 비슷하다. 상대가 위기에 빠졌을 때 국익을 고려하지 않고 도와주었던 것이 조선과 명의 관계였다. 일본의 침략으로 백척간두의 위기에 서 있는 조선을 도와주기 위해 파병을 했던 명나라나, 위기에 빠진 명을 돕기 위해 청나라로부터 보복의 두려움이 있음에도 불구하고 명을 도와주려 했던 조선은 '국익'의 개념에서만 보면 모두 이해하기 어렵다. '유교'의 가치관에서 볼 때만 이해가 가능하다. 물론 그렇다고 해서 조선과 명의 관계를 합리화할 생각은 없다. 왜냐하면 조선과 명이 서로 간의 관계에서 '유교적' 의리를 강조하고 있을 때 두 나라의 백성들은 큰 시련을 당해야 했기 때문이다. '의義'와 '예禮'는 있을지 모르나 '인仁'과 '지智'를 갖춘 관계라고 할 수는 없다.

한미 관계도 조선과 명의 관계와 비슷하다. 한국이 공산화의 위험에 처했을 때 미국은 군대를 파견하여 한국을 지켜주었다. 미국이 베트남전쟁과 이라크전쟁의 늪에 빠져 있을 때는 한국이 군대를 파견하여 미국을 도와주었다. 한국의 파병은 결과적으로 성공적이지 못했지만, 혈맹인 미국의 요청을 피로써 갚았다는 점에서 전혀 의미가 없지는 않았다.

그런데 한국 정부가 미국의 요구로 베트남과 이라크에 군대를 파견했다는 사실이 미국에게는 '혈맹'으로 인식되지 않는 것 같다. 베트남에 한국군이 파견되는 시점에서 미국은 한국 정부에게 진정한 고마움을 표시했다. 그러나 시간이 흐를수록 한국군은 미군에게 큰 짐이 되었다. 또한 미국 정부는 한국이 베트남에 파병할 때 하나의 조건으로 내세운 주한 미군의 현상 유지 약속을 지키지 않았다. 초기에 긍정적으로 평가되었던 한국군의 역할도 3년이 지나면서 부정적인 평가로 바뀌었다. 그리고 지금까지 미국에서 나온 베트남전쟁에 대한 어떤 연구나 보고서에서도 한국군은 보이지 않는다. 혈맹이라는 이유로 파병되어 죽고 다친 한국 젊은이들의 명예는 어떻게 보상할 것인가?

이라크의 경우는 더 한심하다. 미국의 요청으로 군대를 파견했는데도 정작 부시 행정부는 한국의 파병에 시큰둥한 반응을 보였다. 부시 대통령은 이라크에 파병한 나라들에 대해 감사를 표시하면서 한국을 언급하지 않았다. 명분 없는 이라크전쟁에 파병을 반대하는 국내 여론을 무시하고 한국군 파병을 강행했지만, 한국 정부에게 남은 것은 아무것도 없었다. 한미 간의 혈맹 관계가 더 돈독해진 것도 아니었다.

한국 정부는 '의'만을 생각했지, '인'과 '예'와 '지'를 고려하지 않았다. 베트남전쟁과 이라크전쟁은 모두 명분 없는 전쟁이었다. 미국이 베트남에 개입할 이유가 있었는가? 미국인들까지도 반대한 전쟁이었다. 이라크에 대량 살상 무기가 있었는가? 영화 〈그린 존〉에 나오는 것과 같이 이라크에는 대량 살상 무기가 전혀 없었다. 이라크는 미국의 개입으로 만신창이가 되었다. 100년까지도 갈 필요 없이 30년 뒤 한국군의 베트남 파병과 이라크 파병을 역사는 어떻게 기록할까? 아마 아무것도 기록되지 않거나, 기록되더라도 정의롭지 않은 전쟁에 참여했던 군대의 하나로 기록될 것이다.

국가 간의 관계에도 '인의예지'와 진정한 친구로서의 관계가 작동해야 한다. 신라 화랑의 세속오계에 교우이신交友以信이란 말이 있고, 오륜에는 붕우유신朋友有信이 있다. 비도덕적 행동에 대해서 의리만으로 대응할 것이 아니라, 지혜롭게 예의를 갖추어 '차마 해서는 안 될 행동을 하면 안 된다'는 점을 일러주어야 한다. 이러한 관계에는 '믿음'이 바탕이 되어야 한다.

미국의 우방 중 하나인 영국이 베트남에 파병하지 않았다고 해서 두 나라의 관계가 악화되었는가? 단기적으로는 관계가 나빠질 수도 있지만, 장기적으로 볼 때 신뢰에 기초한 두 나라의 관계에는 심각한 영향을 미치지 않았다. 물론 한미 관계를 영미 관계에 직접 대입할 수는 없다. 인종적 문화적으로 동질성을 갖고 있는 미영 간의 관계는 그런 동질성이 전혀 없는 한미 관계와 분명 다를 것이다. 그럼에도 불구하고 안보 동맹 관계를 형성하고 있다는 점에서 한미 관계와 미영 관계는 서로 비교할 만한 공통점을 갖고 있다.

한국이 베트남에 파병할 때 내세웠던 가장 중요한 명분은 경제적인 문제가 아니었다. 더 중요했던 문제는 한국군을 파병하지 않는다면 주한 미군의 일부 또는 전부가 베트남으로 이동할 수 있기 때문이었다. 이는 곧 한국의 안보에 구멍이 뚫리는 것을 의미했다. 그러면 2개 사단이 넘는 한국군이 베트남으로 이동함으로써 주한 미군에는 변화가 없었는가? 그렇지 않았다. 그 상황에서도 주한 미군의 일부는 베트남으로 이동했다. 게다가 한국의 전투부대가 베트남에 있던 1967년부터 1969년 사이 한반도는 심각한 안보 위기를 맞았다. 사실 스스로 안보를 책임지지 못해 다른 나라의 군대가 주둔하고 있는 상황에서 다른 지역의 안보를 돕기 위해 파병을 한다는 것 자체가 코미디일 수도 있다.

그렇다면 한국 정부는 파병을 통해서 미국과 동등한 위치에 설 수 있을 정도로 위상이 올라갔을까? 참전국 정상회담을 할 때 박정희 대통령은 존슨 대통령과 나란히 설 수 있었다. 그러나 그뿐이었다. 닉슨 행정부 이후 한미 관계는 점점 더 악화되었다. 포드 대통령의 재임 기간(1974~1977)에는 한미 관계가 좋아지는 듯했지만, 카터 행정부에 가서는 최악의 상태에 다다랐다. 코리아게이트는 물론이고 한국 내 인권 문제와 한국 정부의 핵 개발로 미국은 더 이상 한국을 신뢰하지 않았다. 한국 정부도 닉슨독트린으로 배반을 당한 경험이 있기 때문에 더 이상 미국을 전적으로 신뢰하지 않았다.

1945년 미군의 주둔으로 한국이 해방되었고, 1950년 미군의 파견으로 한국 정부가 살아났다. 그리고 1953년 한미상호방위조약을 통해 한국과 미국은 동맹 관계를 맺었다. 그로부터 60년이 지났다. 한국과 미국 사이에는 '인의예지'를 통해 유지할 수 있을 정도의 '신뢰'가 작동하고 있는가? 서로의 잘못된 행동을 비판하더라도 그것이 진정한 친구의 관계 속에서 이루어진다고 판단할 수 있는 정도의 관계에 도달했을 때 진정한 우방이고, 진정한 친구라고 할 수 있다.

2013년 한국은 미국과 원자력협정을 다시 맺어야 하는데, 미국은 일본에 대해서는 핵재처리를 허가해주면서 한국에 대해서는 왜 허가하지 않는가? 한국 정부가 1982년뿐만 아니라 2000년에 IAEA의 사찰을 방해하면서 핵재처리 실험을 한 것이 문제가 된 것인가?(『워싱턴 포스트』 2004. 9. 12) 미국은 왜 한국에게 일정 거리 이상의 사거리를 날아갈 수 있는 미사일 개발을 허가해주지 않고 있는가? 한국과 미국 사이에는 신뢰가 있는 것인가? 한미 간에 신뢰 관계가 구축되어 있다고 자신 있게 이야기할 수 있는 사람은 별로 없을 것이다.

신뢰가 없는 관계는 결코 오래갈 수 없다. 이것은 비단 한미 관계만의 문제가 아니다. 한중 관계, 한일 관계, 남북 관계 등 주요한 대외 관계에서 한국 정부와 한국 사회가 과연 어느 정도의 신뢰를 주고 있는가에 대해 성찰해보아야 한다. 외교 관계를 단지 물질적이고 이해관계에 따라서만 움직인다고 생각하면 큰 오산이다. 외교 관계는 인간관계와 마찬가지로 신뢰에 기초해야 한다.

남북 관계를 예로 들어보자. '햇볕 정책'은 성공했는가? '햇볕 정책'은 지금까지 한국 정부가 내놓았던 북한에 대한 정책 중 가장 논리적이면서 실질적으로 효과를 지닌 정책이었다. 그럼에도 불구하고 소기의 성과를 거두지 못했다. 김대중 정부의 정책이 노무현 정부에서 한 번 끊기고, 이명박 정부에서는 완전히 자취를 감추었다는 사실이 하나의 이유가 될 것이다. 그러나 더 큰 이유는 '햇볕 정책'을 통해서 해야만 했던 일, 즉 남북 간의 신뢰 구축을 제대로 만들어내지 못한 것이 실패의 중요한 원인이었다. 다른 이에게 무엇을 준다는 것은 그에게서 그만큼의 신뢰를 얻어내기 위해서다. 그러나 남한은 북한에 무엇인가를 주면서도 북한으로부터 신뢰를 얻어내지 못했다. 왜 그럴까? 줄 때마다 조건을 달고, 주는 것도 깎아서 주고, 주고 나서 제대로 썼느냐 안 썼느냐 가지고 시비를 걸었다. 누구한테 무언가를 받을 때, 그

것을 주는 사람이 이렇게 시시콜콜 따진다면 어떤 마음이 들겠는가? '차라리 안 받고 말지.'

독일의 통일 과정에서 동독에 대한 서독의 정책에는 단계가 있었다. 첫 번째 단계는 신뢰 구축이다. 이 단계에서는 조건을 달지 않는다. 두 번째는 조금씩 요구하는 단계이다. 그리고 마지막 단계에 이르면 주고받는 관계가 성립한다. 어렵게 생각할 필요가 없다. 바로 인간관계에서 가장 기본이 되는 것을 생각하면 된다. '친구나 친척한테 돈을 빌려줄 때는 받을 생각을 하지 마라.' 어르신들이 곧잘 하시는 이 이야기를 우리는 정작 외교 관계에서 전혀 실천하지 못하고 있다. 신뢰에 대한 모든 문제의 책임은 우선 우리에게서 찾아야 한다.

그렇다면 어떻게 그런 신뢰 관계를 만들 수 있을까? '인의예지'를 바탕으로 친구와 관계를 맺을 때 신뢰는 자동적으로 형성된다. 그리고 '차마 하지 않을 수 없는' 마음과 행동을 보여줄 때, 그 신뢰는 더욱 돈독해진다. 물론 이러한 관계가 하루아침에 만들어지지는 않을 것이다. 오랜 시간 동안 조금씩 조금씩 신뢰를 쌓아 나가야 한다. 그러한 신뢰가 계속될 때, 그것이 바로 한국의 '연성 권력(soft power)'이 될 수 있다. 세계 열강의 하나는 아니지만, 어짊과 의리, 예의와 지혜가 있고, 부정함을 참지 못하는, 그래서 다른 나라로부터 '신뢰'를 받는 한국을 만들어가야 하지 않겠는가?

# 주요 사건 연표

※ 사건 옆의 숫자는 본문의 해당 쪽수임

| | |
|---|---|
| **1926** 가갸날 기념(1954 한글 파동) 350 | 한국은행 출범 179 |
| **1941** 수풍댐 송전 시작 249 | 한국전쟁 발발 |
| **1945** 얄타회담 56 | 유엔군 조직 파견 |
| 오키나와 전투 175 | 한국군 38선 돌파 325 |
| 세계 최초의 핵실험 216 | 김규식 사망 380 |
| 8·15 광복 | **1951** 1·4후퇴 |
| 미군정 설치 | 거창 양민 학살 사건 |
| 한국민주당 창당 278 | 정전 협상 시작 220 |
| 이승만 귀국 313 | **1952** 부산정치파동 145 |
| 국제연합 출범 321 | 발췌개헌 |
| **1946** 조선공산당의 3상협정 지지 17 | 제2대 정부통령 선거 |
| 4당 캄파 결렬 21 | 유엔총회에서 포로 문제 결의안 통과 383 |
| 미소공위 개막 85 | **1953** 제1차 통화개혁(환화 발행) |
| 대구 사건(이른바 '10월 추수 폭동 사건') | 『사상계』 창간 |
| **1947** 타이완 2·28사건 60 | 반공 포로 석방 사건 388 |
| 미소공위 결렬 | 정전협정 조인 220 |
| 미국이 한반도 문제를 유엔 총회에 상정 | 한미상호방위조약 조인 |
| 트루먼독트린 | **1954** 제네바 회담 123 |
| 마셜플랜 | 제3대 국회의원 총선거 |
| **1948** 남북협상 92 | 사사오입개헌 |
| 4·3사건 118 | 한미합의의사록 체결 |
| 5·10총선거 | **1955** 박헌영 사형선고(1956 총살형) 390 |
| 대한민국 정부 수립 | 민주당 창당 |
| 조선민주주의인민공화국 수립 | **1956** 제3대 정부통령 선거 149 |
| 여순 사건 | 진보당 창당 |
| 5·10선거가 실시된 지역에서 대한민국이 유일한 합법 정부임을 유엔이 승인 | **1958** 주한 미군에 핵무기 배치 28 |
| | 진보당 사건 |
| 유엔한국위원단(UNCOK) 조직 | **1959** 일본의 북송 사업 시작 256 |
| **1949** 반민특위 활동 개시 24 | 태풍 사라호 피해 |
| 농지개혁법 공포 | 조봉암 사형 집행 |
| 소련의 핵실험 성공 252 | **1960** 3·15부정선거 96 |
| 중국 혁명 | 4·19혁명 |
| 주한 미군 철수 | 내각책임제(민주당 내각 수립) |
| 김구 암살 | **1961** 5·16쿠데타 |
| **1950** 애치슨 선언 | 경제기획원 설립 |
| 남침 침략에 대해 스탈린과 김일성 합의 183 | 중앙정보부 창설 |

| 1962 | 제1차 경제개발 5개년 계획 발표 32 |
| | 제2차 통화개혁(환을 원으로) |
| | 4대 의혹 사건 |
| | 김종필-오히라 대일 청구권 합의 354 |
| | 쿠바 미사일 위기 358 |
| | 민주공화당 창당 |
| 1963 | 제5대 대통령 선거(박정희 당선) |
| | 총선거(민정 이양) |
| | 황태성 사건 |
| 1964 | 팔레스타인해방기구 조직 153 |
| | 6·3사태 192 |
| | 통킹만 사건 259 |
| 1965 | 한일협정 조인 |
| | 한국 전투부대 베트남 파병 |
| 1966 | 브라운 각서 |
| | 중국, 문화대혁명 157 |
| | 존슨 대통령과 로스토우의 한국 방문 329 |
| 1967 | 제6대 대통령 선거 |
| | 6·8총선 부정선거 시비 |
| | 제2차 경제개발계획 시작 |
| 1968 | 1·21사태 |
| | 푸에블로호 납치 사건 36 |
| | 경부고속도로 건설 시작 64 |
| | NPT 서명 224 |
| | 주민등록증 제도 실시 |
| | 통일혁명당 사건 |
| | 미 대통령에 닉슨 당선 362 |
| | 국민교육헌장 발표 |
| 1969 | 삼선개헌 |
| | 카다피의 쿠데타 282 |
| | 주택복권 발행 287 |
| | 닉슨독트린 |
| 1970 | 정인숙 피살 사건 100 |
| | 요도호 납치 사건 103 |
| | 와우아파트 붕괴 129 |
| | 경부고속도로 개통 64 |
| | 전태일 근로기준법 준수를 외치며 분신 |
| 1971 | 남북적십자예비회담 263 |
| | 광주 대단지 사건 |
| | 대연각 호텔 화재 393 |
| | 한진 빌딩 사건 |
| | 주한 미군 제7사단 철수 |
| 1972 | 닉슨의 중국 방문 68 |
| | 7·4남북공동성명 |
| | 남북적십자 본회담 개막 |
| | 8·3조치 |
| | 유신헌법 공포 |
| | 시민회관 화재 사건 |
| 1073 | 중화학공업화 선언 |

| | 개정된 가정의례준칙 발표 162 |
| | 6·23선언 발표 200 |
| | 김대중 납치 사건 |
| 1974 | 긴급조치 선포 |
| | 민청학련 사건 |
| | 『동아일보』 백지 광고 사태 |
| | 문세광 사건 |
| | 청량리 대왕코너 화재 |
| 1975 | 긴급조치 9호 발동 |
| | 남베트남 패망 230 |
| | 김일성의 중국 방문 234 |
| 1976 | 〈로보트 태권 V〉 개봉 227 |
| | 베트남사회주의공화국 수립 230 |
| | 코리아게이트 333 |
| 1977 | 카터 대통령 취임 |
| | 박정희의 임시 행정수도 구상 발표 73 |
| | 홍수환, WBA 주니어 페더급 챔피언 366 |
| | 이리역 화약 폭발 사고 |
| 1978 | 고리 원자력발전소 상업 가동 |
| | 남한의 미사일 발사 실험 292 |
| | 총선 득표율에서 신민당이 민주공화당에 승리 |
| 1979 | YH사건 |
| | 김영삼 총재 제명 |
| | 부마민주항쟁 337 |
| | 박정희 대통령 피살(10·26사건) |
| | 12·12쿠데타 |
| 1980 | 사북 사건 133 |
| | 5·18광주민주항쟁 |
| | 언론기관 통폐합 |
| 1981 | 경제안정화정책 실시 |
| 1982 | 부산 미국문화원 방화 사건 |
| 1983 | KAL기 피격 참사 |
| | 아웅산 사건 |
| 1984 | 대아 호텔 화재 사고 |
| 1985 | 서울 미국문화원 점거 농성 |
| | 남북 이산가족 첫 상봉 |
| 1987 | 4·13호헌조치 |
| | 6월 민주화 항쟁 |
| | 극동호 유람선 화재 사고 |
| | 6·29선언 |
| | 제13대 대통령 선거(노태우 당선) |
| 1988 | 의료보험 제도 실시 |
| | 국회의 광주진상조사특별위원회 구성과 5공비 |
| | 리특위 청문회 개시 |
| 1989 | 전국교직원노동조합(전교조) 결성 |
| 1990 | 한소 수교 |
| 1991 | 낙동강 페놀 오염 사건 |
| | 남북 UN에 동시 가입 |
| | 남북기본합의서 합의 |

| | | | | |
|---|---|---|---|---|
| 1992 | 한중 수교 | | 2010 | 천안함 사건 |
| | 한국군의 평시 작전통제권을 주한 미군사령관으로부터 한국 정부로 이관 | | | 연평도 사건 |
| | | | 2012 | 제18대 대통령 선거(박근혜 당선) |
| | 제14대 대통령 선거(김영삼 당선) | | | |
| 1993 | 북한 NPT 탈퇴 표명 | | | |
| | 금융실명제 실시 | | | |
| | 이인모 북한으로 송환 | | | |
| | 서해 훼리호 침몰 사고 | | | |
| 1994 | 김일성 주석 사망 | | | |
| | 성수대교 붕괴 | | | |
| 1995 | KEDO 발족 | | | |
| | 대구 지하철 공사장 폭발 | | | |
| | 지방자치제 전면 실시 | | | |
| | 삼풍백화점 붕괴 | | | |
| | 전두환·노태우 구속 | | | |
| | WTO 가입 | | | |
| 1996 | OECD 가입 | | | |
| 1997 | 금융 위기 | | | |
| | 제15대 대통령 선거(김대중 당선) | | | |
| 1998 | 현대 그룹과 북한이 금강산 유람선 관광 사업을 위한 합영회사 설립 | | | |
| 1999 | 제1차 연평해전 | | | |
| | 북한의 NLL 무효 선언 296 | | | |
| 2000 | 남북정상회담 | | | |
| | 6·15남북공동선언 | | | |
| | 의약 분업 실시 | | | |
| | 미전향 장기수 북한 송환 | | | |
| | 대우자동차 부도와 정리 해고 | | | |
| 2001 | 국가인권위원회 출범 | | | |
| 2002 | 비무장지대 내 도라산역 개통식 | | | |
| | 제2차 연평해전 | | | |
| | 주한 미군에 의한 여중생(효순·미선) 사망과 촛불 시위 | | | |
| | 북한의 개성공단 경제특구 지정 | | | |
| | 제16대 대통령 선거(노무현 당선) | | | |
| 2003 | 북한 NPT 탈퇴 | | | |
| | 국회의 이라크 파병 동의안 가결 | | | |
| | 개성공단 기공식 | | | |
| | 6자 회담 | | | |
| | 대구 지하철 방화 사고 | | | |
| 2004 | 주한 미군 용산 기지의 평택 이전 합의 | | | |
| | 경부고속철도 개통 | | | |
| | 노무현 대통령 탄핵 사건과 헌법재판소의 기각 결정 | | | |
| | 헌법재판소의 행정수도 이전 위헌 결정 | | | |
| 2006 | 제1차 북한 핵실험 | | | |
| | 반기문 유엔 사무총장 선출 | | | |
| 2007 | 10·4남북공동선언 | | | |
| | 제17대 대통령 선거(이명박 당선) | | | |

# 한미 관계 연표

| | |
|---|---|
| 1945 | 일본 패망에 따라 북위 38선 이남에 미군 진주 |
| 1949 | 주한 미군 철수 |
| 1950 | 한국전쟁 발발 |
| | 유엔군이 조직되어 한국전쟁에 파견 |
| 1953 | 한미상호방위조약을 통해 주한 미군 기지 설치 |
| | 경제재건과 재정안정계획에 관한 합동경제위원회 협정(백우드 협정) |
| 1954 | 한미합의의사록을 통해 한국군의 작전통제권이 유엔군 사령관에게 이양 |
| 1956 | 한미우호통상조약 |
| 1957 | 정전협정 13조 D항 무효화 |
| 1958 | 주한 미군에 핵무기 배치 |
| | 주한 미군 감축 시작 |
| 1961 | 한미경제원조협정 |
| 1965 | 한일협정 조인 |
| | 한국 전투부대 베트남 파병 |
| 1966 | 브라운 각서 |
| | 한미행정협정(SOFA) |
| 1968 | 푸에블로호 납치 사건 |
| 1969 | 닉슨독트린 |
| 1971 | 주한 미군 제7사단 철수 |
| 1972 | 닉슨의 중국 방문 |
| 1976 | 코리아게이트 |
| 1977 | 주한 미군의 철수를 주장한 카터 대통령 취임 |
| 1978 | 한국군의 작전통제권이 유엔군 사령관으로부터 한미연합 사령관으로 이관 |
| 1990 | 한소 수교 |
| | 해외 주둔 미군 재배치(GPR) 정책 시작 |
| 1991 | 남북기본합의서 합의와 한반도비핵화공동선언 |
| 1993 | 북한 NPT 탈퇴 표명 |
| 1994 | 김일성 주석 사망 |
| | 북미 간 제네바 합의 |
| | 주한 미군 사령관의 평시 작전통제권이 한국군에 환수 |
| 1998 | 현대 그룹과 북한이 금강산 유람선 관광 사업을 위한 합영회사 설립 |
| 1999 | 제1차연평해전 |
| | 북한의 NLL 무효 선언 |
| 2000 | 남북정상회담 |
| | 6·15남북공동선언 |
| 2001 | GPR 재시작 |
| | 9·11테러 |
| 2002 | 북한의 개성공단 경제특구 지정 |
| | 주한 미군에 의한 여중생(효순·미선) 사망과 촛불 시위 |
| | 제2차 연평해전 |
| 2003 | 북한 NPT 탈퇴 |
| | 국회의 이라크 파병 동의안 가결 |
| | 개성공단 기공식 |
| | 6자 회담 |
| 2004 | 주한 미군 용산 기지의 평택 이전 합의 |
| | 주한 미군의 신속기동군화 합의 |
| 2006 | 제1차 북한 핵실험 |
| | 2012년에 전시 작전통제권을 이양하기로 합의 |
| 2007 | 한미 자유무역협정(FTA) 타결 |
| | 10·4남북공동선언 |
| 2010 | 한미 쇠고기 협상 |
| | 천안함 사건 |
| | 연평도 사건 |
| | 전시 작전통제권 이양을 2015년으로 연기 |

2013년 한미동맹 60주년을 맞아 주한 미국대사관에 걸린 기념 현수막

# 정전 체제 연표

| 1953 | 정전협정 조인 |
| | 한미상호방위조약 |
| 1954 | 제네바 회담 개최와 결렬 |
| | 한미합의의사록 |
| 1957 | 정전협정 13조 D항 무효화 |
| 1958 | 주한 미군에 핵무기 배치 |
| | 주한 미군 감축 시작 |
| 1968 | 1·21사태 |
| | 푸에블로호 납치 사건 |
| 1972 | 7·4남북공동성명 |
| 1973 | 6·23선언 |
| | 북한, NLL에 동의할 수 없다고 항의하기 시작 |
| 1975 | 남베트남 패망 |
| | 김일성의 중국 방문 |
| 1991 | 유엔군 측, 군사정전위원회 대표로 한국군 장성 임명 |
| | 남북 UN에 동시 가입 |
| | 남북기본합의서 합의와 한반도비핵화공동선언 |
| 1992 | 한중 수교 |
| 1993 | 북한 NPT 탈퇴 표명 |
| | 폴란드 중립국감독위원단 철수 |
| 1994 | 북한, 중국 군사정전위원회로부터 철수 |
| | 주한 미군 사령관의 평시 작전통제권이 한국군에 환수 |
| 1995 | 체코 중립국감독위원단 철수 |
| 1998 | 현대그룹과 북한이 금강산 유람선 관광 사업을 위한 합영회사 설립 |
| 1999 | 제1차 연평해전 |
| | 북한의 NLL 무효 선언 |
| 2000 | 남북정상회담 |
| | 6·15남북공동선언 |
| 2002 | 북한의 개성공단 경제특구 지정 |
| | 제2차 연평해전 |
| 2003 | 북한 NPT 탈퇴 |
| | 개성공단 기공식 |
| | 6자 회담 |
| 2006 | 제1차 북한 핵실험 |
| | 2012년에 전시 작전통제권을 이양하기로 합의 |
| 2007 | 10·4남북공동선언 |
| 2010 | 천안함 사건 |
| | 연평도 사건 |
| | 전시 작전통제권 이양을 2015년으로 연기 |

1953년 7월 27일 판문점에서 연합군 총사령관과 북한군 최고사령관 및 중국군 사령원이 정전협정을 체결하고 있다.

- 이 책의 편집에 도움을 주신 박태균 선생님, 『민족 21』 정창현 대표님, 국가기록원, 민주화운동기념사업회 등에 감사드립니다.
- 사진의 저작권을 미처 확인하지 못한 경우에 대해서는 저작권자가 확인되는 대로 게재 허락을 받고 통상의 기준에 따라 사용료를 지불하도록 하겠습니다.